歸潮

陳崇正 著

責任編輯　林冕　莊園
書籍設計　道轍
書籍排版　楊錄

書　　名　歸潮
著　　者　陳崇正
出　　版　三聯書店（香港）有限公司
香港北角英皇道 499 號北角工業大廈 20 樓
Joint Publishing (H.K.) Co., Ltd.
20/F., North Point Industrial Building,
499 King's Road, North Point, Hong Kong
發　　行　香港聯合書刊物流有限公司
香港新界荃灣德士古道 220-248 號 16 樓
印　　刷　美雅印刷製本有限公司
香港九龍觀塘榮業街 6 號 4 樓 A 室
版　　次　2025 年 5 月香港第 1 版第 1 次印刷
規　　格　大 32 開（140mm × 200mm）304 面
國際書號　ISBN 978-962-04-5614-5

本書封面圖由林凱龍提供之潮汕民居攝影作品處理而成，謹此致謝。

歷盡千劫，只為歸潮

目錄

港版自序

年近而立我才大概摸到小說創作的門道，如何開發故鄉的題材和經驗總是繞不開的大問題。那年夏天，我獨自揹著背包來到湘西鳳凰，來如此山清水秀的地方，寫文章是次要的，更重要的是思考我虛構的半步村。來湘西鳳凰的原因顯而易見。在中國文學的版圖裡，沈從文先生是寫故鄉的典範，他筆下的湘西世界鮮活而獨特，令人難忘。我寄望於這次短暫的旅途，能找到故鄉書寫獨特的文學配方。

下了火車，輾轉到了鳳凰古城，熾熱的暑意瀰漫在沱江碧水上，錯落的吊腳樓相互依偎。我找了一家民宿住下，第二天清晨便沿著蜿蜒的石階去尋訪沈從文墓。一路上蟬鳴陣陣，裹挾著草木的清新氣息，我逐漸遠離人群，生命的枯寂向我展露它的本來樣態。

沿著台階拾級而上，黃永玉先生題寫的石碑立在路邊："一個士兵要不戰死沙場，便是回到故鄉。"我辨認著字跡，墨綠的字跡仿若凝著時光沉甸甸的重量，讓我內心更加惶惑。四周林木繁茂，蓊蓊鬱鬱，六月的陽光透過枝葉的縫隙，碎成一片片斑駁的光斑，輕柔地灑落在墓畔的簡介碑上，先生的生平在那一行行文字裡靜靜流淌，與山間的靜謐完美相融。再看石上刻著的“照我思索，能理解我；照我思索，可認識人”，字句鏗鏘，恍惚間，那是一場跨越悠悠歲月的私語。

可是沈從文並沒有給我一個完美的答案，相反，黃永玉留在石頭上那句話讓我不知所措。沈從文先生有著兵匪經歷，對他而言，故鄉是明確而獨特的，那封閉且山水優美的湘西是他的另一個戰場。嶺南自古是官員貶謫流放之地，而潮州古城遠離中原，省尾國角，並非兵家必爭之地，更從未成為真正的戰場。自韓愈被貶至此，潮州才重新被點亮。可以説正是千年前一個文人的退守成就了潮州這樣一座小城。我在小説裡常稱它為“退城”，源於韓愈的字“退之”。我在我的故鄉找不到如沈從文筆下那些兵匪環伺驚心動魄的故事，也沒有《邊城》中與世隔絕、淳樸動人的風俗。我在沈從文墓前的台階上坐了很久，不禁自問，屬於我的文學故鄉的戰場究竟在哪裡？我該從何處找到書寫故鄉風物的獨特視角？

其後十年時間裡，我嘗試用多種方式書寫故鄉，比如將潮汕文化作為元素融入創作，但始終未找到最契合的方向。直到四十歲，我著手創作《歸潮》時，翻閱著僑批，無意間回想起十年前探訪沈從文墓的情景，那一刻我忽然頓悟：原來我書寫故鄉的“戰場”，不在真正的沙場，甚至不在陸地上，而在廣闊無垠的南海。那些漂洋過海、奔赴異國他鄉的潮汕人，他們的人生故事，他們的奮鬥與鄉愁，才是我書寫故鄉的真正前線，是我取之不盡的文學礦山。

《歸潮》完成後，我將初稿分享給了身邊的朋友。有許多朋友說他是哭著讀完這本書的。我說，我也是哭著寫完的。在我的家族史中，也有著諸多華僑的悲歡故事，那些故事裡藏著祖輩們的漂泊與思念，是家族歷史中最柔軟也最沉重的部分。

我很快也意識到，他們閱讀時之所以落淚，並非我文筆有多精妙，而是每一個潮汕人身邊總會有華僑記憶。誰家沒有流傳著"過番"的歷史？誰家沒有遠渡重洋心酸的淚水？誰家沒有讀過僑批中飽含深情、令人悲痛的字句？那些一往情深的書信，在漫長的歲月中或散失在潮汕民間，或被不同心境的人小心收藏，其中有三江出海的悲壯，也有萬里歸心的熱望。

正是潮汕平原上這段獨特的歷史，讓這裡的山山水水都有了不一樣的意味。"海內一個潮州，海外一個潮州"，正是離散的狀態使得潮汕人對家族團聚有著格外深厚的情感，對故鄉之根也有著更深層次的理解。那些漂泊在外的遊子，每當回望故鄉，心中的思念，骨肉分離的悲痛，都瀰漫在山海之間，濃得化不開。重新去捕撈這些往事，我深知其背後有著數不清的牽掛與眷戀，有著潮汕人世代傳承的堅韌與對故鄉永恆的守望。

如今，《歸潮》能夠在香港推出繁體字版本，意義非凡。畢竟從前家裡寫給華僑的書信，便都是用繁體字書寫的。而我童年記憶中對香港的印象，便來自於華僑從香港購買贈送的行軍散和整腸丸，它們的味道太獨特了，瓶子上也寫滿了繁體字。這些從香港帶來的各種小禮物，會作為珍貴的禮品在村莊裡流轉。透過這些從未見過的物品，我對外面的世界也充滿了好奇。香港作為一個名詞和那些物品一起留了下來，我知道這兩個字背後連接著另一個世界。

提到香港，便必定要說到金庸先生。金庸與古龍所代表的武俠小說對我的寫作產生了深遠影響。金庸作品曾以潮語講古的形式陪伴我度過了充滿想像的青春歲月，如果沒有這樣一個充滿俠義的武俠江湖，我的童年會失去很多色彩。金庸小說甚至影響了我講述故事的方式，這份隱秘的文學傳承，讓我對香港這座城市滿懷感激。當然還有香港的電影和音樂，尤其是周星馳導演的作品，許多台詞我都能背誦；至於手抄過 Beyond 樂隊的歌詞，那是我們八零後一代的光輝歲月，至今誰都能吼上幾句《海闊天空》。

1991 年 8 月我的外公曾來到香港，我翻看他留下的日記，看到"早上十時過香港界宿夜"的簡約記錄，卻無從知道他拜訪了我家的哪一位親戚。眾所周知，香港居住著很多潮汕人，他們每個人都用拚搏奮鬥的經歷書寫著一部令人動容的奮鬥史。我由衷希望《歸潮》能與他們產生共鳴。畢竟潮汕文化基因如此強大，一句家鄉話，一杯工夫茶，都能成為"家己人"心照不宣的接頭暗號。

陳崇正

2025 年 3 月

楔子

1

碧河鎮的時間大概是從北宋便凝固了，比如清晨水邊遙相呼應的擣衣聲，比如這裡嫁娶依舊以生辰八字為憑。鎮子北邊的梅花村是個古村落，碧河剛好從村子中央穿過，白色的鷺鳥在河邊起起落落。即便你沒有來過潮州，也大概會在遊客拍攝的照片裡，看過梅花村的陳氏宗祠和碧河書樓，這兩棟建築隔著池塘遙遙相望，特別是在落日餘暉之中，那些斑駁剪影和粼粼波光，就如洞簫與古琴，共同奏響時光的樂章。

碧河古鎮不大，梅花村更是古鎮最小的一個村落。北宋時陳家始祖來到此地，但見滿山的梅花盛開，心情大悅，於是定居於此，精心佈置了“一池隔兩厝”的風水。池塘叫梅花池。大厝是宗祠，敬祖先，敬過往；小厝是書樓，求功名，求未來。始祖有兩個兒子，大兒子葬在梅山西側，也就是日落梅；小兒子葬在梅山東側，則是日升梅。兩個兒子就是兩大房頭，大房守宗祠，二房守書樓，也就成了祖上定下的規矩，日升日落不能忘。村民對於房頭的區分，彼此非常清楚。

梅山之下是碧河，碧河之水通過不同的涵洞水渠澆灌古鎮諸村的田地。故此梅花池並不是一池死水，而是與碧河水體相連的活水。連接河水和池水的通道，則是堤岸之下深埋的龍舌涵，涵口設有水閘。每個月開閘放水的日子，總有村民拉網捕魚，此前也有小孩喜歡到急流之中戲水，後來出了事，兩個男孩溺亡了，便被明令禁止，放閘時不許孩子靠近。反倒是在水流平緩的碧河裡，常常會見到大人帶著小孩游泳。所以梅花村的孩子無論男女，很少有人不會游泳。在梅花村，男孩成熟的標準之一是可以一口氣游到碧河對岸，而女孩子則從小就跟著母親在碧河邊洗衣服，她們會看著自己喜歡的男孩游到彼岸。

這是陳喬峰同代人的記憶，他從小就是橫穿溪流的那群男孩之中的一員。而對於陳喬峰的母親周小英來說，碧河提供的是魚，她跟著父親在碧河上捕魚，再運到下游的半步村售賣。至於陳喬峰的阿嫲林雨果，她記憶中的碧河是通向大海的，她最親的人就是從碧河去往南洋，去往另一片陌生的土地討生活。在雨果阿嫲的講述中，她和其他幾個村民挑著鹽搭碧河上的渡船過河時，日寇曾在岸上對著他們開槍。子彈打中了她掛在胸口的觀音銀飾，她撿回了一條命。阿嫲命硬，命硬的人注定比其他人承受更多。多少年的風風雨雨，她穩如磐石巋然不動，支撐起了整個家。陳喬峰從孩童開始便清楚，陳家從來都是女人當家，相反，男人都沉悶無趣。作為木雕世家，阿公陳團結只會玩木頭，父親陳純鋼也只會玩木頭，到了哥哥陳無忌依然繼續玩木頭。陳喬峰被阿公視為孫子輩裡最具木雕天分的孩子，說陳喬峰小時候手握毛尾刀的姿勢讓他想起他的父親陳雄振。也就是說，老祖公陳雄振也是一個玩木頭的。

少年陳喬峰一想到自己未來還得繼續玩木頭，他就無法忍受。從初中二年級開始，他便希望通過外出讀書跳出去，離開木雕，去學設計，把玩玉石。但在廣州工作不到一年，他最終還是回到潮州古城，回到熟悉的環境之中，這裡有滷鵝肉和單叢茶，以及吹過韓江那些帶著暖意的夜風。

2

今夜堂哥陳得海接親，陳喬峰是伴郎，負責開婚車。一切總算順利，迎親的車隊回到碧河鎮剛好是子時。車燈在黑暗中打開了一個空間，像是打開一個古老的秘密，卻又不便言說。

按照風俗，新娘踏出家門便不能回頭，寓意愛情堅貞長久；上了車便不能和新郎說話，以免婚後經常吵架；下車時新郎要撐傘，新娘子不能見天。諸如此類的細節，老人們反覆叮囑，讓陳喬峰記熟。“你堂哥緊張，這些細節你要在旁邊多提醒。”陳喬峰只是點頭，心裡也叫苦，新郎沒經驗，難道他就有經驗嗎？

回來的車上充滿了奇怪的沉默。與其他地方迎娶新娘熱熱鬧鬧不同，潮州婚俗是深夜接親，非常安靜，大概是害怕驚擾了天上的神明。事以密成，在婚嫁之事上更是如此。新娘進門，沒有錯過時辰。房子裡燈火通明，新人吃完甜湯圓進了洞房，伴郎們才鬆了一口氣，相視而笑，圍坐在一起食茶，吃瓜子花生。

人來人往的庭院裡，一個身影突然出現在陳喬峰的眼簾，隨即那個熟悉的名字在記憶中甦醒：黃博琳。但他先假定不是，因為此前鬧過幾次笑話，打了招呼才發現認錯了。他很快又覺得不可能，黃博琳畢業後就回了新加坡。雖然她喜歡滿世界跑，但也不太可能出現在碧河鎮梅花村，概率太低了，這只能是幻覺。或許是看到人家結婚，他才會想起從前的女友。

第二日中午，婚宴設在碧河書樓的院子裡，大樹底下擺滿了紅色桌布的酒席，親戚們三五成群圍坐其間，小孩子穿梭打鬧，專程請來的大廚師在書樓另一側架起爐灶炒菜，門口鐵架子上的電視機播放著婚紗照視頻短片，喜慶的音樂縈繞著碧河書樓。那條老狗躺在音箱上面曬太陽，不時擺動尾巴。陳得海的父親在走廊的茶几旁沖工夫茶，他的旁邊坐著碧河鎮有名的神婆冰嬸，冰嬸正在對著錄像機說話，表情略顯拘謹。冰嬸是陳得海阿公的姐姐，陳得海喊她老姑。

“聽說我這個跛腳老姑以前喜歡你阿公，”陳得海對陳喬峰說，“你阿公娶你阿嫲之後，我老姑就無嫁人，伊落老爺。”

不過這個時候陳喬峰的注意力根本沒有在神婆冰嬸的身上，透過影影綽綽的人群，他終於是看清楚了，冰嬸對面那個手持錄像機的女孩，確實就是黃博琳。更令陳喬峰驚訝的是，她已經可以用音調不太標準的潮州話跟老人們攀談。他聽到她的聲音，黃博琳也看到他，臉上的笑容便迅速消失了。在她身邊拿著手機拍照的是李啟銘，李啟銘將她引介給朋友們，在不斷變換聊天對象之後，他們終於來到陳喬峰面前："喬峰，來來來，給你介紹個朋友，黃博琳，國內小有名氣的紀錄片導演，就是她拍攝了夏雨齋的民宿修繕工程，這部紀錄片還拿了一個國際電影節的金獎。"黃博琳小聲更正說："是銀獎。"李啟銘似乎沒聽到，又指著陳喬峰說："這是陳喬峰，我的好哥們兒，潮州木雕世家，好好的家業不繼承，畢業後自己開公司給人家做設計。哦對，他還做玉雕設計，能做非常漂亮的首飾，你們女孩子一定會喜歡。"

黃博琳臉上的笑是突然出現的，像手電筒的光照到他的臉上，讓他迷惑，讓他充滿疑問。她伸出手來，說："幸會！"

他們握手。

時隔八年，足足有八年。陳喬峰內心翻騰計算著時間，卻說不出話來。除了歲月驚心的感慨，他內心還充滿了複雜的猜忌：她跟李啟銘現在是什麼關係？難道她已經嫁到潮州了？

李啟銘這時候卻取笑他，平時話最多，現在看到漂亮女孩子就說不出話來，還說等一下婚宴結束之後要找他，有件事想讓他幫忙。陳喬峰點頭答應。黃博琳的目光很快從他這裡移開，去跟其他人說話了。

婚宴開始以後，大家開始喝湯，夾菜吃肉，婚慶主持人上台說著什麼，沒聽清。她似乎沒怎麼吃飯，就像一隻蝴蝶飛來飛去，拿著錄像機到處拍攝。這頓飯陳喬峰也幾乎沒動筷子，他喝著飲料，不斷與其他人談笑和說話，但眼角餘光全在黃博琳身上。

終於，她來到他身邊拍攝，用潮州話問當地婚俗的細節，問到陳喬峰時，他搖搖頭說："我又沒結過婚，" 然後他反問，"你嫁到潮州不是更清楚？"

黃博琳當然明白他的意思，只是一笑："好好說話，多說點，儘管貧嘴，反正後期剪輯，不會給你留一個鏡頭。" 話語間依然是熟悉的伶俐，陳喬峰反而鬆了一口氣，畢竟，她願意跟他說話了。

3

書樓婚宴結束以後，李啟銘帶著黃博琳找到陳喬峰。他們打開車後廂，取出一件木雕，說這本來是準備在婚禮現場送出的結婚禮物，卻因為路上一陣顛簸，不小心折了一小塊木頭，只能讓陳喬峰幫忙修一下，回頭再給人家送去。八年之後，陳喬峰重新見到前女友黃博琳，這個在新加坡長大的華僑女孩開口讓他幫忙。她的這個忙，竟然還是讓他玩木頭。

“我路上就跟博琳說了，這事找你就對了。”

“對什麼對，我現在的主業是玉石設計，一把木雕刻刀都沒有。”陳喬峰想到他們剛才一路過來說說笑笑就來氣。

李啟銘也不知道陳喬峰怎麼突然這麼大火氣，依然笑嘻嘻，眼睛望向陳氏宗祠的方向：“你爸和你哥，這個時間應該都在祠堂裡幹活兒，你帶我們一起過去，借工具給我們修一修就好啦。”顯然他來之前已經想好了所有對策。

陳喬峰這時才看了一眼木雕，那是一件石榴多籽主題的木雕，不是機雕，看得出作者的構圖頗具匠心。再細看，果然有一片葉子折斷了，位置剛好是受力點，非常顯眼，如果不修，整件木雕就廢了。

見陳喬峰呆呆出神，黃博琳在邊上突然說：“到底能不能修？能修的話掃二維碼，加微信，不能修我們找別人。”

“能，一定能，你手機打開，我掃你二維碼。”

“修好再加。”

李啟銘在旁邊見狀，不禁笑出聲來：“喬峰大俠，沒想到你也有今天。”

八年前他們開始談戀愛那會兒，神舟七號飛船剛剛升空，陳喬峰用的手機還是諾基亞，微信還沒有誕生，高鐵潮汕站也還沒有通車，那彷彿是另一個時代。那年夏天，陳喬峰研究生一年級的暑假，日子無聊，為了湊夠換手機的錢，他跑到廣州一家游泳館裡當教練。作為碧河邊的游水健將，他對自己的水性非常自信。然而游泳池裡的蛙泳和仰泳卻有自己的動作標準，相比之下他游泳的動作一點都不科學。系統和規範，這是城市的秩序。陳喬峰只能十分謙虛地表示自己可以從頭學起。老闆看他還算誠懇，先讓他到淺水區教小孩子閉氣，輪班的間隙讓一位教練指導他蛙泳。陳喬峰悟性好，也刻苦，只用了幾天時間便掌握了要領。

黃博琳讀大二，暑假出來學游泳，成為陳喬峰學會蛙泳之後的第一個客戶。黃博琳見到陳喬峰，第一個問題是："聽老闆說，你會說潮州話？"

陳喬峰迷惑地點頭。

黃博琳說："喝茶怎麼說？"

"食茶。"

"新年好怎麼說？"

陳喬峰用潮州話說了。黃博琳點了點頭，又問："你的潮州話標準吧？"

"差不多，不能說十足十，也九成九。"

就這樣，那個夏天，陳喬峰帶著黃博琳游泳，游泳班下課後，便陪她在廣州的各所高校裡面瞎逛，邊逛邊教她說潮州話。

潮州話八個聲調，高低起伏複雜多變，保留了先秦的古音，對不會說潮州話的人來說，簡直就是一口加密的外語，也是潮州人辨認彼此的接頭暗號。只要聽到潮州話，便知是"家己人”[1]。在廣州讀書和工作，陳喬峰領受這種同鄉網絡的情誼，同時也在心裡保留著一絲警惕，畢竟同聲可以相應，卻未必能同氣相求。就如工夫茶三隻茶杯均分茶色一樣，潮州人用自己的方言劃分“家己人”和外地人，也將自己困在不能失衡的茶杯裡。

黃博琳喜歡拍照，陳喬峰就成了她的模特。有時候陳喬峰也給她拍，但多數時候黃博琳不滿意。一場大雨將他們都淋濕了，於是故事就這樣開始了。陳喬峰一直不敢告訴她，這場持續三個月零九天的戀愛，其實是他的初戀。那些日子，黃博琳常穿著一雙白色的帆布鞋，非常好看。一直到分手半年以後，陳喬峰想起那雙白色鞋子，鼻子還是酸的。他並不喜歡自己這樣，他明白這樣一段感情，跟校園裡其他無疾而終的故事一樣乏善可陳。但他清楚地意識到，和家族裡所有懦弱的先輩一樣，他大概受到這樣怯懦基因的鎖定，這輩子注定沒什麼出息。

他問黃博琳為什麼要學潮州話，黃博琳說，她只知道曾祖父那代人是從潮州搬到新加坡的，但後來因為各種原因斷了聯絡，唯一的線索只剩下一封家書，信封裡還附有一張黑白照片，信息太少，甚至都不知道是哪個鄉鎮。父母數次回來尋親，但都因為語言不通最終毫無所獲。所以她打算學會潮州話，想辦法找回親人。

---

[1] 自己人。

“這樣？”陳喬峰一臉壞笑，問她，“我不會是你失散多年的哥哥吧？”

“你叫喬峰，別把自己當段譽了。”

喬峰和段譽都是金庸武俠小說《天龍八部》裡的人物。陳喬峰的父親陳純鋼做木雕活時，喜歡在旁邊放一台收音機，這個習慣已經堅持了幾十年。他每天不會錯過的節目是《潮語講古》，特別是講古師林江先生所播講的金庸小說系列，真是百聽不厭，以至於兩個兒子的名字都取自金庸的小說人物。陳喬峰也喜歡聽講古，他和李啟銘曾經有過一次討論，甚至認為最優雅和最有活力的語言，不在潮劇裡，不在潮州歌謠裡，而在以林江先生為代表的潮語講古師那裡。講古師保留了潮州話最為典雅和曉暢的部分，他們對音韻的把握達到了驚人的地步。

4

車在宗祠前面的廣場上停下來。廣場靠近梅花池的那一側並沒有栽種梅花，而是立著一棵巨大的鳳凰樹，遮天蔽日的那種巨大，也不知道它在這池塘邊生長了多少時日了。每逢過年或者重大節日，廣場鳳凰樹下總有英歌舞或“營鑼鼓”表演，人山人海，非常熱鬧。而到了秋收季節，這個廣場又成了曬穀埕，會被用來曬稻穀。陳喬峰小時候還見過電影隊在鳳凰樹下拉開幕布放電影，他和村裡的小夥伴就搬了板凳看電影。那時候對外面世界的全部想像，都來自這麼一塊小小的銀幕。

黃博琳從來沒有見過這樣野蠻生長的鳳凰樹，她手持相機各個角度一頓狂拍。李啟銘躲到一邊去抽煙，他知道一會兒進入宗祠，裡頭都是木料，不好抽煙，先過過癮。陳喬峰更是一點也不著急，他樂得站在旁邊看她拍照，一種熟悉的感覺重新浮現。八年前也是如此，只是現在的黃博琳身材更加婀娜，也更懂得如何打理頭髮，如何用淡淡的妝容讓自己變得嫵媚。是的，嫵媚，八年前她的青澀已經完全沒有了，取而代之的是張弛有度的韻致。她身後巨大的宗祠像一頭安穩的大象那樣俯瞰著她。

“博琳，你別因為一棵樹就把相機弄沒電了，宗祠裡頭有更多素材讓你拍的，這四鄉六里還得承認這宗祠保護得最完整。”李啟銘喊道。

李啟銘並沒有誇大其詞。陳氏宗祠屹立數百年，雖然其間不免遭逢戰亂水火之厄，但依然氣勢雄偉。宗祠坐西向東，三進院落照應梅山的山形地勢，靠近池塘的前座最低，中座比前座高出八十厘米左右，後座又比中座高出九十厘米左右，從兩側的山牆便可看到這樣逐級的遞進。這樣後座抬高的設計首先是有利於排水，其次也讓整個建築從各個角度看過去都非常有層次感。屋頂的整體架構為斗拱抬樑式結構，磚砌牆體，中座採用歇山頂，五開間的寢堂，令整個建築看起來非常穩重莊嚴。

潮州人對於房屋的講究，是自古而然。有道是："潮州厝，皇宮起。"將房子稱為"厝"，建房子便是"起厝"；"起厝"必須跟建皇宮一樣精心考慮，主要樣式格局如"四點金""下山虎""駟馬拖車"，都有一套自洽的規範。民居並非都是雕樑畫棟，但也就地取材精心佈局。而祠堂之類重要的建築，必定會有嵌瓷、木雕、石雕等工藝的綜合運用。即便是屋頂的設計也是費盡心思，俗話說"厝角頭有戲出"，既講究五行風水，又繪製龍鳳瑞獸、傳奇人物等題材。陳喬峰一家做的木雕，便是潮州金漆木雕。金漆木雕可以作為擺件觀賞，也可以用於起大厝的屋頂構件。

除了工藝上的追求，這裡的人也篤信神靈風水之說，起厝動工之前必須請風水先生。傳說梅花村從前有個風水先生十分了得，有戶人家起厝請他看風水，他繞著那塊地轉了三圈，便指著一個地方讓人挖土，第一次挖出一口棺材，主人家千恩萬謝；但先生還讓繼續挖，又挖出第二口棺材，大家連聲驚歎風水先生厲害；不料先生口中唸唸有詞，讓人繼續挖，又挖出第三口棺材。主人家認為晦氣，但風水先生卻擺擺手表示不然，他耐心解釋這是一塊風水寶地，三口垂直疊放的棺材，分屬不同的年代。從此先生名聲大振。據說陳氏宗祠的規格朝向，乃至梅花池兩邊的樹木，也是經過風水先生精心佈置，非常講究。

三人來到陳氏宗祠門口，陳喬峰推門而入。午後祠堂靜謐，父親陳純鋼不在，哥哥陳無忌可能過於勞累，躺在通廊的石凳上睡午覺。中座是享堂，大家習慣叫中堂，裡頭堆滿了各種木料和工具，凌亂的陳列，滿地的木屑，完全看不出大家口中的“修繕工作接近尾聲”。陳氏宗祠這一次的修繕始於三年前的那次颱風，陳純鋼父子在這三年多時間裡，除了應付生活所需接一些小單，全部時間幾乎都撲在這上面。按照阿嫲林雨果的安排，宗祠必須在秋天最後一個節氣霜降之前完工。梅花村拜祭祖宗不是在清明，而是在霜降，按照以往的慣例，在正式祭拜之前，還會舉辦一次修繕完工的慶典，在鑼鼓喧天之中祭拜天地神明，也告知祖宗，宗祠修繕完畢。

李啟銘和陳喬峰非常默契地來到中堂，邊喝茶邊漫談茶文化。“工夫茶的‘工夫’在潮語裡意思便是細緻講究，故而沖泡的方法有諸多講究，有‘關公巡城’‘韓信點兵’種種步驟。”“潮州人愛喝茶，特別是鳳凰山的高山單叢茶。喝茶不單是因為茶，也是因為交際的必要。幾個半熟不熟的人圍著一套工夫茶、一隻爐子、一壺開水就可以聊半天。有時候甚至都不說話，抽著煙，沖好了茶就說：‘食茶。’另一個人便會回應道：‘食。’簡潔的古語，明白的表意，不多話而意自明。”“潮州人也會將茶葉叫‘茶米’，沖泡出來的從來只說‘茶’或‘茶水’，不說‘茶湯’，可見喝茶是潮州人的家常，是離不開的東西，沒有高高在上的矯情。”

宗祠在修繕，到處凌亂不堪，但茶盤傢伙依然必不可少。做工之前如果不喝上幾杯茶，那麼工作也不會有好狀態。

不過工地上沖茶只能將就，因地制宜，用來沖茶的茶桌，便是臨時拼湊的，在香爐實木底座上擺上一塊木板，就成了茶桌。這個香爐的底座在宗祠裡擺了幾十年，現在只能根據這個實木底座反過來推斷此前作為宗祠核心構成，應該會有一個香爐，而且老人說，那個香爐是青銅的。那真是一個美輪美奐的底座，難以想像上面的青銅香爐究竟是什麼樣的形狀和紋飾。潮汕人敬神明拜祖宗，都得通過香爐。俗語“香爐耳”，就是指家中獨子，唯一的男丁。正因為如此，神婆冰嬸才會將這樣一個香爐說成是鎮祠之寶，陳氏宗族氣脈所在。

等水燒開的間隙，李啟銘問陳喬峰：“我們今天這個茶桌規格很高啊，這個木頭是紅木喲，應該很貴重。傳說中那個香爐還是沒有找到？”

陳喬峰搖搖頭：“沒有那麼容易，我阿公找了一輩子都沒有找到。”又補充說，“但我阿嫲上回突然說了一句，總有一日，香爐會自己回來的。”

李啟銘邊沖茶，邊應道：“團結嬸是神人，香爐有腳，會自己走回來的。”

又食茶，聊了一會兒。陳喬峰終於忍不住打探道：“你跟博琳什麼時候認識的？女朋友？”

李啟銘笑著不說話，故意專心泡茶，很久才緩緩說道：“‘一物合一藥，蛇蚤無涎掠唔著’[1]，喬峰大俠你這次是遇到剋

---

[1] 一物降一物，沒有口水就抓不到跳蚤。

星了，就希望不是菜頭粿，熱單畔[1]。”

李啟銘這麼說，陳喬峰才內心稍定。李啟銘各方面的條件可比他好太多，他跟黃博琳一樣，是真正的僑四代。但又跟黃博琳不一樣，李啟銘家無論是在潮州還是泰國和馬來西亞，都是大家族，實力雄厚。或者可以說他是僑 N 代，因為李啟銘自己也算不清楚。他從高中就被送回老家讀書，又在韓山腳下讀完大學，畢業後他大概有高人指點，很快找到自己的創業方向，做潮州傳統民居活化改造。他在老城區或租或買，盤下了一些老厝，又慢慢改成民宿。他剛開始做這件事的時候，很多人都笑他傻，有錢沒處花，必定打水漂。但不到十年時間，風水輪流轉，古城旅遊越來越旺，旅客逐年增長，民宿需求不斷攀升，李啟銘也一躍成為老宅改造的代言人，頻頻在媒體亮相。老宅改造往往離不開設計，也離不開樑柱上的木雕工藝，所以李啟銘這幾年和老陳家的都走得近。他跟陳喬峰因為年齡相仿，是那種可以一起發呆的朋友。

李啟銘國字臉，棱角分明，風度翩翩，就連泡茶的動作都比他帥。應該說，陳喬峰會變得不淡定，是因為李啟銘和黃博琳看起來更般配。他知道黃博琳一直有個導演夢，從這個角度看，李啟銘顯然有更好的物質基礎能支持她實現夢想。

正當他浮想聯翩之際，李啟銘扮了個鬼臉，一臉嫌棄：“我說喬峰大俠，你這個表情，不會真把我當情敵了吧？”

---

❶ 比喻單相思。

陳喬峰又恨自己毫無城府，根本藏不住心事，只能老老實實說：“不是這個意思，我八年前跟她分手，那時她才二十一歲，讀大二。”

這回輪到李啟銘發愣：“哎呀，哎呀，這世界這麼小嗎？哎呀，幸好我沒有亂來，不然我們是不是連朋友都做不成了……不是，老兄，花無錯開，人無錯對，有這緣分你得刻苦啊，‘愛嬸著刻苦’[1]。”

5

這世界就是這麼小，有什麼辦法呢，很多事始料未及。

陳喬峰開始給他們修木雕，黃博琳非得全程錄像，說要記錄這妙手回春的一刻。這難不倒陳喬峰，他看一看就明白是怎麼回事，用了不到十五分鐘，便將損毀的枝丫修改成新芽，還特意將另一側的兩片葉子削去，這樣一來，整個畫面看起來沒那麼擁擠，變得更加協調。李啟銘說：“喬峰你真應該回來繼續鼓搗木頭，不應該去開什麼設計公司，你這手藝完全是老天賞飯。”

---

[1] 想娶到老婆就要刻苦忍耐。

陳喬峰發出兩聲得意的傻笑。對這樣的讚美他倒是全盤接受，他內心也驚訝於自己剛剛用刀的感覺，竟然如此舒服。他暗暗猜測，如果不是黃博琳的鏡頭凝視，他不可能有這樣的狀態。

木雕修好了，李啟銘提議他自己去送禮物就好，讓陳喬峰陪黃博琳到處多轉轉。黃博琳也不傻，從他們倆的神色裡已經明白是什麼意思。她動作十分靈活地打開車門坐到副駕駛座上，說："我們是合夥人，送禮物的事必須一起去，趁著陳得海高興，或許順順利利就能把書樓給租下來。"

陳喬峰問："你們要租書樓？"

李啟銘答："這個事難度大，一直只能算是計劃，也就沒事先跟你說。這樣吧，晚上到陳得海的大排檔吃魚生，到時跟你好好聊一聊，我在博琳身邊給你留個座位。"

黃博琳拍著車窗玻璃抗議，說："啟銘，人家給你什麼好處，這麼快就把我給賣了。"

陳喬峰站在宗祠的台階上，看著他們的車駛離小廣場，沿著池塘邊的弧形小路往書樓那一頭去了，心中思緒依舊難平。

這些年，陳喬峰已經盡量讓自己活成人畜無害的樣子，和身邊的許多人不一樣，他無所求，且容易滿足。他能讀懂陳家流淌的血液之中早就嵌套進去的密碼，正是因為無爭，所以可以在某件事上非常專注。比如他們家，專注於潮州木雕，專注於精巧的設計，如果心浮氣躁，可能就沒有辦法對著一塊木頭保持一天的注意力。而往往一個稍微大一點的木雕作品，幾個月悠悠然過去已經算是快手了。在木雕這樣的行當，時間總是容易顯得廉價，然而時間卻是最重要的成本。他也留意到梅花村二房頭那邊就完全不同，二房守書樓，他們確實擁有一股向前的力氣，能夠冒險，能夠變通，能夠闖出一番大事業。再不濟，混得不好者，比如剛剛結婚的堂哥陳得海，也在村裡開了一家魚生店，電視台專程來拍攝過他的刀法。生魚片在他的刀口切出來，薄如蟬翼，而他一邊揮刀切肉，一邊還談笑風生，最後尖刀往砧板一立，威風凜凜，殺氣騰騰。“刀法好又不賺錢。”陳得海這句台詞後來被大家拿來開玩笑。二房頭從前出海謀生的華僑也比大房頭要多，像陳得海和他弟弟陳得江這類人，才是這個世界的陽面；而陳喬峰，即便父親給他和哥哥都取了武俠小說裡的名字，但他們也只能是這個世界的陰面，是殘陽，是冬日裡的梅花，是池塘邊那棵等待涼風穿過的樹，至死都不肯往前走出一步。

但八年了，黃博琳重新出現在他面前，他像一個走得很慢的時鐘突然被換上了新電池，眼裡重新升騰起肉眼可見的猜忌和醋意，還有什麼呢？大概還有青春重燃的鬥志。

6

但那天晚上陳喬峰並沒有如約到陳得海的大排檔吃魚生。他剛送走李啟銘和黃博琳，父親打來電話，說阿嫲暈倒了，讓他和哥哥趕緊過去。阿嫲已經八十四歲，還能幹家務，前兩年還不定期去工作室幫兒子給木雕上漆，動作也利落。她看上去就是那種渾身是勁的老人，或者說，靈魂還是新的，只是裝靈魂的瓶子有點舊。老人現在突然暈倒，就怕身體這部機器出故障。

陳喬峰趕到鎮上的診所，阿嫲卻已經像往常一樣，十分優雅地坐在椅子上，蹺著二郎腿。她說："喬峰，你來得正好，我現在就想回家，你看看，他們都不讓我走。"她指著圍在她身邊的蔡醫生和親人，顯然有點不高興。蔡醫生說暈倒大概是因為身體虛，剛才檢查了一下，並沒有什麼大事，不過可以先坐定觀察一下，喝點糖鹽水，不著急走。"虛"這個字幾乎可以解釋一切身體疾病。陳喬峰對阿嫲說："阿嫲你平時也難得來看一次醫生，就當來醫生這裡食茶。"阿嫲說："小蔡這裡也沒有什麼好茶，喬峰你看他這架子上來來去去就這麼幾瓶藥丸，還能包治百病？"雖說阿嫲已經多年沒有幫人接生了，但整個碧河鎮幾乎沒有醫生不認識團結嬸林雨果，也都知道她的性格。蔡醫生見林雨果揶揄他，他輩分小，只是笑，不敢回嘴。

阿嫲這幾年是有點變矮，但站著時依然看起來比很多人高，嗓門也大，說話清晰嘹亮，像一隻品種優越的獅頭鵝。家裡有阿公和阿嫲的合影，每一張阿公都堅持坐著拍攝，讓阿嫲在旁邊站著。因為阿公陳團結是矮個子，身高比阿嫲矮了一個頭。所以阿公在照片裡威風，端坐著如一家之主，但事實上在梅花村誰都知道，老陳家的當家人是阿嫲林雨果。林雨果如果嗓門拉得很高，那麼說明她高興；如果她生氣，說話聲音就會壓得很低，就像龍捲風在貼地盤旋。

那一年，林雨果嫁入陳家，成了團結嬸。那時糧票開始進入日常生活，生活艱難，四年後陳純鋼出生，家裡的日子就更難了。幸好來自暹羅的幫助從來沒有斷過，總是在最艱難的時候，僑批便來了。村裡人只知道林雨果八歲才從暹羅回到村裡來，還知道她阿爸去世得早，是個抗日英雄，至於其他，便不清楚了。對村子裡的其他人來說，小矮子陳團結算是走了狗屎運，娶了個老婆筆下有黃金，寫寫信，僑批就來了，錢糧就來了。僑批當然也有不來的時候，那時候林雨果就行醫，給人針灸，有一陣子還給人家當接生婆。這接生的本領是小腳女人音姑傳授給她的，特別是對付難產的產婦。那時候村裡人生病，要不找團結嬸，要不找冰嬸。冰嬸是神婆，“落老爺”時是伯爺公附體，可以說明白很多別人不知道的事情，說話的聲音忽高忽低。人吃五穀雜糧，難免有個三災六病，特別是醫院治不了的病，一般是先找團結嬸，不行再找冰嬸，人治不了就只能請神。

陳喬峰小時候見過阿嫲針灸，也見過冰嬸“落老爺”。冰嬸請神比阿嫲針灸好看。冰嬸口中唸唸有詞，手中揮舞著一把有點滑稽的木劍，木劍像玩具，她的手指那麼修長，握在手裡總是感覺隨時會淩空飛起來。但沒有飛，神上身之後的冰嬸是另一個人，甚至能發出一個老男人的聲音，跟她平時完全是兩個人了。陳喬峰記得在冰嬸身上的這個神，一直在幫村民們除掉家裡潛藏的老虎。家裡的一切困厄傷病，家庭不和，都是家裡有老虎的緣故，只要將老虎除掉了，一切都會回復到原來的美好狀態。

陳喬峰也聽過那些傳説，只是冰嬸喜歡阿公陳團結的事從來就沒有什麼證據。十三歲那年，陳喬峰第一次目睹阿嫲林雨果暈倒在蓮霧樹下。那時阿公陳團結剛剛去世，他的存摺裡還有一點錢，陳喬峰陪著阿嫲去鎮上的信用社取錢。但信用社的工作人員説，要拿戶口本去辦理死亡證明，才能來取錢。於是阿嫲又帶著陳喬峰去辦證明。陳喬峰記得那天走了很長的路，有時候他走在阿嫲前面，有時候他走在阿嫲後面。等回到信用社時，已經臨近下班，工作人員還讓她填一張表。她拿著筆，先按照要求在第一個格子裡寫上阿公的名字：陳團結。接著第二個格，要寫上“死亡”兩個字，阿嫲卻無論如何寫不下去。她突然哭了起來，筆都拿不穩，顫抖著寫字，紙也被不小心劃破了。工作人員給她換了一張表格，這次連名字也寫錯了。再換，她看著表格泣不成聲，愣是一個字也寫不出來。工作人員勸她説，下次再來吧，或者讓個年輕人來。她點了點頭，説了聲“孬意思”，就走到大路上去。阿嫲往回走，陳喬峰在後面跟。阿嫲喃喃自語道：“這死鬼，這死鬼……”她說葬禮上她沒有哭，為什麼填一張表還會出洋相？她認為是自己沒用，走到一棵蓮霧樹下，看到一條長條石凳子，便說歇歇。話音剛落她便整個人趴倒在石凳上。陳喬峰叫了兩聲她也沒應。陳喬峰又急又怕，不知道該怎麼辦才好，他對死亡沒有概念，非常害怕阿嫲突然就這麼死去，卻又不敢離開，只能左右張望看看有沒有人路過。但沒有人，大雨初晴，小路上滿是被風吹落的蓮霧和花蕊，卻一個人都沒有。好在過不了多久，林雨果便慢慢轉醒。

那時候她才六十多歲，走起路來比陳喬峰還快。她人高馬大，陳喬峰走在阿嫲後面，像跟著一匹巨大的駱駝。矮個子阿公陳團結去世的那天，阿嫲並沒有哭，但消息傳到村子另一頭，有鄰居聽到冰嬸在房間裡號啕大哭。鄰居後來說，冰嬸反反覆覆說著一句話：神走了，神走了。

阿公去世以後，冰嬸沒有再“落老爺”，阿嫲林雨果也沒有再幫人家針灸和接生。

那時候家裡也不需要依靠阿嫲行醫來賺錢了，母親周小英靠著一支鉤花針，家裡的生活就有了保障。所以這個家，一直就是女人在掙錢，掙面子。男人呢？不知道在幹什麼，好像也沒有人闖出什麼天地來。

7

就比如阿公陳團結。

陳團結一共有三樣掙錢的本事：第一是畫畫，第二是竹篾編春盛，第三才是木雕。他年輕的時候在兵荒馬亂之中，竟然還能在中學跟老師正兒八經學了兩年美術。老師也誇他有天賦，但後來造化弄人，他能靠畫畫掙錢的唯一方式是幫別人畫遺像。那時候，在照相機完全沒得到普及的廣大農村地區，家人思念逝去的親人只能通過一張遺像來完成。但老是給死人畫像，畢竟不吉利，按照小腳女人音姑的說法，再畫下去，陳團結就找不到老婆了。於是陳團結不得不拓展第二個賺錢的本事——做春盛。在潮州，春盛是最為常見的器物，這種竹籃最適合用來裝各種粿和祭品。時年八節拜祭神明祖先時，竹篾編成的春盛就成了家家戶戶必備的工具。而陳團結編春盛，優勢是春盛上的圖案可以獨一無二。別人只能在春盛上畫石榴和牡丹，而這個矮個子男人能畫鯉魚和猴子之類的動物，簡直栩栩如生，非常討人喜歡。至於木雕，陳團結的父親陳雄振就是碧河有名的木匠，是陳氏宗祠重建修繕的主力，陳團結耳濡目染，自然而然習得這些木工手藝，他自己也不知道有一天他的木雕手藝作品能出國展覽，不過這都是後話了。

現實的情況是，矮個子男人陳團結，在很長時間裡只能按照生產隊分配的任務，到梅山後面另一座大山裡去守山林，成為一個護林員。那些年，莽莽蒼蒼的大山壓得他透不過氣來。深夜裡，他常常聽到木屋外面山坡下的溪流裡有小孩在游泳戲水，但舉著手電筒出去又什麼都看不到。據説就是在那段時間裡，陳團結嚇破了膽，從一個大大咧咧的小矮子，變成一個畏首畏尾的老矮子，頭髮凌亂，一臉滄桑。

陳團結從深山裡出來時，以為林雨果看到他一定會罵他。但他沒有等來一頓破口大罵，林雨果什麼都沒有説。她到水缸去打水，用浴布給陳團結洗臉，幫他刮鬍子，整個過程沒有説一句話，直到她把臉盆裡的水倒到門口的臭水溝裡，才説："我要去暹羅，我們的日子不能這麼過。"

事實證明，她去暹羅也只是一時意氣的話。對於林雨果來説，關於暹羅的童年記憶已經所剩無幾。一直到陳團結去世，林雨果才下定決心開啟她的暹羅之旅。

8

陳喬峰一直認為，他對阿公缺乏了解。他只記得小時候，阿公坐在椅子上，他喜歡坐在阿公的腳背上，抱著阿公的小腿盪鞦韆。阿公的腿又粗又短，但非常有力氣，玩多久都不嫌累。阿公右手的小指被舂米的石臼砸斷，剩半截，斷口處摸起來非常光滑。後來阿公總是背著手走路，但他放在背後的雙手，有時候會帶餅乾，有時候會帶冰棍，記憶中有很多次，阿公就像個魔術師，總能給他帶來驚喜。

而阿公陳團結的去世，是他人生第一次見到死亡。

原本會大笑會說話的一個人，突然就躺在牀上一動不動，也看不到他的臉。大人們不讓小孩靠近。家裡也突然來了很多人，都小聲說著話。阿嫲林雨果在大廳角落裡坐著，幾個女人陪著她，卻並沒有說話。那個綽號秀才的豬肉佬也來了。秀才挽起了袖子，開始指揮，啟動程序。按照秀才的安排，讓人按照親疏遠近去給親戚報喪，又讓人去購買一應必備的物品，然後再讓父親陳純鋼披麻戴孝，手持陶水壺，到碧河邊去“報地頭”和“買水”。陳純鋼“買水”回來，秀才親自上陣給阿公換壽衣，他口中低聲唸著詩句，陳喬峰沒聽清，只看見白被子和紅被子先後蓋上去，牀尾點上了煤油燈，然後秀才便問：“孝子賢孫都到齊了嗎？”

於是母親周小英開始幫陳喬峰穿上奇怪的衣服，戴上由生麻製成的帽子，腰間繫上麻繩，接著從陳純鋼到陳喬峰，排成一列，按順序給阿公“飼水”和“飼生”。“你飼我到大，我飼你到老。”秀才教大家唸了一遍，大家就跟著過去做。這個時候父親陳純鋼突然嗚嗚大哭起來，這讓十三歲的陳喬峰也鼻子酸酸，不知道為什麼跟著啜泣。對於死亡，他並沒有太直接的悲傷，親人離去的難過在煩瑣的程序之中被消解，要等到許多年之後，陳喬峰逐漸長大，他才像牛反芻一樣想起從前，想念跟阿公有關的一切。而此刻，他只是看著阿公被放進棺材裡。這也是他第一次近距離看到棺材。秀才指揮大家往棺材裡放錢紙[1]，接著蓋上棺材蓋，先封上榫卯楔子，再釘釘子，秀才開始喊："安頭釘，萬事興。安二釘，仔孫[2]昌盛。安三釘，三朝元老。安四釘，四季平安。安五釘，五代同堂。安六釘，安到圓，內外仔孫富貴萬萬年。"

棺材被放在大客廳的右側兩條木凳子上面。秀才開始安排人在門口管理錢物，登記禮儀帛金。這時候路途遙遠的親戚朋友也都來了，他們有的進門便跪拜，有的還沒進門便開始哭泣，有的人則默默參與幹活兒。院子裡很快坐滿了人，他們抽煙沖茶，秀才已經開始讓人燒火做飯。當天晚上，陳純鋼和其他幾個伯伯叔叔在客廳裡守靈，陳喬峰早早便上牀睡覺。第二天一早出山，起柩時抬棺人用力將擺放棺木的長條木凳踢翻，此時家眷同時放聲大哭，一支哭喪的隊伍穿過碧河大橋，往山裡面去了。按照村裡的風俗，女眷只需要跟到橋頭即可返回，不用過橋，她們跪拜，然後返回準備祭拜事宜。

多年以後，陳喬峰還會夢見阿公下葬的情景，秀才還是那樣胖，他揮一揮手，大家就往土坑裡填埋石灰，用長長的木棍夯實了，這才開始填土。離開的時候，他們在土堆上撒了很多草籽，以確保墳頭草茂密好看。"種籽放墳山，仔孫做大官。"下山的時候，一群白鷺跟著他們在田野裡盤旋，他父親陳純鋼

❶ 冥幣。
❷ 子孫。

看到白鷺翻飛的情景，不知道為什麼又嗚嗚哭了起來。只有他在哭，其他人都只是抽煙，沒有說話。

9

林雨果一直覺得，陳團結是洪禮伯父送給她的禮物。自從母親在遺書裡將她託付給小腳女人音姑，一切便已經注定。

二十二歲那年，她才第一次見到陳團結，之前所有的想像被這個男人的身高擊得粉碎。小腳女人音姑口中那個聰明絕頂、才華橫溢的青年才俊，竟然比她矮了一個頭。在水井邊，這個男人正站在自己的對面傻笑，並目不轉睛地看著她。這是人生初相見，本該羞澀而美好，如今竟似一個晴天霹靂迎面炸開。雖然心中已經驚濤駭浪，但她也只是不動聲色地將眼睛移開，看向別處。所謂的別處，無非一口水井，而她這時才想起自己是來水井邊打水的。陳團結伸出手說："我來幫你。"就要去拎她的水桶。但林雨果靈活著呢，小手一拍，就把陳團結的手拍開。她用井桶打水，倒到自己水桶裡，反覆打了兩桶半，才裝滿，拎著一桶水，邁著小碎步往家裡走。

從水井邊回來，林雨果的心比井水還涼，但陳團結的內心燃起了熊熊烈火。

多年以後，陳團結在迎接死亡的最後一段時間一直躲在閣樓上，也不知道他為什麼需要如此忙碌，那裡是他做木雕和畫畫的工作室，林雨果很少到閣樓上面去。直到陳團結去世半個月之後，陳喬峰爬上閣樓，下來告訴阿嬤，上面有阿公的一件木雕。林雨果隨口問雕的是什麼，陳喬峰說太暗了看不清，好像是雕刻了一個游泳圈。林雨果罵罵咧咧，說老傢伙生病不休息雕什麼游泳圈，她的口氣就好像陳團結並沒有死去，而是一直就在閣樓之上。她爬上杉木梯子，木梯子年代久遠，踩上去發出熟悉的吱吱呀呀，在此之前陳團結上樓下樓就會有這樣的聲音。閣樓昏暗，什麼也看不見。六十四歲的林雨果打開閣樓的木門和木窗，陽光從外面湧入，打在那件鋪滿一面牆的木雕上，這樣突如其來的畫面讓林雨果險些沒有站穩，她的眼淚不聽使喚奪眶而出，悲傷在閣樓上落地生根，林雨果感覺心裡有什麼東西破碎並死去，只是無法言說。這件木雕上面並不是什麼游泳圈，也沒有人，只有龍眼樹下的一口水井，井沿上放著一隻紅色的桶，地上一排濕漉漉的腳印延伸到花叢深處。林雨果一眼就認出那正是林厝圍龍眼樹下的那口老井，後來被填平做成水塔，大概所有人都忘記那棵歪脖子龍眼樹下面曾經有過一口水井，但將死的陳團結記得，他用他人生的最後一段光陰，一刀又一刀將這個情景重新雕刻出來。木雕上面沒有任何文字，彷彿是一個不會說話的啞巴，靜寂裡，林雨果的眼淚又止不住往下流。

不過這都是四十年後的事了。那時候，提著水桶離開水井之後，林雨果在內心咒罵遠在泰國的陳洪禮，罵這位父親的八拜之交瞎了眼，竟然說這麼一個小矮子可以來做她的丈夫。

陳團結那時並不知道林雨果心裡在想什麼，他只是單純地覺得高興。此後兩三年的時間裡，他頻頻往林雨果所在的林厝圍跑。林厝圍其實不能算是一個村落，就那麼幾十戶人家，勢單力薄，經常會被欺負和刁難。有一回，因為一市尺布票，林雨果跟供銷社的人起了爭執，剛好陳團結過來，他啥也不說掄起拳頭便打，結果兩個回合就給人拿住後頸按在牆上動彈不得。

這下可真把林雨果惹火了，她人高馬大，掄起旁邊的鐵鍬打了幾下，竟然把三個漢子逼得連連後退，一直退到曬穀場外面。曬穀場的人很快圍過來，於是林雨果單手叉腰站在巷子口，指著他們罵，留下了那句流傳甚廣的話：

"我碧河林家打鬼子拚盡了七條人命，滿門忠肝義膽，你們算什麼狗東西！"

此話一出，對方氣焰全無，低頭悻悻離去。

在說這句話之前，林雨果在大家眼中就是一個二十四五歲還不願出嫁的老姑娘，而說出這句話之後，大家都對她多了幾分敬意，那些之前愛對她扮鬼臉的孩子也挨了家長的揍。人們掐著手指開始計算是哪"七條人命"，從林雨果在泰國曼谷為抗擊日寇殘酷行徑而自刎的親爹林漢先算起，林漢先的父親老林、林漢先的三個弟弟也先後在抗擊日寇的戰鬥中罹難，在抗日戰場上作為醫護人員的六妹漢萍，還有她的母親林阿娥……還真的是七條命！那些並不遙遠的往事開始被人們重新記起。從這個時刻開始，關於林雨果的傳奇故事在人們口口相傳中不斷發酵，曾有報社記者來到林厝圍想做個深度採訪，卻被林雨果婉言謝絕了。

上篇　心安隨處家廟

第一折
大風

1

一九二二年的那場風災改寫了潮汕地區很多家庭的命運。如果重新翻開那時候的報紙，從許多賑災的報道中，大概也能夠想像“八二風災”之慘烈。根據相關史料的記述，颱風讓許多田園被淹沒，大水漫灌，河堤崩潰，船隻被打翻，人和家畜在江河裡漂盪，衣服被褥被風颳到樹梢上。在海上，巨大的輪船被颳到山坡上，載有貨物的船隻也被颳到島嶼的另外一側。受災嚴重的澄海外砂，有的村子整個被夷為平地，損失無法估量。至於死亡的總人數，有很多版本，有説是兩萬多人，後來又有國外報紙説死亡達十萬人之多。綜合各種數據，結合當時人口分佈情況，有專家評估，死亡人數超過八萬人，但真實情形畢竟無人能夠知曉。颱風讓當地房屋倒塌，百姓流離失所，屍橫遍野，田地因為海水倒灌，此後好幾年都長不出莊稼，人和動物的屍體成為細菌滋生的溫牀，死亡、貧困、飢餓、傳染病這些人世間最壞的東西在這裡聚齊，鄉野盡是末日景象。

北洋政府財力分散，入不敷出，根本無暇顧及嶺南邊陲之地的災情。所幸當地的頭面人物、富商巨賈開始自發組成慈善機構，各地大大小小的善堂也成為民間自救的重要力量。海外僑胞更是心繫家鄉，聽聞風災的消息之後捐錢捐物。在多方力量的作用之下，災區很快搭建起臨時醫院救治傷員，來自不同地區的救生隊積極進行賑災。

非常時期總會出非常人物，在碧河善堂組織賑災活動中，有兩個年輕人顯得與眾不同，他們一個叫陳洪禮，一個叫林漢先，從小學起便是同班同學，親如兄弟。陳洪禮來自碧河梅花村，歸屬於陳家二房頭嫡孫。林漢先來自碧河林厝圍，一個三面臨水的河邊沙洲，是個漁村。林家有個親戚，林漢先叫他英順伯，他早年去了暹羅發展，運氣好，成了船業翹楚，兩年前返回碧河鎮，竟給林漢先捎回來一款形狀怪異的相機。於是在此次風災之中，陳洪禮和林漢先兩人的工作不是救死扶傷，而是到處記錄拍攝。他們拍攝的照片不但刊登在國內報紙上，更是通過各種方式在世界各地的華僑之中傳播。關於災區的情況不再只停留在文字描述，更有真實可感的相片。當海外華僑看到自己熟悉的家鄉在颱風過境之後面目全非，無人不揪心動容。在資訊流通欠發達的年代，能夠如此迅捷記錄並傳播災區實時畫面的行為，無疑極大推動了海外華人對“八二風災”的關注。

陳洪禮和林漢先這個二人組，白天拍攝和記錄，晚上還得回到倒塌了一半的祠堂裡，幫不識字的農民寫信給親人。“你就個伊呾只內個厝倒去，一家人無地方好去，企在破廟，一夜恬落雨通身漉去。”[1] 赤腳的大嫂渾身是泥巴，邊說邊哭。林漢先只能擰一下煤油燈的燈芯，用毛筆翻譯她的話，寫下：“唐山房屋盡毀，家人居無定所，流落荒廟，夜雨如注，屋漏渾身濕透。”辛辛苦苦總算寫了一封信，唸給大嫂聽，結果她突然不哭了，說：“算了，把前面都刪掉吧，就說全家都活著，大小平安，讓伊這個無良心的在外照顧好自己。”說完接著哭。

兩人交替執筆寫信，常常寫到半夜。林漢先對陳洪禮說：“再這麼寫下去，我怕得大病一場。”陳洪禮說：“如果遇到家裡太慘的情況，你就把我叫醒，由我來寫，你這樣邊寫邊陪人家流淚，哪裡能受得了，不生病才怪。我向來比較遲鈍，由我來寫淒慘事，可能好一些。”林漢先淒然一笑：“要不明日我們給自己放半天假，不拍照了，也不做事，回碧河書樓看看孟先生，不知道先生的病情如何。”孟先生是他們在金中的老師，退休後就住進了碧河書樓，開班講學，招收窮人家沒錢上學的孩童，並給自己的私塾取名“覺醒齋”。潮州人向來尊師重教，對孟先生的胸懷更是多了一分敬意。

陳洪禮也覺得應該回去看看孟先生：“從兩個月前江東弟洪倫修來跟孟先生辭別那次，見了先生一面，便未曾再去拜訪，著實不應該。”洪倫修考上了國立廣東高等師範學校英

---

[1] 你跟他說，家裡的房子倒塌了，一家人無家可歸，住到破廟裡，整夜下雨全被淋透了。

文科，孟先生從省立潮州金山中學校退休之前曾是他的國文老師，故此他專程到碧河來向自己的老師辭別，聽聽老師的教誨。洪倫修比他們還小一歲，遲一年讀書，算是學弟，陳洪禮給他取了個外號叫“江東弟”[1]，但其實洪倫修這個學弟學業成績比他們都好，也更聰慧。

兩個月前的那次小聚太令人難忘了。

那時天氣已經開始變熱。師徒四人在碧河書樓吃午飯，孟先生煮了白粥，煎了一條魚，菜脯煎蛋，還有一盤鹹菜，一碟欖角邊上放著一撮薄殼米[2]，半斤米酒，兩把煮熟的花生，堪稱豐盛。洪倫修問起兩人為何讀完中學便回鄉，林漢先只能坦言以告，説兩人正在計劃過番。所謂過番便是漂洋過海，舊時坐著紅頭船，由碧河轉入韓江出海，如今則是火輪船，到暹羅等東南亞國家去討生活。沒想到洪倫修對兩人過番的想法竟然表示贊同。

“子常兄莫要見笑，你我雖皆出身貧寒，但兄志存高遠，我等只能苟且求存。”林漢先長歎一聲。子常是洪倫修的字。

不想倫修聞言把筷子放下來，兩隻手掌交叉做了一個否定的動作，然後朗聲説道：“兄此言差矣，如今之中華，有識之士無不求新求變，二位兄台願以身冒險遠渡重洋，日後無論眼界見識，應與此時此地殊為不同，有人流血，有人流亡，總比坐以待斃因陳守舊強上百倍，這與出身志向無關，卻是匹夫之

---

[1] 江東是潮州另外一個鎮的名字。

[2] 潮汕小菜，海瓜子燙熟取肉。

責。一個人的求存，與一個民族的求存發展，並無二致。”

聽他這麼說，陳洪禮不禁叫好，舉杯便飲。林漢先也拍案叫絕，說子常說得好。倫修說：“今天給你特權，允許你叫我江東弟，聽著更順耳。”漢先大笑。

陳洪禮和林漢先商量了好幾個月，最後還是選擇過番，是因為英順伯在家書中對他們發出十分真誠的邀約。碧河鎮此前過番討生活的人非常多，但多數是農民出身，甚至連自己的名字都不會寫，只能做苦力。他們倆不同，他們在省立潮州金山中學唸過書，雖然兩人都沒有畢業，但他們在村裡人的眼中，已經算是文化人，即使不過番，大概也可以到城裡謀一份工作。而事實是，過去這十多年間，各地公辦學校如雨後春筍，在校學生也暴增三四倍之多，但社會上並沒有太多容納這個層次人才的就業崗位，他們又不願意重新做回農民，幹回體力活兒，高不成低不就，處境尷尬。這兩年他們嘗試過很多工作，最後都令人沮喪，家裡人免不了唉聲歎氣，認為花錢讀書到頭來錢都打水漂了。恰巧這個時候英順伯的書信來了，誠意滿滿地邀請他們去幹事創業，家裡人竟然也表示贊成，更有具體例子說此前也有手藝人過番，後來都回來買地建房子。所以說這個時候他們選擇過番，是選擇了置之死地而後生的人生賭局，希望到新的世界去，創造新的奇跡。碧河上流傳著太多過番之後開創事業的傳說，所謂絕處逢生，人生若要有所改變，總得有人走出第一步。

他們三人碰杯喝酒時，孟先生撚鬚不語，良久才說：“倫修説得非常深刻，對老朽也很有啟發，英雄不論出身，世事更在踐行，也正是王守仁所謂‘良知在我，操得其要，譬猶舟之得舵’。潮州人務實致遠，心懷家國，敬神明而不虛妄，破風浪而不驕奢，方能成就一番事業。”

林漢先又拍案叫好。陳洪禮後來説：“我幫你算過，你一頓午飯拍了二十二次桌子，一説到激動就拍案叫絕。”林漢先只能一臉傻笑，的確，半斤米酒根本不夠他拍案，很快就喝完了。

人生要吃很多頓飯，但沒有一頓飯能像這個初夏午後一樣令人痛快。孟先生和他的三名學生，喝完米酒就接著沖茶喝，從莎士比亞的《麥克白》到魯迅的《狂人日記》，從“六三三”學制改革到《新青年》雜誌，四人一直聊到西側窗戶的天色開始暗下去，才只得十分不捨地散去，因為他們知道孟先生家中沒有酒菜可以招待他們再吃一頓飯了。在此後於異國他鄉的歲月裡，書樓午宴成為陳洪禮和林漢先在回憶往事時必定會提及的場景。而十二年後，洪倫修被殺害於南京雨花台，人們只記得他另一個響亮的名字：洪靈菲。

2

梅花村在這次風災中算是損失比較小的，只壓死了兩頭牛，並沒有死人，但陳氏宗祠在大風之中塌了。四年前的那場地震，急水塔被震塌，只剩五層半。在韓江這邊，倒了不少房子，陳氏宗祠有一面牆錯位開裂，連接橫廊的兩根柱子也歪了，今年狂風一吹，岌岌可危的陳氏宗祠終於在風中完全倒塌了。人們反而鬆了一口氣，説祠堂塌了沒有砸到人就是祖宗保佑，此前在拜祭時還常常擔心祠堂的屋頂會突然塌下來，如若砸到人那會更加不吉利。站在梅花池邊，陳洪禮和林漢先看到祠堂的斷壁殘垣，還是有點難過。陳洪禮説："塌成這樣，得花多少錢才能重修起來？"林漢先一擊掌説："所以才要過番，食到無，過暹羅，番畔錢銀唐山福，賺到錢我就回來幫你修祠堂。"陳洪禮向他豎起了拇指，然後説："賺到錢不先給家裡，那阿娥怎麼説？"阿娥是林漢先的未婚妻，去年才出花園，要到十年以後，她才生下女兒林雨果。林漢先説："我不害她，她還小，沒有辦婚禮，讓她嫁別人。"陳洪禮笑。林漢先又説："你別笑，你過番，嫂子的目汁[1]要哭乾了吧？"陳洪禮歎息一聲："是啊，去時小生弟，返時留白鬚，但有什麼辦法呢？"林漢先不禁唱起歌仔："一船目汁一船人，一條浴布去

[1] 眼淚。

過番。錢銀知寄人知返，勿忘父母共妻房。火船駛過七洋洲，回頭不見我家鄉。是好是劫全憑命，未知何時回寒窯。”

兩人正為過番之事浮想聯翩患得患失之時，陳洪禮突然看到廢墟中有個香爐，樣式很精緻，傾覆在淤泥裡，他不禁彎腰將香爐撿起來，沒有想像中重，卻也沉甸甸的，細看才知道不是生鐵，是青銅，從款式紋路和表面銅鏽看應該有一定年頭了。但這個香爐如何處置令人為難——如果放在這廢墟之中，怕是給誰順手就撿了去，或者是被小孩拿去賣廢鐵，但現在撿起來，不知道放在哪裡才好。林漢先看到他的不知所措，便說：“你遇事就是想太多，我們這不是要去碧河書樓找老孟？順路把它寄放在書樓那邊，等你過番歸來，有錢修祠堂，再取回來便是。”陳洪禮笑，覺得有理。

與陳氏宗祠相比，碧河書樓看起來更堅固，據說從前鬧土匪時，書樓還曾經作為對抗土匪的防禦設施。所以這次書樓並沒有在“八二風災”中遭受太多損失，僅僅是被掀掉了一些瓦片，東北角漏雨，用一隻水桶便可暫時應付。書樓平安，但看守書樓的孟先生病得不輕，高燒退去一個星期了，咳嗽卻不止。

陳洪禮和林漢先二人走進書樓的大門，院子裡顯得更加荒蕪。在走廊盡頭孟先生臥室的門口，已經有一個身穿長衫的人挨著門框坐著，看背影並不認識。二人覺得奇怪，他為何要坐在門口？林漢先喊了一句“先生”，報了名字，伸頭從門口看去，但見孟先生背靠牀上的被子斜躺著，揮手讓陳洪禮和林漢先就在門口的椅子上坐下說話，不要靠得太近，免得傳染。二人這才發現門口早就備了好幾把椅子，只得依言坐下，並跟長衫男子點頭問好，這才發現他看起來很熟悉，只是叫不出名字。長衫男子主動介紹自己："小弟我叫戴平萬，也是洪倫修的同學。"他拜見二位學長，說在學校應該碰見過，只是不熟悉未曾詳談。林漢先說："戴平萬這個名字並不陌生，聽倫修提起過，記得是給我們讀過你寫的詩。"戴平萬說了聲："慚愧！"然後說，"不過我們都是孟老的學生，仰慕先生才學品格，聽聞先生抱恙，特來拜訪。"

"老朽殘軀如風中蠟燭，沒什麼要緊，況且自古大災之後必有大疫，免不了。"孟先生聲音很小，顯得有氣無力。

孟先生那天很奇怪，先是問起陳洪禮和林漢先二人過番的行程會不會因為風災受阻，聽說他們中秋過後就出發，點了點頭說中秋後海上就不會有颱風，風平浪靜好行船。孟先生伸手摸到牀頭的水壺，喝了一口水，然後說要跟他們三人再講講一段歷史。他也不管這三個學生是何反應，便開始談起一六五三年的"潮州之屠"："永曆七年，清軍屠城，潮州城內血流成河，縱兵屠掠，十多萬人死於非命……"

孟先生又說起葫蘆山上普同塔對聯"掩之誠是也，逝者如斯夫"，並耐心做了解釋。孟先生說，災難的發生和消解，有時更能讓人明白什麼是家國情懷，又是什麼讓潮州人雖九死其猶未悔，愈艱難愈團結，一場風災，有人寄錢寄物，有人趕回來救災，便可見世界潮州人，人心歸潮："歷盡千劫，只為歸潮。潮州人從未忘本，更不敢愧對祖宗神明，守住這一點，就守住了處世為人的底線。”

這段歷史陳洪禮和林漢先很熟悉，但在目睹風災驚心動魄的慘狀後，再重新聽這麼一段歷史，卻別有一番滋味。窗外時陰時晴，偶爾還颳起一陣大風，竹子相互敲擊發出聲響，此情此景定格下來成為他們永恆的記憶。

3

萬利商船是在中秋之後的第十二天才靠岸的。但陳洪禮和林漢先結伴過番的消息，早就在梅花村傳遍。於是中秋前半個月，陳洪禮家的親戚來來往往，甚是忙碌。親戚有送甜粿的，有送番薯的，有送茶葉的，有送橄欖糝、菜頭口等雜鹹的，但最重要還是託付信件物品轉交暹羅親人的。有的人什麼都沒有，則拜託帶句話，陳洪禮生怕忘記或對不上號，只能用本子小心記下來。

然而在林厝圍老林家，卻有一種奇怪的安靜，只是在中秋的前一天，林漢先的父親在天井裡殺了三條魚，宣佈今天吃魚生，家裡人聞言都露出了笑容。本來在中秋當天吃魚生拜月娘，是慣常的做法，但此前一直說火船是中秋節到港，老林猶豫再三，怕中秋當天兒子就出發了，故此提前了一日吃魚生。

在碧河鎮，從前幾乎是家家戶戶都能做魚生，而不必到店舖去吃。秋風起，食魚生，是自然而然的事。中秋前後的溪魚最為肥美，去鱗開膛，撕掉魚皮，將魚脊兩側的肉取下拔掉魚刺，吊在橫杆上自然晾乾，順著肌理切片，魚肉薄如蟬翼，再輔以花生醬，以及蘿蔔絲、楊桃片、辣椒絲、蒜頭片、花生米十多種小料，入口清爽，肥而不膩。當然很多醬料家裡可能不齊全，竹篾圓托盤也只是魚生店舖才會使用，但即便如此，當父親老林將熱油和花生醬攪拌在一起時，香氣四溢，大家還是忍不住吞口水。林漢先和三個弟弟、兩個妹妹圍坐在一起，最小的妹妹漢萍還不到兩週歲，在靠牆的母仔椅裡坐著，大家急不可待地看著父親把食物一樣一樣端上桌來。以往家裡人多，吃飯都要分兩批，多數時候林漢先會帶著三個弟弟自覺端著碗到邊上，坐在門檻上吃。但今天老林早早就去鄰居家借了大餐桌，並說今天由他做飯，其他人都不用來幫忙。林漢先想到灶台打打下手，父親命令他們都坐好。這是儀式感很強的一餐飯。林漢先聽姑姑說過，伯父那一代人過番時，別說火船了，紅頭船都坐不上，很多人只能划著竹排到海邊，或在海島上等待紅頭船過番。那時阿公也是這樣，親自動手給家裡人做了一桌飯。作料先上桌，五妹漢蓮忍不住用一支筷子去蘸花生油，放在舌尖上舔，露出滿意的笑容，卻遭到二兄漢忠的呵斥。老二漢忠生得一身蠻力，漢厚和漢孝都怕他。林漢先卻示意老二不要這麼兇，漢蓮就是饞嘴。五妹漢蓮朝老二吐了吐舌頭。

老二漢忠說：“大兄，你就是袒護細妹。”林漢先笑，摸了摸漢忠的頭，說：“全家就你個頭最大，以後就由你來保護他們了。”林漢忠說：“不聽話我還是會打。”看林漢先瞪著他，接著說：“替大兄打。”林漢先說：“那要是別人來打你的弟妹呢？”林漢忠說：“有我在，沒人敢。”

其實林厝圍誰都知道今天老林在家裡煮大餐。老林一早多買了一斤半豬肉，不像平日要最便宜的肉，而是選了最好的肉。他還買了三條魚，買了花生油，買了胡椒粉和白糖，順路還理了髮。這個不苟言笑的男人，今天走路也比平時更快。他一條腿有點行動不便，以往下台階時都走得很慢。路邊賣鹹水粿的笑他，老林今天走路像彈琴。他沒搭理。

滿滿一桌菜，父親坐下，卻沒動筷子，其他人也不敢動。父親讓林漢先再搬一把椅子過來，放在他旁邊，又吩咐多拿一副碗箸、一個酒杯。他給林漢先倒了一杯酒，又給空座位的酒杯也滿上，才說：“你母也愛食酒，只是窮，無酒食。”林漢先這才明白父親的意思，這一餐，一家人要團團圓圓。前年，最小的妹妹漢萍出生時，母親難產死了，這個多子之家突然之間變得更加暗淡，大家明白接下來的日子就更難了。

林漢先的母親在四十歲的高齡突然還懷孕了，在那樣一個缺衣短食的年代，左鄰右舍都非常驚歎，覺得不可思議。但母親自從懷孕之後，便突然變得非常沉穩，又似乎滿腹心事。她開始準備很多東西，爭分奪秒縫製衣物，將還在肚子裡的六妹三歲之前的衣服都準備好了。老林笑著問她：“你就知道是個女孩？”母親點點頭說：“是個女孩。”

就在老林剛舉起自己酒杯的時候，那扇虛掩的木門吱呀一聲被人推開了，一個女孩閃身而入。她在大家無比驚詫的目光裡走過來，對老林說：“阿叔，我站在門口聽了半天，阿姨在時最惜我，這杯酒我替伊食可好？”

她顯然不是在徵詢意見，拿起酒杯一飲而盡。喝完酒，她跪地對著老林一拜。老林說了一聲“散來”[1]，面有慍色，她卻已經改口叫了聲“阿爸”。然後對著林漢先說：“我給你五年時間，五年後你不來找我，我就去暹羅找你。”說完便出門去。老林一家人都愣在原地，面面相覷。林漢先也不知如何是好，他見大家都看著他，就讓大家吃飯。老林指著門口對他說：“食什麼食，我們來食，你去送阿娥回家。”林漢先走出門去，老林連說了兩聲“胡鬧”，但嘴角翹起來。老二豎起拇指說：“我們這個嫂子真牛。”

這就是林漢先的未婚妻林阿娥。二十年後，林阿娥在最艱難的日子裡跟女兒林雨果談起這一頓魚生，十歲的林雨果當然還沒見過魚生，但她說了聲：“阿娘你真傻，不過，長大後我要跟阿娘一樣勇敢，又傻又勇敢。”

---

❶ 亂來。

4

陳洪禮的妻子這些天常常對著窗戶發呆，夜裡還會偷偷哭泣。她把附近該拜的神明都拜了一遍，幾座比較遠的媽祖廟也不放過。她又到青龍古廟拜祭，專程在韓江水裡取了一撮泥土，和香灰符咒一起，用繡著福字的布包裹嚴實了，叮囑陳洪禮一定得帶上，保平安；説到了暹羅要將這泥土放在當地的水裡，才不會水土不服。陳洪禮看妻子忙忙碌碌，完全沒有停下來的意思，忍不住説出了那句有點兒戲的話："要不一起走？"話出口，他自己也感覺到不可能。果然，妻子搖頭，她幽幽地説，小時候有個道士給她算過命，説她活不過二十九歲，到暹羅去，不是給陳洪禮拖後腿？妻子的身體確實不太好，三天兩頭發燒咳嗽，過門快兩年了，肚子也不見動靜。陳家親戚多，嘴也雜，大家你一言我一語説東説西，妻子不免也聽到了，常常不開心，心情鬱積又加重病情，身體便更加不好。妻子説自己死去也沒什麼，可憐老母親是個小腳女人，也幹不了重活兒，怕沒人照顧。陳洪禮的岳母是一個倔脾氣的中年婦女，抽水煙，誰惹她，她就罵誰，人稱小腳女人音姑。音姑在暹羅也有親戚，每年都會有僑批到，給她寄錢。她幾乎不回信，但她有一枚印章，上面就刻著"平安"二字，每次回信就只是一張白紙，上面戳了這個印，什麼話都沒有。妻子特意讓陳洪禮去問她娘音姑，有沒有什麼話捎給暹羅的親人，陳洪禮去問了，音姑只回答了一個字：“無。”

林漢先問過陳洪禮，他對妻子到底有沒有感情。陳洪禮說：“感情這個事情，可不像書裡寫的，戲裡演的，而是一天天的日子過出來的。”林漢先說：“你就會閃爍其詞，就說你們夫妻到底有沒有嘛。”陳洪禮說：“有親情，就是可以對彼此好。”其實他心裡也很含糊，但他的感覺也很真實，村子裡大部分人也是這麼過的。林漢先說：“那就沒意思。”陳洪禮說：“等你結了婚就明白有沒有意思了。”

但林漢先的未婚妻，看起來可不像那種沒意思的女孩，她古靈精怪，意思多得很。別人給過番的人都是送甜粿送順風，結果這個林阿娥倒好，她拿了兩小包一模一樣的東西，一包遞給林漢先，一包自己收好。林漢先問她這個是什麼，她說是毒藥。林漢先說：“你不要講笑。”她卻認真地說：“沒有講笑，你要是不要我，我就用這包藥毒死我自己；你要是對不起我，我就用你身上這包藥毒死你。”林漢先笑著說：“這聽起來倒是挺公平。”第二天見到陳洪禮，林漢先不禁說起這件事。陳洪禮倒覺得有趣，讓他把毒藥拿來看看。林漢先翻找了口袋，遞給他。陳洪禮聞了聞卻說：“這應該是咖啡粉吧，不信你聞聞。”林漢先接過來仔細聞了聞，確實有股咖啡的味道。但又有點遲疑，萬一是加了老鼠藥的咖啡粉呢？以她的性格來說，沒有什麼是不可能的。陳洪禮眨了眨眼睛對他說：“我看你這個青頭鬼，毒藥呢肯定是不會吃的，但這次啊，你是被這個女人拴得牢牢的，拿捏得死死的。”對陳洪禮來說，林阿娥這種陰晴不定、隨心所欲的性格簡直比炸藥桶還可怕。

船總是要來的，出發的日期就這樣定下來了。碧河地區一共有六個人會乘坐萬利商船，他們約好當日後半夜出發，預計從碧河先坐小船進入韓江，還得上岸走路，第二天下午就能到達汕頭港。其實樟林古港更近，也曾是紅頭船出海的重要港口，但樟林古港在汕頭港開埠以後就逐漸廢棄不用，因為火船逐步成為運輸的主流。火船速度可控，載貨也更多，但吃水深，需要深水港才能停靠拋錨。英順伯在來信中反覆交代必須坐火船，船大安全。

林漢先提前到陳洪禮家門口等他，陳洪禮的妻子在他離開臥室的時候，又緊緊抱住了他。她從來沒有這麼大膽主動過。她像一隻溫順的貓將整個臉埋進他胸口的衣服裡，深深吸了一口氣，說："我要記住你這個味道，沒有聞到這個味道我睡不著。"陳洪禮內心難過，卻不知道說什麼好。母親在天井裡催促說，漢先已經在門口等了很久，妻子這才不得不鬆開她的手臂。陳洪禮也明白這一別，對許多人來說便成永訣，但他沒有料到妻子在他走後半年就一病不起，第二年便走了。只是家書寄到曼谷時，已經是第三年的春天了。

5

這天夜裡滿天星辰。水流的聲音，蛐蛐鳴叫的聲音，夜裡的青草味道，夜風中帶著水汽的涼意，都突然變得如此新鮮可感。陳洪禮想起妻子，於是也學著妻子那樣深深吸了幾口氣。林漢先問他在幹什麼，他說在把家鄉的味道吸進身體裡。林漢先說："我倒有點想哭，只是男子漢大丈夫，哭不出來。"陳洪禮說："那就憋回去，敢這個時候哭我弄死你。"

他話音剛落，旁邊有個人嗚嗚哭了起來，陳洪禮循聲看去，是個瘦小單薄的男孩，看起來應該剛剛出完花園，十六七歲的樣子。

"多少歲了？鬍子還沒長出來就過番了？"陳洪禮走過去拍了拍他的肩膀。

"下個月滿十八歲。"他答。

"叫什麼名字？"

"翁如棋，隆都人。"

於是三個人湊在一起聊天。隆都弟翁如棋在互相的攀談中情緒逐漸平復，他聽說二人在金中讀過書，羨慕不已，說他們是人中龍鳳。林漢先也很喜歡這個瘦弱的小兄弟，說他連恭維的話都說得不像在恭維人，真是惹人喜歡。

翁如棋說："話是這麼說，但只要我窮，就不會有太多人喜歡我的。沒有人喜歡跟一個窮小子做朋友，如果不是如此，我也不必離開老家。我剛才哭，就是想到從此以後，我的小孩可能會將暹羅當成他的家鄉，而忘記潮安才是老家。”

這一番質樸的話讓陳洪禮和林漢先都陷入沉思。林漢先說：“我們可以約定，日後有了兒女，我們要他們回到老家來，學潮州話，拜老爺，在祠堂裡拜祖。”翁如棋長歎一聲說：“我們的想法當然是好的，但看了太多的事，總是覺得很悲觀。”林漢先笑：“你這小子，人小鬼大，說起話來還老氣橫秋，我倒以為很多事也不必如此悲觀，事在人為，大丈夫說到做到。如果最後我們的孩子認了別人做祖宗，數典忘祖，我們也枉自為人。”陳洪禮卻說：“我不認為你們很悲觀，這還沒出海呢，你們就開始考慮兒孫的事，樂觀得很嘛。”三人都笑。

陳洪禮突然想起什麼，問林漢先，你的小嬌妻怎麼沒來送別？林漢先說，她來過了，在堤邊燒紅了一片荒草。陳洪禮這才想起林漢先在船離岸時確實目不轉睛對著堤岸邊上一片燃燒的荒草發呆。他笑話漢先：“你家這個姿娘還真是特別。”林漢先卻沒法告訴他，這是林阿娥與他的暗語：“樹有樹根，草有草根，要死在這土地裡。”那是去年的七月半普渡，林家在碧河水邊拜祭過番在外去世的遊魂野鬼。林漢先那時已有過番的念頭，見此不免有些失魂落魄，林阿娥知道他的心事，便燒了一片荒草對他說：“打埠人[1]大膽點，你永遠別想死在外頭，

---

[1] 男子漢。

我一定把你帶回來，不會讓你做野鬼。”

到了汕頭港口，火輪船冒著黑煙，遠看不大，來到眼前卻有點嚇人。日程其實並不緊張，並沒有如他們所想的那樣著急忙慌馬上登船，而是還需要等待。“等多久呢？”林漢先問。“不知道。”陳洪禮和林漢先二人正茫然不知該如何是好，在陌生環境之中終於看到一張熟悉的面孔。鄧八，大埔人，會說潮州話和客家話，是當地有名的客頭。鄧八對著他們倆笑，說：“以為你們會穿西裝，沒想到還是穿著長衫。”陳洪禮和鄧八更熟些，於是接話說：“西裝穿不習慣，我們還怕番畔沒有長衫賣，多帶了兩套。”鄧八說：“以後你們就會習慣西服，番婆也必定給二位阿舍安排妥帖，還用說這個，沒什麼買不到。”鄧八將他們安置在一處小巷的二樓，房間裡有四個牀舖，看來經常有人在這裡過夜。隆都弟翁如棋就沒有這麼好的待遇，他說：“天氣不冷也不熱，我隨便找個地方將就一晚即可，反正聽說上船也是睡甲板。”林漢先這才想到翁如棋的船票雖然不是綠色的豬仔票，但也應該是最差的那一種。

巷子就通向碼頭，總是能夠聽見火輪船的聲音。林漢先說：“暹羅的大象是不是也是這樣叫？”陳洪禮說：“我又沒見過大象。”

鄧八第二天下來找他們，照例在房間裡喝了兩杯茶，鄧八皺著眉頭說：“咦，這茶不行，跟他們說過不能放這麼差的茶在這裡。”然後又說，“我們差不多收拾東西到碼頭去，太陽下山之前就可以出發。”鄧八又說了很多英順伯的好話，然後問林漢先說：“他是你伯父還是舅舅？”林漢先推託說自己對家裡宗族輩序沒太搞得清楚。鄧八見沒打探出什麼來，便嘻哈說：“英順伯人太好了，熱衷慈善，接濟了很多來自唐山[1]的窮人。”

“見著伊，你幫我問個好，提一提我鄧八，伊應該還記得。”鄧八說。

林漢先點頭答應，但心裡也是虛的，很多事情並不確定。英順伯在信中也並未說清楚這次讓他們到暹羅是做什麼，只是言辭懇切謙遜：“二位青年才俊，前信所附詩文已拜讀，胸懷家國更令人擊節讚歎，某欽佩之至。此次若能來暹，當不負所學，大展宏圖。”

6

火輪船在一群海鷗掠起之後開始動起來，岸上的樓房草樹也開始動起來。船上的人都擁上甲板眺望，船員用不同的方言呵斥著。林漢先最開始非常興奮，看到霞光滿天，他激動地對著陳洪禮喊：“等我們兄弟倆大展宏圖以後，洪禮，我要回來

[1] 由於唐代在海外的巨大影響，唐以後華僑、華商習慣將祖國稱為“唐山”。

建祠堂，捐學校。等你死了，我要讓整個碧河都知道我們的人生故事，我要在你們陳氏宗祠裡給你立雕像。哦不，我現在就給你拍照，你不要動，就以這滿天霞光為背景！”

“你別咒我，剛起航，你能不能給我説點好話。”

林漢先開始鼓搗他的相機，破天荒給陳洪禮連拍了三張照片，然後又對著晚霞和汕頭港拍了兩張，邊拍邊計算著膠卷的數量。但很快，這個激動不已的人就開始黯然神傷起來，對著家鄉的方向跪下去，眼淚奪眶而出。陳洪禮把水布遞給他，讓他抹一把臉。林漢先看了一眼，嫌他的水布不乾淨，用自己的水布抹去眼淚，站起身來。他們這才注意到甲板上都是抽泣之聲，特別是那些平日裡幹粗活的漢子，此刻也如同一個孩子，抱著膝蓋，蜷縮在角落裡，顯得十分難過。

霞光開始暗淡下去，雲彩慢慢變成暗藍色，海風逐漸增大，海水擊打著船板的聲音清晰可聞。火輪船開始搖晃起來，船上有人開始驚慌，有的趴在地上跪拜媽祖，有的雙手合十禱告。有的人則高聲炫耀自己的經驗，説已經來回多次了，這才哪兒到哪兒，船剛開出來會晃得厲害，若沒有遇到大風，真正遠離海岸反倒會開闊平靜。

林漢先在船開始晃動時就扯了扯陳洪禮的衣袖，説要不我們回房間。他臉上煞白，扶著牆壁慢慢走，剛進小隔間裡就開始吐。幸好每個隔間裡都早就放置了一隻水桶。陳洪禮問他怎樣，林漢先説別跟他説話，他抱著水桶靠牆坐著，再沒有剛才在甲板上大喊大叫的神采。陳洪禮打趣笑話他，他像條死魚一樣翻了一下白眼，一句話都說不出來。

等林漢先睡下，陳洪禮才又獨自回到甲板上。他眺望遠方，天與海的分界線變得如此模糊。船在前進，劈波斬浪，原本在港口看起來巨大無比的火輪船，此刻變得如此渺小，所謂滄海一粟，大概就是如此。天上的星星又重新亮了起來，此刻只有陸地上多變的天空才是唯一不變的。他能看見北斗七星，還有一些熟悉卻叫不出名字的星座。海風呼呼吹著，對著耳朵吹。大海原來可以如此不確定，不確定的顏色，不確定的形狀。風會將海浪高高揚起，拍打在船頭上。海面有時平靜如鏡，但更多的時候就如一碗被攪動的豆腐花，依照某種看不到的韻律在跳動。

林漢先在牀上躺了整整一天，他暈得快，恢復得也快。只要船沒有遇到激浪，平穩前行，他便又生龍活虎起來，嚷著要去看看翁如棋。轉了一圈之後，林漢先慢慢就明白，他暈船不算什麼，船裡的豬仔，條件更為惡劣，暈得比他更厲害。所謂豬仔，一部分人是跟客頭或勞力公司簽訂了協議，俗稱賣身契，一般都要工作三年以上，以勞力來支付船票或提前支取一部分工資給家裡救急。也就是說，上船之後，他們便成為別人的資產了，所以船上能給他們容身的地方，條件可想而知。

他們最終在餐桌旁邊找到隆都弟翁如棋。他以免費給船員寫信換取了一個靠窗的位置，這會兒一群人正圍著他，看他寫字。陳洪禮和林漢先二人正詫異寫字有什麼好看的，悄悄走過去在旁邊看，這才知道大家圍觀還是有道理的。這傢伙練就一手好字，而且走的是那種館閣體的典範寫法，這在行家看來可能過於拘謹，離真正的書法藝術甚遠，但每一筆都落在眼睛的審美之上，華美圓融。對於船上的普通民眾來說，他們才分不清什麼是蘇體什麼是米體，他們只希望收信的人看到的字端莊大氣就好。故此翁如棋這樣近乎標準的書寫，雅俗共賞，大家是發自內心喜歡，圍觀的人嘖嘖稱奇，說這樣一手好字，不知道得練習多久。他們的驚奇在於，輪船的左右搖晃，竟然絲毫不會影響翁如棋的運筆，他的手肘好似是從桌子上長出來一樣，筆尖從容地在紙面上遊走，就如優雅的舞蹈。

“斷柴米，等餓死。無奈何，賣咕哩[1]。”自古過番的人裡面，八九成都是做苦力的。各地過番的人才各不相同，其中也有一些技術人才，最常見的是三把刀，即菜刀、剪刀、剃頭刀，三刀闖天下。潮州人過番，最終目的還是希望能做點小生意發家致富。但只有小部分人可以過番便直接從商，多數是去做苦力，比如到種植場、礦山或碼頭當勞工，賺到一些積蓄，再想辦法做生意。像隆都弟翁如棋這種能寫字的，算是非常特別。

陳洪禮是在看到一個屍體被拋入大海之後，才開始暈船的。夜裡艙底死了一個“豬仔”，天氣這麼悶熱，只能將屍體拋入大海。第二天經過商量，抽籤讓四五個人將屍體拖上甲板，剛好和陳洪禮撞個正著，一股屍臭撲面而來，陳洪禮感到一陣反胃。等到看著屍體漂在海面上，很快引來魚的吞食，陳

---

[1] 賣苦力。

洪禮更受不了了。經常往返的水手告訴他這沒什麼，那些魚知道跟在船後面，總會有吃的。陳洪禮看起來比林漢先穩健，但生起病來比林漢先更猛烈。船上的大夫過來看過，給了一點藥，説吃了就沒事，然而第三天，陳洪禮開始出現幻覺，唸叨很多在碧河死去多年的人的名字，把林漢先嚇得夠嗆。幸好第四天船又重新變得平穩，陳洪禮慢慢轉醒。只是和林漢先不同，大海帶給陳洪禮的是一種持久不斷的恐懼，以致在此後許多年裡，對於時間稍長的旅程他能拒絕便拒絕，搖晃的船是絕對不上的，短途的汽車可以，長途汽車最好不要，他最能接受的是火車，而飛機是想都不敢想的了。所以當別人説他性格和舉止越來越穩重時，他的回答都是："見笑了，身體問題，人若生病了，反應自然就會變慢。"

唯一令人難忘的是深海之中的星空，以及無比清晰的日升月落。在一無所有的地方，搖動的水夾雜著風，到了夜裡，這些莫測又神秘地融合在一起，這時，唯有頭頂的星空是確定的。一直到陳洪禮晚年，黑夜之中大海之上那璀璨的星空還常常入他的夢來。

7

船進了曼谷谷灣，那是一個清晨，深吸一口氣，一種清爽的氣息沁人心脾。

陳洪禮和林漢先上岸之後，英順伯讓人到碼頭來接。來人是個胖女人，她手裡拿著照片，笑吟吟向二人走來。她的頭髮又黑又密，盤起來顯得巨大。

“兩人都比照片裡帥。”她說。然後介紹自己，讓他們倆叫她白菜姐，她老家是揭陽牛路頭，一直在英順伯的廚房幫忙。後來才知道白菜姐可不只是在廚房裡幫忙這麼簡單，英順伯家中一切的飲食起居，都是白菜姐在打理和調度。白菜姐說英順伯去了馬來亞，要過些日子才能回來。

“你們倆，哪個是攝影師，哪個英文好？”白菜姐問。看來英順伯是這麼告訴她，要用特長來區分這兩個人。

林漢先連忙說自己的照相機就是英順伯回鄉時送的。白菜姐一頓誇，說這次從善堂那邊拿了很多他拍攝的風災照片，還刊登在暹羅的報紙上，這邊的華僑讀了之後都非常感動，很多女人更是“哭到目汁流目汁滴”。然後轉頭對陳洪禮說：“英順伯也常常誇你，說你英文好，文史知識也扎實，擱在以前，不是進士也得是個舉人。”陳洪禮連忙說：“只是從小記性好，英文只是學了個皮毛，漢先的英語不比我差。”

這時隆都弟翁如棋扛著他的行李終於也過來了。他老遠就喊漢先和洪禮的名字，然後十分禮貌地向白菜姐點頭問好。林漢先連忙介紹，說是在船上認識的老鄉，並大略將船上發生的事說了一下。白菜姐便笑著說："既然是老鄉啊，來了便是自己人，以後得互相照顧。"又問翁如棋多大年歲、老家何處，等等，接著問起，除了做苦力之外，他還有什麼個人專長。

翁如棋被這麼一問，頓時也不知道怎麼回答。旁邊的陳洪禮幫他回答說："如棋寫得一手好字。"白菜姐豎起拇指："識字就好辦，這裡天寬地大總能夠找到適合自己的行當。"她略一沉吟又說："你如果沒有落腳的地方，離這兒不遠，有一家僑批局的頭家是我的好朋友，從這邊過去四五條街就到了，他們那邊經常得抄抄寫寫，或許可以找到事做。"

說著白菜姐從左邊口袋裡掏出一個筆記本來，撕下了一頁，墊在筆記本封面上，又摸出一截短短的鉛筆，開始寫出地址和人名，又寫了兩句話，將紙條遞給翁如棋，然後才說："你就找這個人，叫他板兄，跟他提白菜姐，他一定會照顧你的，有什麼困難，也可以隨時來找我。"翁如棋自然千恩萬謝，他給白菜姐鞠躬，說自己命好出門遇貴人，說著眼圈都紅了。

隆都弟翁如棋走後，白菜姐才帶著他們二人進入另外一條街道。街上來來往往，除了人力車，還有汽車。陳洪禮說一輩子都沒見過這麼多小船，也沒見過這麼多車。這話剛說完，他們便在一片椰林中看到大象，大象緩慢地移動，讓二人驚訝得說不出話來。

白菜姐安排他們先在三聘街住下。白菜姐說："這邊華人比較多，你們先適應幾天，到處轉轉，出來過番就是來見世面。南線鐵路也通車了，我聽英順伯臨走時的意思，接下來這段時間，你們兩個先到華欣去。那邊剛剛建成一座酒店，就在鐵路對面，還有高爾夫球場，他希望你們先過去幫忙幹點活兒。回頭會有人來告訴你們，具體安排的是什麼工作，我也不懂。”

陳洪禮連忙表示服從安排，一定竭盡所能。林漢先性子急，他說要不就現在直接去，如果那邊忙不過來，何必在曼谷浪費幾天時間。白菜姐笑了，林漢先也在她的笑容裡發現自己剛才說話不太得體。白菜姐說：“休息幾天也是必要的，你們也得寫個平安批，給家裡報個平安。”她掏出一個信封，裡面是英順伯給他們的一些錢。她說：“在這邊會說潮州話幾乎可以正常生活，也不用專門讓人陪你們，明天可以上街購物，先把衣服換了。”

既然白菜姐這麼說，陳洪禮和林漢先二人也只能說沒問題。過河卒，沒有回頭路，只能勇往直前。第二天他們先到批局去，見裡頭排著隊，都是潮汕人，講著潮汕話。他們在一個隊伍的盡頭看到了隆都弟翁如棋，他換了長衫，端坐在桌子後面，手握毛筆，正根據來人的陳述，認真寫著信。他眉目清秀，這時候看起來沒有那麼瘦小。桌子旁邊有些人寫完書信，也不走，就站在旁邊看他寫字。陳洪禮和林漢先也探頭觀看，現在的書寫條件當然比船上更好，寫出來的字也更放鬆，雖有刻板之嫌，但看來依然賞心悅目。

翁如棋認真寫完一封回批，抬頭才突然見到二人，大喜，就如同見到親人，站起來高聲喊著："板兄，這就是我跟你說起過的陳洪禮和林漢先！"

一個駝背且留著山羊鬚的男人慢慢走過來。林漢先心想，這個人年紀這麼大怎麼叫板兄，叫他阿叔阿爺還差不多。還是陳洪禮沉穩，他作揖行禮說："板兄先生好。"林漢先也跟著作揖，心想洪禮怎麼這麼聰明，後面加上先生二字，稱呼馬上就變得雅起來。

板兄咳嗽了一聲，說入內用茶。在大廳的左上角有一個小房間，裡頭很簡潔，兩張桌子，一張桌子上面是工夫茶具，另一張桌子稍長，上面擺放著筆墨紙硯，以及信封糨糊等用品。板兄泡茶，說自己過番已經將近二十年，前些年後腦勺都還留著一條小辮子。他笑著，將茶杯推到二人面前。聽說是英順伯親自寫信讓二人來過番的，板兄的眼睛從他的眼鏡框上面露了出來，端詳著二人，然後才說："那不得了，是貴客，以後可要仰仗二位了，我得換茶葉，讓你們嚐嚐今年鳳凰烏崠的春茶。哎呀，跑船的朋友有心專門帶來送我，平時藏起來，捨不得喝。"

板兄自我介紹，說自己是陸豐人，口音比較重。他跟他們聊了一些趣事，也介紹了這裡的食物，問二人是否吃過早餐，他們說吃過，這裡的粿條湯是濃湯，偏甜，但畢竟還是家鄉的食物，能吃到粿條已經非常滿足了。

"蹲著吃完？"板兄問。

他們倆點頭笑起來。板兄説這邊的人都不明白我們為什麼會蹲在長條木凳上吃東西，特別是外國人，他們的腿蹲不了。這時有夥計來叫板兄出去，説有事，板兄指著另一張桌子説："我得失陪，這小房間安靜，你們應該也急著給家裡寫封平安批，一切請自便，有什麼需要就找隆都弟説。"

8

華欣是度假勝地，歷來被視為暹羅王室的後花園，風景秀麗，海風迷人。陳洪禮和林漢先二人跟著一個叫刀哥的人在酒店幹了一個多星期的體力活兒，主要工作是幫忙鋪設一條通向泳池的水管。一個多星期之後，白菜姐來到華欣把他們接走，送他們到四色菊府去。英順伯在四色菊府有一間碾米的米礱，還有兩間五金店。接下來兩個月裡，他們並沒有見到英順伯，而只是成為搬貨做苦力的勞工。按照白菜姐的安排，他們白天在店裡幫忙，扛米，走街串巷送貨，賣五金配件；晚上，則有一個矮墩墩的金魚眼女老師，來教他們學暹羅文，説暹羅話。金魚眼老師有一種理論，説是必須完全融入新的語言環境，暫時拋棄母語，才能快速突破語言學習的關口。就這樣，白天累得汗流浹背，晚上金魚眼老師拿著教鞭就出現了。她長得圓潤，但一臉嚴肅，從來不肯笑一下。陳洪禮有一天搬運了三個小時的大米，腰瘦背痛，脾氣就上來了，問林漢先：“你說的不負所學大展宏圖呢？我們就在這裡扛米學別人的語言，是準備十世為奴嗎？”這次輪到林漢先沉默了。這個容易激動的人，這時候反而變得十分有韌性，他說：“既來之則安之，情況不明，我們只能選擇相信。”陳洪禮還想說什麼，林漢先卻說：“明天我幫你多扛十袋米，讓你多歇歇。”他的話果然起了效果，陳洪禮瞪大了眼睛說：“你看不起誰？本大爺還需要你可憐？”林漢先笑。

過了兩天，白菜姐給他們買了很多水果。這裡的水果是真好吃，即使現在季節不對，但品種依然非常豐富。按白菜姐傳達來的原話，英順伯要他們在一年之內通過暹羅文字的考試。

“考試？”

“不通過暹羅文的考試，你們就當不了教師。”

“教師？”

“英順伯信裡沒跟你們提過嗎？”

“沒有。”

見他們一臉茫然，白菜姐笑著說：“我跟英順伯說沒那麼容易，最少也得給你們兩年的時間，英順伯還跟我打賭，說你們一年應該可以。”

這番話給陳洪禮和林漢先打開了一扇窗口。“教師”兩個字，更讓他們見到了光亮。在此後數個月的時間裡，他們幾乎是拚盡全力在進行語言學習，白天送貨的空檔找本地人攀談，晚上熬到深夜，自言自語，背誦文章。兩個月後白菜姐過來接他們去曼谷時，金魚眼教師給出了她的結論："這兩個小夥子又聰明又拚命，按他們的速度，再過半年，通過考試完全沒有問題。"

重新回到曼谷，他們再看這街上的路名指示牌和店鋪招牌，一切忽然明亮了起來。只因為他們看得明白部分文字，這座城市不再是冷冰冰的，而是變得清晰了起來。

英順伯是在家裡接待他們的。陳洪禮從沒有見過如此禮貌周到的人，他到一樓大門口迎接他們，握手寒暄。他穿著寬鬆的白色衣服，說剛陪客人打球回來。英順伯說話不緊不慢，非常純正的潮安口音。他們一起進了家門，脱鞋，赤腳在地板上走路。三人先進了佛堂，拜佛，英順伯非常虔誠，每個動作優雅而緩慢。他看起來很瘦，顯得鼻子和顴骨很高，頭髮幾乎都白了，雙手合十時寶相森嚴。林漢先低聲對陳洪禮説，看到英順伯舉止如此儒雅，讓他不禁想起孟先生。

"老孟嗎？他身體還好嗎？他是碧河鎮最有學問的人了，我豈敢跟他相提並論。"

他們上樓，在茶室裡沖茶，傭人送進來水果和點心，角落裡焚著檀香。

英順伯先談起"八二風災"，又誇林漢先的照片拍得好："關鍵是你們年輕腦子活，一張照片抵得過任何語言。所以這也給我一個啟發，得專門物色一些有文化和專長的年輕人到暹羅來。"英順伯開門見山，他説此前他們這代人，來過番都是為了討生活，做苦力，包括他自己。但是現在情況不同，華人想要在外面立足，光有力氣是不行的，還得有頭腦，還得有學問懂是非，最重要的，還得不能忘本。

“不能忘本”這四個字讓陳洪禮和林漢先對視了一眼，然後說孟先生在他們臨行之前也叮囑過他們不能忘本。

“老孟和我是好朋友、好兄弟，我們想到一塊兒去了。”英順伯說，“一個人不能忘本，我們要拜祭祖宗，祈求老爺保佑。但一個潮州人如果要不忘本，那他最不能忘的是什麼？是我們的文字，我們的潮州話，我們的傳統文化，這些子子孫孫都不能忘。”

英順伯的每一句話，都說到兩個人的心坎裡去，他們也正是這樣想的。

英順伯繼續說：“我們潮州人還有另一個特點，每個人都是行動派，知行合一，從不停留在誇誇其談上面。所以你看這些年在外面賺到錢的華僑回鄉，做得最多的是兩件事，一個是修祖祠，一個是建學校。但是，我們這些留在暹羅的人也有孩子，我們慢慢發現，我們的孩子也需要學習，他們不能反認他鄉是故鄉。所以從好些年之前，我和在曼谷的幾位老鄉，當然也不是一般的朋友，他們都有產業也有眼界，我們達成共識，至少要讓我們的孩子學習我們的方塊字，讀古詩，背古文，要能說潮州話，所以我們成立了新南讀書社。開始也沒有人管，後來政府干預了，我們又成立了新南書刊社作為掩護，最後乾脆成立了新南學堂，也就是現在的新南學校。幾年前，政府對華人在暹羅辦學提出了新的要求，必須由暹羅人來當校長，我們也照做，只是在校長之外還得有真正懂中華文化的人來主持和管理，相當於副校長。但在數月之前，政府又有新的規定，要求越來越嚴苛。我之所以非常關注這方面的進展，是因為我和朋友們有一些共識，希望華文學堂辦得更好更專業，所以我們需要人才，真正能夠將中文的魅力傳授給孩子們的人才。加之當下各方壓力，又需要懂變通能學習的人才，不能是老學究，故此第一時間想到的就是二位。”

談話進行到這裡，白菜姐突然敲門探頭進來，對英順伯說了一聲：“是羽先生的電話。”

英順伯說了一聲：“你們自己沖茶。”便匆匆出去接電話了。門沒有關，隱約可以聽到英順伯接電話的聲音：“是……見到他們倆了……對，非常優秀……是，放在四色菊府，不會太惹人注意……羽先生，你要明白我處事的原則，八方樓潮州茶館風險大。漢先是我親戚，更應該放在危險的地方，洪禮去學校，如果反過來，那麼別人就會認為我偏袒親人……”

聽到這樣的話，陳洪禮和林漢先兩人又對望了一眼。陳洪禮低聲說：“漢先，等一下英順伯回來，我要跟他說，我性格比你穩重，更適合有挑戰的工作，你到學校去，你……”林漢先不讓他說下去：“我們都必須服從英順伯的安排，你知道我的脾氣，這個你爭不過我，好好當你的教書先生。”

英順伯重新推開虛掩的門進來：“最近我要在四色菊府捐建一座梅山公祠，事情比較多。”英順伯耐心解釋說，梅山公祠不像碧河鎮的祠堂都是單一姓氏，比如陳氏宗祠就只供奉陳家的先人，而是多個姓氏共用，甚至有一些客死他鄉的華僑連名字都沒有，也會被安放在梅山公祠裡。但他看到他們倆臉上的表情，又回頭看看那扇門，突然意識到剛才打電話時説話的聲音太大，説："看來，剛才你們都聽到了？"

英順伯重新坐下來，輕輕歎了一口氣説："聽到了也好，免得我重複説一遍了，你們就按照我的安排，分頭行事。漢先去八方樓，八方樓對我們的生意非常重要。你們也應該明白，當下國內民心思變，這個時代需要覺醒者，需要有社會精英也參與到超越個人利害的事業中來。洪禮去新南學校，那裡有一百多個孩子，期待有人傳道解惑，他們就拜託給你了。學校現在的實際管理者是個普寧人，還有半年就退休了，你這個時候過去剛剛好，有半年時間熟悉業務，以你的才幹，相信很快可以勝任。"英順伯輕輕抱拳，一個十分自然的動作，既是強調，又沒有特別隆重，分寸讓人舒服。英順伯説："剛才跟我通電話的這個羽先生，以後你們會經常見到，是個不得了的人物，在海外華僑中間口碑極好，他人在暹羅，卻心懷天下，在很多方面都值得你們學習。我之所以動念將你們從唐山不遠萬里招至此地，也是因為羽先生的一番話。羽先生説未來之中國，希望在於青年，你們都是潮州後起之秀，只要願意拚搏，願意付出，我和羽先生必定提供一切力所能及的幫助。"

第二折
危局

1

林阿娥是在五年之後登上前往暹羅的火輪船的。她給林漢先的信，沒有“敬稟者”，沒有任何客套和文縐縐的話，只在信紙的中間寫著：“五年了，林阿娥說到做到。”

接到信時，林漢先頭都大了，連續寫了兩封信讓她“萬不可貿然來暹”，然後他跑到新南學校去找陳洪禮，跟他商量對策。陳洪禮說：“你這個時候還來跟我說什麼，你們夫妻倆就是一個性格，都容易衝動，說不定她這會兒已經在來曼谷的船上了。”

陳洪禮猜對了，林阿娥真的是說到做到。秋風起時，就拜別家人準備去暹羅。她的父親太了解自己這個女兒了，知道攔不住，於是只能寫信聯繫她的姑姑。姑姑在廣州做香料生意，也是全家唯一一個降得住林阿娥的人。但寫信畢竟太慢了，姑姑收到信往回趕時，林阿娥已經偷偷乘船離開，而林漢先勸阻她的信也才剛剛到達。

這一路，林阿娥也沒少遭罪。她跟林漢先一樣，也暈船，而且更嚴重，吐得不成樣子，發著低燒，好些天粒米未進。等到腳踩到暹羅的土地，她整個身體依舊不聽使喚，甜粿一樣軟，大地依舊在晃動，周圍都是模糊的。她只是渾渾噩噩往前走，等她慢慢清醒過來時，已經是在一個街角，周圍人來人往，人們向她投來異樣的目光。她伸手摸了摸身上的衣服，又看了看腳上僅有的一隻破鞋，乾脆將這一隻也踢掉。這時她才明白一件事：她的所有行李都被人拿走了。她回港口去找，但發現路上迷迷糊糊，連哪艘船都認不得，也沒有一個認識的人。更可怕的是，她連林漢先住在哪裡都不清楚，腦袋裡一片空白。她問過幾個人，但沒有人認得林漢先，他們可能聽不懂她的話。

碧河林厝圍的林家大小姐，在當地即使不能算鐘鳴鼎食之家，怎麼說也已經是生活無憂，加之又是家中的獨生女，老父親視為掌上明珠，如今卻因為一時衝動，在曼谷流落街頭。她回頭看了一眼大海，又看見穿梭在大小河道中的小船，以及路邊的乞丐，她悲從中來不可斷絕，終於明白什麼是異國他鄉，什麼又是舉目無親。

天偏偏在這個時候黑了，本來便陌生的人影這時候變得更為模糊，恐懼像漲潮的海水淹沒了她。她記得路過一個菜市場，她聞到了飯菜的香味，她聽見有人說著一些她聽不懂的話，她彷彿穿過了一個無邊無際的夢境。在視線變得迷離之後，她只能跟著感覺走，摔倒，她便爬起來，繼續往前走。終於看到了一點光點，她只能跟隨著亮光挪動腳步。終於光影變得越來越近，但她的眼睛也越來越迷離。她靠著一堵矮牆坐了下來，黑暗籠罩，她無法確定自己是否已經發燒了，持續耳鳴，潮水湧動的聲音在耳邊一陣接著一陣響起。她昏昏沉沉睡過去，像有一隻大手將她往大海深處按下去。黑暗之中她醒過來一次，鼻子聞到食物的味道，她伸手一抓，十分本能地放進嘴巴裡咀嚼，只是不知道吃的是什麼。

日近中午，她才悠悠轉醒。映入眼簾的一切讓她嚇了一跳，身邊高高低低都是墳墓。這才發現昨夜靠著的矮牆其實是一塊墓碑，她在墳頭睡了一夜，吃了墳前的祭品。她對著墳墓磕了三個頭，心中慌亂只想逃離。這應該是一處華僑墓園，是潮州常見的椅子墳。終於找到了一條小路，她稍微整理了一下自己的衣服，伸手一摸自己的頭髮，因為粘連了泥土和污水，頭髮已經結成餅狀。一種噁心的感覺襲擊了她，但有什麼辦法呢，理性告訴她，還是應該到人多的地方去。又光著腳走了一陣子，果然聽見了人聲，她努力辨認，想聽一聽有沒有熟悉的鄉音。但午後她的體溫又升高了，渾身開始發冷。她只能找到一個牆角，蜷縮起來休息。

在流落街頭的第三天，曼谷的一場大雨把她淋醒。雨水入喉，頓生涼意，她的神志逐漸復甦，猛然想起林漢先剛到暹羅之時寫給她的第一封信，那封信寫得很長，敘述也格外耐心詳細，裡面提到了一家僑批局，有個朋友在那裡寫信，名字也好記，就叫如棋。她心中一亮，但身體完全沒有力氣。也是她運氣好，造船廠的夥計李濃眉這天雨後路過街頭，看到有個女人靠在牆角發抖，遞給了她一個小杧果。李濃眉是普寧人，潮州話和客家話都會說，見她的衣服打扮，便先用客家話問她是哪裡人，又用潮州話問了一遍，才聽林阿娥用遊絲一樣的聲音說："潮安人。"

人生如戲，人生也如棋。就因為如棋這個名字不容易忘記，林阿娥甚至都不知道如棋姓翁，在李濃眉的幫助下一路打聽過去。只用了一個上午，她便見到隆都弟翁如棋。這個瘦小的寫批先生，正低頭奮筆疾書，突然發現肩膀一緊，有個女人一把揪住他的衣服，把他嚇得毛筆都掉到地上。

"你叫如棋？"

翁如棋說："是。"

"救我。"說完林阿娥就暈倒在桌子旁邊。

她再次醒來，已經在醫院裡，旁邊有穿藍衣服的護士走來走去。低頭一看，那個她朝思暮想的殺千刀的林漢先，正趴在牀尾睡覺。她怒從心頭起，抬腳一踢，就把他踢翻在地，然後破口大罵。附近的人都伸頭過來看，但看她這麼兇，不敢多話，各自做各自的事去了。

林漢先從地上爬起來，拍拍屁股上的塵土，一臉苦笑，他說："醫生說你是因為餓，你先喝點粥。"說著他彎腰到桌子上去盛粥。林阿娥從身後抱住他的腰，哇哇哭了起來："你唔想要我了，你唔想要我了……"

林漢先扭轉身子將她擁入懷中，他用食指第二指節刮了一下她的小鼻子，說：“你的咖啡粉呢，不帶過來毒死我？”

“帶了，下船時連同行李錢物，給壞人拎了去。”

第二天一早，林漢先提著禮物去感謝隆都弟翁如棋，翁如棋卻說不應該感謝我，應該感謝李濃眉，那個造船廠的夥計。於是翁如棋陪同林漢先來到造船廠。聽說是八方樓的林先生來訪，船廠的廠長很快趕過來，非常熱情，自我介紹姓張，是澄海人，又說羽先生是他老闆的老闆。“去年除夕，我跟羽先生握過一次手。”他親自給林漢先倒茶，又說這裡的茶一定沒有八方樓好，讓他多擔待。過於客氣讓林漢先不太習慣，他問李濃眉在哪裡，張廠長說馬上就來。“早聽說八方樓來了新掌櫃，沒想到能在這裡見到。”他問翁如棋的名字，便說早就聽說翁先生書法寫得好，沒想到這麼年輕。翁如棋有點拘謹，說叫我隆都弟就好，漢先兄他們都是這麼稱呼我的。這時候李濃眉從外面進來，果然濃眉大眼，人雖不高，但壯實，進門後站在那裡卻有些慌張，不知所措。林漢先起身，脫下帽子，躬身作揖行禮，說了很多感謝的話。李濃眉才知道自己那天救的人竟然是八方樓新掌櫃的老婆，拿茶杯的手開始發抖。當林漢先遞給他禮物的時候，他搖頭不肯要，然後竟然雙膝跪地，求林漢先把他帶到八方樓：“船廠太苦了，我也不要什麼禮物，把我帶到八方樓幫忙做事吧，端茶倒水，做什麼都行。”林漢先看向了張廠長，張廠長的臉上略帶尷尬，但他很快幫李濃眉說起了好話來，說他如何能幹，又說無論船廠還是八方樓，都是羽先生的產業，去哪裡都一樣。林漢先點了點頭，把李濃眉從地上扶起來，然後說："從今以後你就是八方樓的夥計了，記住，任何時候不要下跪求人，男兒膝下有黃金，這是第一條規矩。"

2

安頓林阿娥回家住下之後，林漢先也將妻子到來的事分別告知了羽先生和英順伯。二人聽說林阿娥性子如此直爽剛烈，都擊節讚歎，說約個時間過來八方樓看看林阿娥。

這一天，林漢先早早就讓李濃眉帶著兩個夥計在門口等候，二樓樓梯口照例掛著"三樓不營業"的提示牌。喝茶看戲的人一般是在下午和晚上比較多，早晨顯得非常安靜。英順伯比約定的時間提前半小時到達，上樓見到林阿娥出落得如此高挑好看，說林漢先撿到寶了，哪兒來這樣的福氣。他給阿娥帶來了見面禮，是一隻玉手鐲，又誇她是奇女子："潮州女人給外人的印象是溫良賢惠，但其實也有柔弱勝剛強的一面，很多潮人家庭都是女人當家，我看漢先也逃不開這樣的命運。"說完大夥都哈哈笑了起來。

英順伯又對林阿娥說："按輩分漢先算是我姪子，所以你也就是家裡人，後面生活上有什麼困難，你隨時可以跟我說。當然，生活小事你可以直接跟白菜姐說，她處理起來比誰都利索。”

接下來英順伯和漢先、洪禮談起了國內最新的一些時局變化。英順伯特別談到今年四月十二日之後，許多進步青年遭到捕殺和迫害，其中不少人也到東南亞來了，可惜他們這邊能做的也十分有限。這裡面也包括漢先和洪禮的好朋友洪靈菲和戴平萬，他們先後到八方樓暫避，又躲進新南學校，但大家很快也明白不是長久之計，他們匆匆離開。羽先生是非常喜歡洪靈菲的，他們聊了一個通宵。

“所以，阿娥，”英順伯突然轉向林阿娥，“今天我提前來八方樓，也想順便替漢先跟你當面解釋一下，今年上半年，為什麼漢先沒法兒及時給你回信，是因為有更重要的事要做，讓你遭罪了。”

林阿娥十分認真地聽著，她並不知道四月十二日發生了什麼事，但大概也明白這是大事。她給英順伯奉茶，並說：“阿娥明白，現在不會怪他，只是山海兩隔，書信不通，我心裡著急。”

“著急就對了，”英順伯又笑，“只是讓你受委屈了，所幸沒有釀成大禍，平平安安，就是好福氣。”

林阿娥忙說並無大礙，就是餓兩頓飯，能算什麼事，在碧河鄉下，這都是常有的事。這應對也十分得體，英順伯連連點頭，說漢先命好，前世積德行善才能娶到這樣的老婆。

“準備什麼時候擺酒請人呢？”

“我看過幾天剛好是水燈節，日子不錯，還有大月亮。”樓梯口一個洪亮的聲音說。

羽先生第一次並非為了要客會談來到八方樓。他像往常一樣穿著西裝，身材魁梧，快步走上樓來，有點氣喘。他拍了拍英順伯的肩膀說：“老林啊，這一點我非常羨慕你，你看，漢先、洪禮，都這麼能幹，我看你這個姪媳婦，遲早也是左膀右臂。”

“羽先生見外了，漢先是我的姪子，也就是你的姪子。還有一點你不知道，我更看好洪禮，人家穩，如果當官，洪禮的官一定比漢先大。”英順伯在開玩笑間，把話題引向旁邊的陳洪禮。

陳洪禮當然明白這是英順伯的周到。這幾年的歷練讓他成熟了不少。一方面新南學校看起來很小，但其實裡面也是千頭萬緒，五年來學生人數也從一百多人上升到兩百多人。其實還有很多窮苦家庭的孩子也希望能過來讀書，陳洪禮只能多方籌措獲取支持，能收一個是一個。另一方面，華文學校又受到《欽定民立學校法》《國民小學條例》兩個新法律文件的限制，規定教師必須通曉暹文，否則必須辭退；另外還強制學生必須學習暹文，不能只學中文：“要能通曉暹文，以暹文教授學生，並訓督學生使忠愛暹國，及通曉暹國地理，如本律規定。”暹羅民族意識的不斷崛起，讓陳洪禮感受到了一種看不見的壓力。他經常對林漢先說：“你風險高，但我壓力大，我們彼此彼此。”

“英順伯，你就饒了我吧，我哪裡是當官的料。小時候我阿公就跟我説過，一世做官三世絕，我勿。”陳洪禮道，“不過如果有機會做大官，我一定第一時間讓學習中文成為暹羅學校的必修課。”

林漢先説：“你小子野心倒是挺大。”陳洪禮説：“我也只剩下吹牛的野心了，你是實實在在的軟玉溫香啊，千萬別掉進了溫柔鄉出不來。”

英順伯看著他們打趣，便對羽先生説：“這些人日後還能幫你不少忙，我是整天想著老了回碧河鄉下住著，越來越幹不動了。”羽先生説：“英順兄這話可説早了，我們這些做生意當頭家的，從來就沒有退休之説，所以老船長也得掌好舵。”

林漢先沖茶，阿娥給大家端茶。羽先生誇陳洪禮的衣著，幾年下來確實越來越像領導者了，又説：“洪禮啊，我去年還去了一趟上海，見到不少來自家鄉的年輕人，他們從韓江到黃浦江，坐船出行，非常方便，也就比去廣州遠一點點。我就一直想問你們，在被你們英順伯‘騙’來暹羅之前，你們怎麼就沒想去上海闖天下呢？”

陳洪禮説：“如果沒來暹羅，我們應該就去上海，一上二香三叻四暹[1]，都是大港口，確實方便，好多朋友和同學在上海，他們也組建了讀書會，好不熱鬧。”上海那時確實聚集了

[1] 上指上海，香指香港，叻指新加坡，暹指暹羅。

不少潮州人。

羽先生說：“不過上海現在你們這些文化人是去不了了，這個世界越來越不太平，我們還是得未雨綢繆。”談話中羽先生說到魯迅先生今年也來廣州了。但他不知道的是，他們說話的時候，魯迅先生又乘船回到了上海。

“是啊，漢先，”英順伯順著羽先生的話說，“現在時局複雜，做事艱難，即便人在暹羅，也需要低調謹慎，所以你們的婚禮也不能像在家鄉一樣大操大辦，只能是私下宴請，一切從簡。又要委屈阿娥了。”

林阿娥說：“英順伯，我來暹羅，內心只有一個想法，就是想跟我的男人在一起，生在一起，死也在一起，並不是來享福的。從唐山到暹羅，這一路我也見了太多讓人流目汁的事情，我們唐山人也沒有什麼特別的，如果有，那就是特別能吃苦。”

羽先生豎起大拇指：“說得好，特別能吃苦，說得好！”

3

二弟漢忠和三弟漢厚來到暹羅，並沒有事先告知林漢先。

這一年經濟危機席捲全球，但羽先生的生意似乎沒有受到影響，他的橡膠廠、甘蔗園擴展到馬來亞和越南，還在老撾開設了柚木園。林漢先跟著羽先生去了很多地方，幾乎將東南亞跑遍了。羽先生作為僑領備受尊重，很多更為具體的生意不好出面，便讓林漢先代為洽談。有時候羽先生太忙無法外出，則由林漢先帶著李濃眉跟進生意往來。林漢先敢說敢幹，大膽採用新機器，顯露出過人的生意頭腦，羽先生每次說起他都讚賞有加。而八方樓則作為一扇窗口，在華僑之中享有盛譽，來到曼谷的華僑，也都會來八方樓喝一杯茶，潮州頭家以能拜會羽先生為榮耀之事，如果能夠與羽先生合影留念那更是開心。

華文學校辦學環境也在改善，曼谷的華文學校從原來的不到五十家發展到近兩百家，英順伯已經不怎麼管具體的事，陳洪禮則忙得飛起。他的新南學校又開了兩家分校，學生多了，雜七雜八的事也就多了，於是學校的教職工更加緊缺。陳洪禮並沒有因此降低對教師教學的要求，他依然堅持誦讀經典，要求學生背誦古詩。

年底，羽先生在唐山捐建的小學落成，他應邀回去參加典禮，於是邀請英順伯同行。英順伯欣然答應，一同回國。一路上羽先生所到之處，不斷有新聞報道，但新聞中少有出現英順伯。對此陳洪禮有自己的見解，他對林漢先說："現在你我也是如此，像一枚硬幣，總有陰面和陽面。羽先生在陽面，英順伯在陰面，漢先你在陽面，我則在陰面，你需要拋頭露面，凡事務必謹慎小心。"

林漢先明白陳洪禮的說法，但他也說，並不是陽面和陰面，而是對於潮州人來說，經商和讀書向來是兩條並行不悖的路線，羽先生負責賺錢，英順伯負責育人。陳洪禮和林漢先兄弟二人常常交談至深夜，內心都渴望著有朝一日也如羽先生和英順伯那樣一起回到家鄉。

英順伯在和林漢先告別時說，羽先生去剪綵，我這是去物色人才。果然，那一年，英順伯又從唐山帶回來　些人，林漢先的兩個弟弟便在其中。

碧河的人也才從英順伯口中得知，僅僅七八年時間，陳洪禮已經成為陳校長，而林漢先則是赫赫有名的八方樓掌櫃。

漢忠和漢厚到了曼谷，按照英順伯的安排，到陳洪禮的新南學校去學泰文。但他們兩個笨拙，半年過去不但不會寫，簡單的對話也幾乎無法完成。剛好週末，英順伯讓白菜姐過來邀請林漢先夫婦一同去拜佛，在路上林阿娥給出了她的建議，她認為這兩個小叔子生性好動，應該讓他們多動手，可以讓他們兩人先去汽車廠學習開車和修車。這個建議可把漢忠和漢厚高興壞了，他們第一次見到嫂子林阿娥時，她正從汽車上下來，他們為她行雲流水的停車技術所震撼，半天說不出話來。林阿娥卻有點不高興："怎麼啦？女人就不能開車？"他們倆也不接嫂子的話，兩個人圍著那輛汽車前後左右摸摸看看，轉了兩圈，交頭接耳討論了很久。

兩個弟弟到曼谷來，林漢先表面佯裝生氣，說他們先斬後奏不請自來，但內心無疑是喜悅的，私下和李濃眉商量帶他們去什麼地方吃特色小吃。漢忠一臉壞笑狡辯說："也不算先斬後奏，我們跟父親上奏過了，父親大人批准了。”漢忠漢厚也帶來了家裡的消息，五妹漢蓮已經定了親，過幾年就嫁到興寧。林漢先表示驚訝，為什麼要嫁到客頂[1]去？林漢忠說，剛好有親戚介紹，另外更主要的原因是父親的執念，他希望兩個女兒都遠嫁，別留在身邊，為此漢蓮跟父親吵過好多次。但也正因為這樣的爭吵，更堅定了父親把女兒遠嫁的想法。林漢先聽了這樣的話，大概明白父親的想法。一個多子而貧困的家庭，在林厝圍必定得不到親戚太多的照顧，更多的是嫌貧愛富的勢利眼。加之母親去世得早，父親性格變得更為孤僻。他總是認為遠方的風景更美，希望子女都離開碧河，開枝散葉到外面去發展。林漢先沒有辦法告訴他，即便在暹羅，經濟不好的時候也有太多來自唐山的華人找不到工作，流落街頭，淒慘無比。

“漢孝呢？”四弟漢孝和五妹漢蓮是雙胞胎，掐指算算，他們倆都十五歲了。

“漢孝說等漢蓮出嫁，他也要過番來找大兄。”

英順伯給林漢先帶來了兩個弟弟，給陳洪禮卻帶來了孟先生的禮物。英順伯說，他跟孟先生一起到碧河邊釣魚，聊了一個下午，非常愉快。他說如果不是老孟身體不好，怕吹風，都想通宵對著梅山碧河了。英順伯返程時，孟先生專門囑咐要他過去一趟，然後就給了他這麼一個東西。英順伯將一個粗布袋

---

[1] 興寧屬梅州客家地區，潮汕人習慣稱之為“客頂”。

放到桌子上，袋口用繩子捆了好幾紮。陳洪禮小心翼翼地打開布袋，裡面用報紙和舊衣服裹了一圈又一圈，打開卻是當日風災之後在祠堂廢墟中撿起來的那隻青銅香爐。香爐裡還有一張宣紙，正是孟先生的字體，筆畫質樸帶著金石之氣：

"心安隨處家廟，潮平四海歸來。"

陳洪禮看著香爐，再看看紙上的字，他大概明白孟先生的意思。時局動盪，家國飄搖，日本侵犯中華的野心已昭然若揭，而海外的潮州香火也是香火，應該開枝散葉，傳承文化。

其時陳洪禮新婚不過半年，娶的是學校的一個教師，大埔人，皮膚很黑，臉圓，名叫朱珍。學生開始私底下叫她黑珍珠，因為確實太形象，竟然連同事也這麼叫她，都快忘記她的本名。當晚黑珍珠挺著大肚子兩次推開書房的門，見丈夫在屋中端坐，獨自對著一隻香爐和一張紙條發呆。她知道他深夜不喝茶，端了一杯溫水過來。她問丈夫這是什麼，陳洪禮說老家送來的青銅香爐，剛好英順伯在四色菊府捐建了一座梅山公祠，缺個香爐，正在琢磨著如何加個木頭底座再送過去。黑珍珠知道梅山公祠的事，當然也明白這個回答只是丈夫的藉口。她熟悉她的丈夫，這種她只是隨口問一句丈夫便說了很多話的情況，那只能是他什麼都不想說，他在想著別的事。黑珍珠當然知道，丈夫心心念念的事是回碧河建祠堂。既然他不願意說，她也不好說什麼。她順手將廢紙簍裡的垃圾拎起，便退了出去，重新把書房的門掩上。

陳洪禮和英順伯談過陳氏宗祠在風災之中倒塌的事，一直有意重建，英順伯也非常支持，認為這是大事，不該拖到現在才辦。此後半年，陳洪禮私下通過書信聯絡了碧河鎮在海外的宗親，他希望募捐一筆錢重建陳氏宗祠。這事得到了海內外陳姓親友的支持，竟然進行得異常順利。陳洪禮的堂兄陳雄振十分積極在梅花村具體張羅此事，那時他剛結婚，正是激情萬丈的時候。他從半步村招來施工隊，一磚一瓦在原址重建，並且盡量使用祠堂廢墟中能用的磚頭和木料，不單因為節儉，也希望盡量保留過去的樣式和記憶。陳雄振本身也是個很好的木工師傅，他與陳洪禮頻繁通信討論修建的細節。兩年以後，在“八二颱風”中被吹塌的祠堂總算重新站了起來，而陳雄振的兒子陳團結剛好出生。雙喜臨門，之所以給兒子取名團結，是因陳雄振認為祠堂是在海內外宗親團結一心的情況下才修建完成的。

4

林雨果是在第二年夏天出生的，剛好和陳團結生日差了一天。陳洪禮半開玩笑跟林漢先說，可以跟陳團結定個娃娃親。娃娃親在現在看來十足荒謬，但在當時卻並不少見。林漢先讓他自己去生一個女兒。這時陳洪禮的兒子已經兩歲半，再過兩年又生了一個兒子，他又跟林漢先提起此事，說自己生不出女兒來，還給林漢先看陳團結的照片，給他作揖叫他親家大人，說如果同意，等陳團結稍大一點，就讓他爹把他送到曼谷林府來。林漢先說："上門女婿嗎？"

白菜姐說林雨果太會挑季節，在暹羅，這個季節的水果最多了，吃都吃不過來。林漢先說那要不就叫林夏果，但林阿娥執意要叫雨果，因為她那一年來到暹羅是一場雨把她澆醒這才找到丈夫的。而且她知道，丈夫喜歡法國作家雨果，最喜歡讀他的《九三年》。這一年林阿娥才二十六歲，她覺得自己還能為林家多生幾個孩子，言下之意是要生男孩，接續香火。但林漢先說不要，他就喜歡女孩。

"一個就好，她長大以後會像你一樣漂亮，"林漢先用食指刮了一下妻子的小鼻子，又刮了一下小雨果的鼻子，"你看，鼻子也這麼像你。"

當然，關於生孩子，林漢先有一個小秘密沒有跟妻子說。九歲那年，母親還沒有去世，他陪母親去開元寺燒香，到了寺門口，有個乞丐伸著一條腿在乞討。母親彎腰將幾個銅板放在他碗裡，他還嫌少，說天氣這麼冷，他又瘸了一條腿，只給這麼幾個銅板怎麼夠過冬。母親也沒惱，又給了五個銅板，然後說，身上剩下的只夠敬佛以及回家的車費。乞丐說騙人，明明後腰褲帶裡還有。母親吃了一驚，她確實在後腰褲帶裡還藏了兩個銀元。出門在外，萬一丟了錢，好有個應急。這個是在顛簸生活中養成的好習慣，隨時留有退路，但被乞丐一下說穿。母親於是又放了三個銅板，說："天氣多變，天烏烏，還是早些回去吧。”乞丐說：“你這人倒是怪好心的，來，給你算一卦吧。”說罷從碗裡摸出三個銅錢一拋，口中喃喃自語，然後搖頭說不好。母親說：“你別給我算，給我家漢先算算吧。”乞丐笑了一下，露出一口白得不真實的牙齒。他盯著林漢先看了一會兒，便又將銅錢拋向空中，又是唸唸有詞，打開時在手裡看了又看，依然還是搖搖頭說：“不好。”乞丐說：“短命，活不過三十九，但能有一個女兒。”潮語中“短命仔”是罵人的話。母親聽到乞丐這麼說，心中大怒，但她強壓怒火，說：“你這無非是騙錢的套路，讓我繼續給錢，請你來幫忙消災。”乞丐脾氣也不好，起身撿起地上的破碗就走了，走的時候還留下一句話：“你自己活不過四十一。”

母親難產去世時，正是四十一歲。去世那年，她摸著大肚子，反覆叮囑林漢先，不得將乞丐的話說與父親聽。而她自己，似乎已經知曉了命運。她後來無數次地提起，後悔自己的愚蠢激怒那乞丐。她應該將藏在後腰的銀元給乞丐，問問他有什麼化解的方法。林漢先安慰母親，說如果有命運，那麼就注定無法化解；如果乞丐只是胡說，那更不必去被他騙了錢。母親說，如果她被說中，真的在四十一歲那年死了，那麼漢先則務必小心對待三十九歲，一定要遠離危險的事。林漢先搖搖頭說這些都是無稽之談。然而母親去世的時間，巧合得令人無從解釋。女兒林雨果出生時，他已經三十二歲。他心中悲喜交加，預言一步步應驗，他真的有一個女兒，那麼，自己的生命也真的會停在三十九歲嗎？來自大清宣統元年的魔咒，三個在空中不斷翻轉的銅錢，難道真能鎖住一個人的命運？如果是，如果自己的生命線條只能止步於三十九歲，那麼再生一個孩子，也不過多一份悲傷而已。念及此，他對妻子說：“一個女兒就好了，我們都會好好疼她不是嗎？”

關於瘸腿乞丐的預言，他只在來暹羅的火輪船上對著星空瞎聊時跟陳洪禮提過一次。陳洪禮哈哈大笑，說：“漢先你也相信這些騙錢的無稽之談嗎？如果是那樣，你現在從這船上跳到大海裡去，是不是必定死不了？你如果注定要到三十九歲才死，那你從此便自由了，大可以橫行無忌為所欲為，豈不快哉？”陳洪禮的逆向推理似乎非常在理。但誰又能知道，到底是先有對命運的預言，還是先有命運本身。

有一次夜深人靜的時候，雨果在一陣哭鬧之後終於酣睡過去。林漢先卻無論如何也睡不著了，他披衣出戶，在庭院裡坐著，對著天空的明月發呆。他聽到蟲鳴。這樣的蟲鳴故鄉也有，特別是梅山的秋月蟲鳴，那是他最喜歡的。妻子不知道什麼時候來到身邊，她從背後摟住他的脖子，沒有說話。她總是知道什麼時候應該說話，什麼時候不應該說話，這方面林阿娥有很高的情商。她白天開著汽車幫八方樓送人送貨，有時候羽先生的司機請假，她還去幫羽先生開車。羽先生也很喜歡她，說她的車技比專業司機還好，開得非常穩當。若要說缺點，就是她好像不太喜歡陳洪禮，但林漢先猜不到原因。僅僅有一次，陳洪禮說李濃眉臉上那顆痣長得不是地方，剛好在顴骨旁邊，容易招小人。林阿娥對此有點生氣，說他以貌取人。陳洪禮走後，她私下跟林漢先抱怨：“招小人，李濃眉把我招來，那我是小人咯。”林漢先說她敏感了，又說陳洪禮絕對沒有這個意思。但人與人的關係，有時候就是光憑一種直覺，無法解釋。此後她幾乎缺席陳洪禮的一切重要日子，比如她來到暹羅的第三年陳洪禮結婚，她找藉口不出席，同一年陳洪禮的大兒子滿月，她當面笑話陳洪禮這個向來穩重的人竟然先上車後補票，把黑珍珠說得臉都紅了。雨果出生的第二年，陳洪禮二兒子出生，林阿娥不參加；如今雨果四歲，陳洪禮的第三個兒子馬上又要擺滿月酒，可以預見，林阿娥又不參加。林阿娥說陳洪禮太沒勁，三個兒子，取名海福、海祿、海壽，福祿壽，早出日頭唔成天。

但這一次，見林漢先一個人三更半夜在月下獨坐，林阿娥忍不住問他是不是為洪禮三公子的滿月宴席送什麼禮物而煩心。她說她猜最近只有這個事可以讓自己的丈夫皺眉頭，她答應這次一定陪他去喝滿月酒，而且禮物她已經準備好了。按照林阿娥的預判，她說出這些話來，丈夫應該開心得像個孩子。但並沒有，林漢先並沒有很開心，也沒有不開心，他的心此刻早就在碧河上漂盪。林阿娥探頭俯身到前面，盯著他看。這時他才說：“沒事。”她才說：“我明白了，有人這是想老家了。”

“是啊，想家，想那裡的河，那裡的山，特別是梅山。”

“想梅山做什麼？”

“想我死後，不知道能不能葬在梅山，葬在碧河邊。”

“這個難道不是很簡單？我如果在，就帶你回去葬在梅山；我如果不在，就讓雨果把我們一起帶回去葬。我做事的風格你知道，我不會等，這異國他鄉如果沒有你，我一刻都不想停留。”

這世界上所有的問題到了林阿娥這裡，彷彿都成了最簡單的問題。對她來說，死亡好像是一個不需要討論的問題。難怪羽先生常說阿娥才是真正適合幹大事的人，比男人強。林阿娥說：“走，我們還是進屋吧。”林漢先說：“我還想再坐一會兒。”林阿娥說：“坐什麼坐，沒看這裡蚊子這麼多嗎？你晚上洗完澡，躺牀上晾乾，然後就到院子裡來餵蚊子，敢情你今晚洗澡是在給我們家的蚊子洗菜？”

林漢先笑了，只能跟她回屋。

5

陳洪禮讓隆都弟翁如棋幫他將孟先生的字拿去裝裱，曼谷的裝裱店翁如棋最熟悉了。孟先生看似隨意寫下的句子，翁如棋卻讚不絕口，說自己一輩子都寫不出這樣的字來。數日後裝裱完，翁如棋送到陳洪禮家，卻碰巧遇到林漢先從他家裡出來。林漢先說是什麼好東西打開看看，這一看他就不肯放手，說這樣一幅字掛在八方樓正好。陳洪禮聞言追了出來，可他哪裡追得上，林漢先早就上了一輛人力三輪車，溜得可快了。

於是八方樓正對著大門的玄關柚木屏風隔斷上，便多了一幅書法。隔幾天羽先生來到八方樓，剛一進門就眼前一亮："心安隨處家廟，潮平四海歸來。"他指著書法問："這是新掛上去的嗎？"他說最近在籌備建設會館……林漢先趕緊說："好呀，到時找塊好石頭照著刻好字送過去。"羽先生伸出食指點了點他，抿起嘴："你這小子，這哪里弄到的？"林漢先說："好不容易從陳校長那邊搶來的，您沒發現這跟整個八方樓的格調非常契合嗎？"羽先生左右看看，也表示贊成。

八方樓雖說是茶樓，其實是潮州菜館，也是小劇場。一樓有一個小戲台，偶爾會有一些不固定的潮劇走唱班會應邀到這裡演出。四弟林漢孝來到曼谷時，潮劇戲班正在暹羅進行為期兩個月的演出，他們間或也會到八方樓這個小場子進行演出。對接這些演出的是秋田劇社的崔文燕，她也在新南學校任教職，業餘時間經常會組織各種戲劇演出，既能編排潮劇，同時也編排一些現代歌舞劇，比如以高爾基散文詩《海燕》改編的中型歌舞劇就非常受歡迎，後來還改編了蕭軍的長篇小說《八月的鄉村》，取了一個比較通俗的劇名叫《李七嫂》，三幕話劇，有很多活力四射的青年人報名參加了演出。林漢孝來到曼谷的第四天便在八方樓的小劇場看完一場演出，然後他到後台找到崔文燕，跟她說他也要參加演出。崔文燕說讓他可想清楚，他說君子一言。二十歲的林漢孝就這樣融入了劇社的工作，他經常排練到深夜，演出到動情處便淚流滿面。

林漢先開始非常瞧不起四弟漢孝去當戲子。雖然說老一輩華僑，包括英順伯和羽先生都非常喜歡潮劇和潮樂，特別是羽先生，有好劇目或名角演出，他一般都會到八方樓來；平時吃完飯還會閉著眼搖頭晃腦哼幾句。但畢竟與唐山的文化交流時斷時續，人才得不到補充，暹羅當地的潮劇班團演員經常出現某個角色沒人能演的情況，不得不僱用佬仔或當地人來跑龍套，處境常常比較尷尬。

林漢孝有自己的說辭。他說並不是他自己想來暹羅，是父親讓他過來的。這個並沒有說錯，在五妹漢蓮出嫁到興寧的第二年，父親就將最小的兒子趕出了家門，讓他找林漢先去。同時他也寫信給林漢先，說長兄如父，為什麼他要漢孝去暹羅，是要漢孝去見世面，去接受社會的教育，才不會沉溺於自我。現實的情況是，當漢孝看到屋頂尖尖的佛堂，聽到僧侶敲響了團鉦，看到大象緩慢地在大地上行進，他整個人都沉醉了。緊接著，他又發現了戲劇社這麼好玩的所在，還有什麼能比沉浸在戲劇的情景之中更令人神往？全家大概只有林雨果喜歡這個四叔：“四叔是演員，四叔會飛腿。”漢孝不但能踢出雙飛腿，還能在木梯上翻跟斗，他第一次試演《柴房會》，崔文燕就被他的武術天賦驚呆了。某一日她對林漢先說：“你弟弟這個天賦，應該讓他去拍電影，是個武打演員的坯子。”但林漢先向來不喜歡漢孝踢腿耍拳沒個正形，他對崔文燕發了火，然後一連好些天都不跟漢孝說話。在私底下，他跟陳洪禮打電話，考慮也將漢孝送到汽車修理廠，畢竟漢忠和漢厚在修理廠幹得風生水起。但林漢孝不同意，他來找林阿娥，竟然撲通跪下，說他想學唱戲，讓嫂子成全。林阿娥正在教女兒背誦唐詩，他這麼突如其來的一跪讓她手足無措：“你這跟誰學的？誰讓你來找我，找我有用嗎？男兒膝下有黃金，你哥最不喜歡男子漢隨便下跪，你快快起來說話！”

林阿娥表面對他很兇，然而畢竟心軟，便說：“你想怎麼樣？”漢孝說：“我哥這幾天都不理我，也不跟我說話。”林阿娥說：“學唱戲也不是什麼壞事，你哥是死腦筋。”她略一沉吟又說，“這個好辦，你到書架上取本書，就到他必須經過的地方看書，他一定會來找你說話。”漢孝問：“什麼書？”林阿娥從書架上抽出一本《流亡》遞給他，漢孝看到封面書名旁邊寫著“靈菲自題”四字，打開翻看，作者是洪靈菲，登時領會，便對嫂子說：“那我到樓梯去看。”林阿娥點頭。

果然，林漢先從樓梯上來，發現漢孝坐在轉角處看書，嫌他礙事，但看到他手裡的書，倒退一步台階，伸手把書拿了過來，又遞回去：“你怎麼會看這本書？”

漢孝沒有回答。

“你讀得懂？”

漢孝反問道：“扉頁上有他給你的題簽，你們認識？”

林漢先便不再說什麼，伸手摸了摸漢孝的頭。

漢孝說：“我記得報紙上說他這個夏天在南京犧牲了。”

林漢先沒說話，仰起頭，眨了眨眼睛。他上樓走了，回頭說了一句：“你能想著唐山，是好事，這本書送給你了……想唱戲就去唱吧，不准爬太高，摔死沒人賠錢。”

但林漢先對林漢孝的負面印象在兩年之後便慢慢改變了。因為時間來到了一九三七年，世界正在以奇怪的方式撕裂、破碎，時光之軸也被拉伸重塑，再也看不到原來的面目。盧溝橋事變發生，暹羅華人無不憤慨，羽先生等華人精英群體馬上響應，將原來的暹羅反帝大聯盟改為“抗聯”，並成立諸多救國會。秋田劇社也組織了募捐公演，既有捐款，也有食物藥品衣服等物資。其中很多舊衣服，由林漢厚開車運到新南學校進行洗曬之後才捐出去，學校操場有很長時間晾滿了衣物。

林漢先在第一時間給林厝圍寄去了僑批，他當然擔心家中的父親，以及十七歲的六妹漢萍。他此前甚至有點擔心父親會虧待漢萍，擔心父親會將母親難產而死帶來的悲傷遷怒於這個可憐的小妹身上。漢忠漢厚到曼谷之後卻告訴林漢先，父親對這個最小的女兒甚為疼愛，認為她長得最像死去的母親。兩個弟弟帶來了六妹的照片，她紮著粗大的辮子，眉眼確實與母親越來越像了。

父親的回信姍姍來遲，冬天的第一場雨下過之後，隆都弟翁如棋才將父親的信送到八方樓。父親這封信不長，一共說了三件事。第一件事是六妹漢萍非常爭氣，在夏天的時候已經去往桂林護士學校就讀。因六妹寄宿，老林囑咐她此後不必回家，請林漢先以後將錢物寄往桂林，又附了地址。林漢先完全能想像老林將六妹送走的情景，一定巴不得她順便在桂林嫁人算了。第二件事是家中諸事皆安好，他現在每天早起在樹下練拳，如果日寇來犯他定拚死殺敵。殺得一個是一個，殺得一雙是一雙。第三件事則是關心孫女林雨果的鼻炎如何，還附上一張從古書上抄來的偏方。信件字跡潦草，唯有這張偏方父親用了正楷書寫，鄭重其事。父親封裝好書信之後，應該又想起有話要説，便在封底處寫上："先忠後孝，望吾兒知之。"

林漢先還有點茫然，問旁邊的阿娥，父親最後在封底這話是什麼意思？有什麼暗語還是字面意思？

阿娥接過信封一看，白了他一眼，說："你們兄弟四個，名字中的最後一個字連起來便是'先忠厚孝（先忠後孝）'，你母親沒跟你提過？"林漢先搖搖頭。"你堂堂一個八方樓掌櫃，還不如一個鄉下老人。"林漢先但覺腦袋裡嗡的一響，他活了三十多年，從小林活成老林，竟然從來沒有發現原來兄弟四人的名字竟然蘊含了這個意思，以為是要他們忠厚老實。

林阿娥又不依不饒說："還有那個陳校長，福祿壽，笑話！雨果，我們要讀書，但不能像爸爸和伯伯，萬卷詩書讀進肚子裡都成了屎。"

六歲的林雨果認真地看著母親，點了點頭。

林漢先卻對妻子說："阿娥，要不你和女兒先回到碧河去？"

林阿娥吃驚地看著他："你知不知道自己在說什麼？現在這個情況你讓我們回唐山？"

林漢先長長歎了一口氣，他本來想說什麼，但看到女兒，還是嚥了回去。

6

對於碧河的人來說，林漢先還是那個愛笑的後生仔，記憶停留在那裡，人就不會老去。如今在湄南河邊生活的林漢先，已經三十七歲了，走在街上也被人家稱為老林。曼谷街頭，熟悉的潮語隨時能聽到："老林。"總是拖著長長的尾音。

他常常做夢，夢見自己變成碧河之上一隻白色的鳥兒，淩空，俯衝，從水面掠過，又輕巧地越過雲端，俯瞰整個碧河。碧河還是如以往一樣祥和溫暖。但突然間，無數飛機從翅膀旁邊掠過，轟炸，泥土飛濺，黑煙瀰漫，然後是一聲聲撕心裂肺的哭鬧，將他從夢中驚醒。

窗外朗月當空，月光照進了窗戶，而妻子正在酣睡，一隻手臂還將他緊緊摟住，似乎怕他突然起身跑掉了，一種熟悉的孤獨感又重新襲擊了他。他知道，無論他身邊有多少家人，無論妻子跟他再如何親密無間，他依然是孤獨的。這種孤獨是從碧河的土地裡生長出來的，從一開始就烙印在他身上。

他突然想，現在如果陳洪禮在旁邊就好了。他想跟洪禮說說話。這麼想時，他輕手輕腳起身，出門，下樓，上了廁所，又倒了一杯水，喝了兩口。猶豫著是否穿上衣服到外面走走，但很快又想到羽先生對他的告誡，便只能坐著一動不動。羽先生說："漢先你已經暴露了，一定要謹慎行事，國難當前，首先要學會自保然後才能有所作為。"是的，親日的勢力早就開始對八方樓進行盯梢，他每次出門還得左右觀察是否被跟蹤。他馬上又想起了那個來自宣統年間的詛咒。也沒有什麼好擔心的，當死成為一個固定且可以預知的路標，在此之前，反而可以坦然面對所有的困難。他似乎應該更勇敢。四弟林漢孝，這個文藝愣頭青，看起來就比他還勇敢。不久前他參加了舞麒麟募捐，衝在最前面，發動學生到街頭去發傳單。然後巡邏的警察來了，林漢孝被抓了起來，幾天後才被放出來。入獄期間林漢先去看他，安慰他説八方樓會每天給他送飯。漢孝看起來毫無懼色，他甚至在監牢裡還哼唱《國際歌》。漢孝告訴大兄，相比在唐山時毫無方向的漫長時光，能夠在抗戰救國的烈火之中死去，是一件令人幸福和驕傲的事。

林漢先看到四弟林漢孝那張臉，充滿了無所畏懼的勇敢和莽撞，他內心十分複雜。首先他承認青春的美好，二十多歲的生命，正應該灼灼燃燒。其次還有在曼谷年輕人群體中流行的“覺悟”，就是隨時可以放棄優渥的生活，到冰廠、木工廠、皮革廠、火鋸廠⋯⋯總之潛入更底層，然後參加工人罷工，或者破壞生產日寇軍需品的機器。生命總是活在不同的速度之中，但是，他會覺得林漢孝以及漢蓮、漢萍甚至雨果和陳家福祿壽這些更小的小孩，才應該好好地活著，只有到了他這個年齡，死亡才是一件不虧本的事——該經歷的都經歷過了，酸甜苦辣，激情和無聊，而望過去可以看到可恥的衰老，所以死在中年，便可以避開病榻上尿濕褲子的不堪。

陳洪禮不告自來，跑到八方樓吃了一個中午飯。林漢先說："現在這個時間我可沒法兒陪你。"陳洪禮說："不用你陪，嘴在我自己身上。"林漢先說："我要代表商會去參加米業的勞資談判。"陳洪禮說："你去。"兩個半小時後，林漢先回到八方樓，發現陳洪禮竟然還在那張靠窗的桌子呆呆坐著，看不遠處工人在汽車上面卸貨。林漢先說："最後漲薪 8%，談得很辛苦。"陳洪禮說："坐。"林漢先坐下說："你怎麼了？剛才匆匆忙忙沒發現你臉色這麼難看，學校這時候應該特別忙，你怎麼有閒情到我這裡坐一下午……哎，你這眼淚，這是……"

"南京的事你聽說了嗎？"

"南京？什麼事？"

陳洪禮啪的一聲將一張報紙拍在桌子上，說出了兩個字："屠城。"

7

孟先生是在南京大屠殺發生之後一星期左右在碧河投水自盡的。有人說他身上捆了石頭，也有人說捆的是伯爺公廟裡的石香爐，人們連他的屍身都撈不到。在這個特殊的時間裡，到碧河裡撈屍體真的不是一件明智的事，碧河裡經常有不知道從哪裡來的屍體漂過。所以最後只有林漢先的父親老林一個人在碧河上忙碌，人們以為他是在捕魚，但最終老林也無功而返，未能找到。老林在信裡悲痛地說：“古有屈大夫，今有孟先生。”他認為這是無聲的抗爭。老林說最後只是在碧河邊的竹林裡給孟先生做了衣冠塚，就是收拾幾套他的衣服簡單舉行了儀式，草草了事。但後來不斷有人前來探尋竹林裡的孟先生墓，以至於在青草地裡踩踏出一條堅實的泥土路，又不知是誰花錢刻了墓碑。日子很難，肚子都吃不飽，但挨餓的人在口口相傳中走路來到碧河，給孟先生上香。

這是老林的最後一封長信，後面戰事吃緊，郵路不通，老林的話也很簡短，用得最多的詞是“勿念”。

一連幾天，到了晚上，陳洪禮便過來找林漢先聊天。他們在院子裡喝工夫茶，林阿娥非常默契地將林雨果帶到附近的小公園去盪鞦韆，給兄弟倆留出獨處暢談的時間。陳洪禮從屈原“亦余心之所善兮，雖九死其猶未悔”談起，談到辛棄疾和岳飛，談到魯迅先生，談到學弟洪靈菲，談到孟先生，再談到眼下又在集結的第二批華僑抗日義勇隊，目前人數已經有八十多人。

“可能你不知道，林漢忠和崔文燕報名參加了抗日義勇隊，準備回國。”見林漢先面露詫異之色，“你這個當哥哥的太忙了，可能沒發現，他們倆早就住到一起去了。”

“那為什麼不結婚？每次問他結婚的事都像個悶葫蘆。”

陳洪禮搖頭表示並不知道原因，說這是曼谷，不要帶著碧河鎮家長的口氣來説話，每個人都可以有自己的選擇。"漢忠説準備到出發那天才告訴你，但我想還是得先跟你説一聲。"

這回輪到林漢先沉默了。

第二批華僑抗日義勇隊有很多是新南學校夜校班的學生，他們也是工人救國會的成員。陳洪禮説："雖説是第二批，但其實中間三五成群回唐山支援抗戰的人非常多。"

林漢先問："漢忠是要回唐山？"

陳洪禮答："回廣州，按目前的初步安排，他們會參加東江縱隊，之後會去哪裡，就不知道了。像漢忠是汽修工，崔文燕能做文字宣傳，還有一些有醫務特長的女生，也報名參加了。羽先生説中華總商會將為他們回國提供保障，船票免費，還會另外資助費用。"

林漢先點了點頭："雖千萬人吾往矣。還記得最後一次見孟先生時，他説起了清軍屠城的事嗎？"

"當然記得。歷盡千劫，只為歸潮。言猶在耳啊。"

陳洪禮説："別人以為我們到了異國溫柔鄉，但只有我們知道自己心裡裝的都是家國大義。"林漢先説："其實我也想回國去，但想著必須留守此處，牽制日寇。有羽先生和英順伯等僑領的努力，日本人的貨物在暹羅根本賣不動，抵制日貨的行動讓日本的貿易額半年之內便被腰斬，非常解氣。"陳洪禮説："必須多加小心，特別要看好身邊的人，不僅是日本人。"林漢先知道他在説李濃眉。上次他跟羽先生去新加坡，動身之前行程安排便已經洩露，陳洪禮因此開始將懷疑的目光盯向李濃眉，很多次會面商談都讓他先出去。但後來經過排查，是羽先生身邊的另一個夥計説出去了。林漢先認為是陳洪禮冤枉了李濃眉，有點過意不去，對李濃眉也更信任了。

陳洪禮説：“親日勢力如果軟硬兼施都拿不下羽先生，可能會動粗。”林漢先説：“公道自在人心，這裡是曼谷，他們不敢。”林漢先認為他們不敢的原因，當然不僅是羽先生的個人影響非常大，而且在於羽先生早有防備，號稱十八羅漢不離身。比如羽先生每次到八方樓來看戲，他的十八個保鏢必然有明有暗在周圍保護老闆的安全。日本人早就在曼谷設置了特務機構，專門研究對付羽先生等愛國僑領。在羽先生發動接駁船隻拒載日本貨物之後，據説日本特務頭子端木大發雷霆，在宴會上當眾失態，砸壞了三個高腳杯。但隨後，端木又派出美人喬春兒和漢奸司徒康民來與羽先生“交朋友”，被羽先生轟出門外之後，日本人這才明白羽先生軟硬不吃，總算消停了下來。但陳洪禮認為這樣的安靜是在醞釀更大的陰謀。林漢先卻認為多慮了，他説，十八羅漢不是吃素的。確實，漢忠和漢厚都曾幫羽先生開過車，接觸過這十八個各有神通的人物，但沒法兒將他們全部認全，據説其中有羅漢便精通易容術，能夠很好地隱藏身份。

漢忠歸國，漢厚也吵著要回去，但被英順伯攔了下來。英順伯説：“眼下暹羅這邊也危機重重，你還是留下來幫漢先和洪禮，羽先生正在帶頭認購國債，支持祖國抗戰，如此要緊的關頭，多個人手總是好的。”羽先生也非常喜歡漢厚，覺得他比漢忠機靈，身手也好，有機會還準備將他帶在身邊加以培養。

一九三八年二月，坐落在曼谷莊路仁集十二巷的潮州會館建成，羽先生和英順伯出席了盛典。其實在會館籌備階段，潮人僑領便持續組織將米糧運到潮汕以便宜的價格銷售，解決戰火紛飛年代米價高漲的問題。六月，南澳淪陷，日軍的飛機開始不時在潮州城上空盤旋，其後的日子變得更加艱難。

林漢先後來才從漢忠的家書中知道父親去世的消息。在一天夜裡，老林和幾個老漁民一起埋伏在安澄公路上，伏擊了運送物資的鬼子，漢忠在家書中很簡略地描述父親的戰績："殺了兩個，傷了一個，傷的那個據說後來也死了，父親一定認為值得。"在信的結尾，他輕描淡寫說他最近受了一點小傷，丟了三個手指，所幸是左手，不影響右手持槍殺敵。

至此，三弟漢厚再也按捺不住了，剛好南僑總會發出了第六號通告，呼籲各地的籌賑會，徵募機工，也即汽車駕駛員和修理工。這個漢厚在行，他說論力氣他不如漢忠，但修理汽車比拚車技，漢忠完全不是他的對手。其時廣州和武漢淪陷，對外的水陸交通幾乎都被日軍截斷，滇緬公路成為運送援華物資的命脈，但是這麼重要的一條公路崎嶇不平，天險通途，車技不好根本開不過去，還常常有懸崖險阻，落石擋路。國內汽車本來就少，很難找到這方面的人才。漢厚對大兄說："看到這個通告，我終於知道我這輩子活著是為了什麼，你就讓我去吧。"

“漢忠已經回去，你一走，我有事能找誰呢？”

“不是還有李濃眉嗎？”

8

潮州城淪陷，雖屬意料之中的事，但依然在泰國引發了不小的震動。在法文報紙上可以看到日本人登上潮州東城樓耀武揚威的照片，以及毛利部隊佔領潮安縣政府的得意神色。國破家何在，一種老巢被掏空的失落和憤怒籠罩在每個他鄉遊子的心頭。

而另一方面，陳洪禮也焦頭爛額。鑾披汶執政的泰國當局對華文學校進行了掃蕩式的打壓和摧殘，新南學校被查封，華僑學生失學流散，此前所積累的華文教育基礎幾乎化為烏有。陳洪禮研判了情況之後，決定採用遊擊戰術，開展遊擊教育，建立家庭讀書小組，每組七人以下，再由教師上門授課。新南學校的教師也被分組，成為遊擊教師，在曼谷黃橋、火車頭、柴珍等地區首先開展小組教學，如此一來教師雖然辛苦些，但也可以更有針對性對學生進行輔導。從一九三八年的冬天開始，陳洪禮便經常往四色菊府跑，那邊有英順伯一些比較固定的生意，朋友也多，原來有一所學校，現在也進入夜校狀態。

林漢先在八方樓的情況也有點糟糕。四月有兩個橡膠商人來到八方樓，由於招待不周，他們大發雷霆，事情讓羽先生知道了。羽先生說要不讓阿娥也多過來八方樓幫忙，雨果七八歲了，也懂事。就這樣，林家不知不覺陷入了日本特務設計好的陷阱之中。事後陳洪禮復盤，才發現一切應該是從林阿娥到八方樓上班，新增加了一個保姆開始的。新來的保姆是李濃眉介紹的，大家喊她拉嫂，是清邁人，有一半潮州人血統，能說一些潮州話，只是口音很重，林阿娥反覆交代不讓她教林雨果潮州話，擔心給教壞了。

盂蘭勝會期間，農曆七月十五下午，八方樓舉行盛大的施陰濟陽善舉活動，除了專業潮劇戲班的演出之外，最重要的活動是為抗戰募捐。按照慣例，羽先生會發表一次公開演講。羽先生在午飯之前便到了，要招待幾位朋友在此用餐。林漢先將羽先生迎上樓，在羽先生最喜歡的八號房裡食茶。羽先生說七月半果然陰氣重，今天汽車只有一輛打得著火，另一輛拋錨了。林漢先也說自己家裡的車已經壞了好幾天，星期三保姆送雨果去上學，回來的路上車就壞了，讓人去推回來的。羽先生笑，說這輛車折算年齡大概相當於八十歲的老頭。林漢先這輛汽車是英順伯撤換下來的舊車，經常出故障，以前漢忠和漢厚在，有問題便及時處理，但現在出故障就只能等待汽修廠的人來維修。

下午八方樓潮商雲集，捐錢，聽戲，見羽先生，這是每年的盛事。羽先生卻突然吩咐林漢先，說中午吃飯換到走廊對面七號房，國難當前，又是施孤，所謂七上八下，要選個奇數。林漢先依照吩咐換了房間。樓下的潮劇開始熱場，熟悉的潮州音樂響起，弦詩聲聲幽怨。羽先生對林漢先説：“漢先，家賊難防，務必盯好下面的人。”林漢先心中一凜，羽先生説這樣的話，不會是無緣無故，他必定已有所覺察。

就在這時，保姆拉嫂來到八方樓找林阿娥，説林雨果被人擄走，車子往華欣方向去了。晴天霹靂，林阿娥臉色煞白，登時慌了。問具體情況，拉嫂也説不明白，大意是放學路上跟另一個保姆走路回來，路上被人擄上車，另一個保姆被一腳踢進臭水溝裡，傷得不輕。林阿娥眼淚就下來了。拉嫂説：“我們得去追。”林阿娥説：“快快，我們去追。”拉嫂説：“車壞了，要不跟羽先生借輛車。”林漢先説：“羽先生的車不能借，今天只有這一輛車。”羽先生聽到了，過來問什麼事，聽説有人綁架林雨果，一拍大腿説：“我早上就收到情報，説今天會有綁架，剛才還故意將吃飯的房間臨時調換，原本以為要來綁架我，不想他們專挑軟柿子捏，連小孩子都不放過。唉，這事也怪我，我就不應該讓阿娥過來八方樓做事。”隨後吩咐司機，還有兩名保鏢，讓他們跟林阿娥一起開車去追。林漢先還想出言阻止，卻被羽先生伸手搭住他的肩膀不讓他再説話，羽先生説：“樓下是戲，我們樓上也是戲，我既然演了這個角色，就已經做好隨時為中國流血的準備，只為中國必勝，大義所在，中國人從來不缺熱血，流一點血又算什麼？”

羽先生轉頭又交代司機，別讓阿娥開車，她狀態不好，醒目一點，付出任何代價都要保證雨果安全。林阿娥走後，一樓響起了鼓點之聲，聽起來更加沉重。羽先生與賓客入座，林漢先吩咐上菜，席間的話題離不開潮州城陷落的種種消息，轟炸屠殺，姦淫擄掠，潮州幾乎沒有安全的地方了。羽先生說："日寇猖獗，即便我們身在海外，難道就有安全的地方嗎？日本人早就對中南半島虎視眈眈。生命有輕於鴻毛，有重於泰山，我願為國家僑社之事拚盡最後一口氣，決計不可妥協投降。"眾人皆稱是。

羽先生說："綁架一個七八歲的女童，如此行徑，與禽獸何異？"羽先生說林雨果非常聰明，兩歲半就能背誦唐詩了，他喜歡這個孩子，並斷言她以後肯定能有大出息。

就在這時，突然一聲巨響，灰塵瀰漫，外面有人喊了一聲："八號房爆炸了。"林漢先跑出去詢問情況，夥計說有人從隔壁樓將炸藥從窗口丟進八號房間，土牆炸出了一個缺口，有三四個服務員受傷。樓下音樂終於停了，人們十分慌亂地往外撤出。羽先生和他的朋友們也往外走，林漢先這時才意識到羽先生沒有汽車護送。

"兇手在巷子裡，別讓他跑了！"有人喊。

羽先生讓兩名保鏢去追，說要把人逮住，作為人證。林漢先想阻攔，已經遲了，兩個壯漢身手敏捷，跳下樓梯，躍出大門，拐入巷子。少頃，巷子裡又響起了一聲爆炸，八方樓的廚房也著火了，黑色的煙霧開始在八方樓裡瀰漫。羽先生說先保障客人們的安全，讓大家先走，他要最後一個撤離。林漢先提醒大家用衣物蒙住口鼻，以防濃煙。下樓也很快，不到一分鐘時間已經全部到了門口。八方樓門口向來熱鬧，很多人力三輪車早就在這裡等著，客人們紛紛上車離開。幾位年輕的潮商堅持讓羽先生先走，於是羽先生上了一輛三輪車，車子小，只有一男一女兩名保鏢跟隨。車子在大街那頭消失時，林漢先才上樓去查看八號房的損毀情況。從"八二風災"以來，這是他第一次內心突然呈現一片廢墟的景象。這樣的情景在夢裡似乎出現過，如此熟悉，如此冰冷。八方樓爆炸的消息迅速傳開，當地警察也趕過來，這裡很快成為焦點，被好事的人們圍觀。

林漢先突然從繁雜的事務中驚醒，四個大字在他的腦海裡閃現：調虎離山！他意識到中計了，他想起給羽先生拉車那個車伕的臉，是如此陌生。這幾年在八方樓門口拉車的人他不能說都認識，但也鮮有不認識的。他轉過頭正準備出門去截停羽先生，但一股濃煙剛好吹來，一陣猛烈的咳嗽，把他眼淚都咳出來了。在雙眼模糊之際，二樓樓梯口跳出一個人來，戴著帽子，圍巾蒙面，啞著聲音對他說："林先生，如果你此刻亂來，林小姐必死；你別亂動，我保證林小姐安然歸來。"林漢先說："你敢？"那個人用很低的聲音說："別讓他們難做，我和拉嫂都是被逼的。"在眨了兩次眼睛之後，林漢先即使是瞎了，也認出來說話的正是李濃眉。他手上蓋著一塊抹布，抹布下面像是有一把匕首，又像是沒有。林漢先愣神間，李濃眉已經跳出門外去，混入人群消失不見。

是的，他們的目標從來就不是林雨果。林雨果在火車市場附近的一個公園裡被找到，林阿娥抱著她一直哭，林雨果不知道媽媽為什麼這麼傷心，她說有一個叔叔和一個阿姨跟她玩了很久捉迷藏的遊戲，玩得可開心了。傍晚時分，林阿娥帶著林雨果回到八方樓，夥計們告訴她，羽先生失蹤了，跟隨他的兩名保鏢被當街槍殺。

周圍總算安靜了下來，林漢先在一樓那把他常坐的羅漢椅上坐著，手裡擺弄著三個硬幣，他將硬幣拋向空中，又接住。林雨果跑過去，撲在爸爸的大腿上撒嬌。林漢先也抱住她問餓不餓，這時有兩個硬幣滾落在地板上，發出清脆的響聲。林阿娥趕緊過去將硬幣撿起來，拿到手裡才發現並非硬幣，而是外圓內方的銅錢。

9

羽先生的屍體被擺放在離碼頭不遠的一塊大石頭上，一群海鳥落在他的周圍。他身上赤裸，皮肉潰爛，面目模糊，很難想像他遇難之前遭受了什麼非人的對待。曼谷華人的憤怒達到了頂點，人們上街遊行抗議，工會罷工，警察於是上街鎮壓，世界好像亂套了。潮州會館專程就羽先生的葬禮開了會議，會上人們宣讀了羽先生的遺書。羽先生從去年冬天便知道自己難逃此劫，寫了一封遺書封裝好放在妻子處。羽先生的妻子當眾拆開信封，除了家族財產分配，裡面寫得最多的是後續如何通過長期經營的收入支援國內抗戰。“中國必定勝利。”羽先生在遺書的結尾用加粗的字體這麼寫著。

那兩日，林漢先把自己關在書房裡，一言不發，也沒有人敢去打擾他。陳洪禮聽聞此事，從四色菊府趕回曼谷，已經是第三天早上。他來到林漢先家，一進門就問漢先的情況，阿娥回答只簡單吃了兩個鼠殼粿。她知道林漢先喜歡吃鼠殼粿，故此在做紅粿桃時還專門給他做了十二個鼠殼粿。

那天他們談了三個多小時。“如果追出去，應該還來得及。”林漢先的悔恨透過額角暴起的青筋表達了出來。“早應該猜到端木和喬春兒會從李濃眉下手。”他說千防萬防家賊難防，命運最終讓他成為一個不忠不孝之人。他們就這樣在眾目睽睽之下綁走了羽先生，整個過程像一局環環相扣的棋，動作迅捷得令人措手不及。而如今暹羅當局似乎在逐步對羽先生的死進行淡化處理，大事化小，小事化了，這是讓人最為難以忍受的。“如果被定性為仇殺，羽先生的血就白流了。”陳洪禮則不斷在寬慰，他希望以佛教輪迴的精神讓林漢先放過自己，順應命運的安排。畢竟任何人在女兒的生命面前，都無法做出決絕的選擇。

林漢先似乎慢慢平靜下來，他說陳洪禮說得對，確實應該順應命運的安排。兩個人口中所謂的“命運”其實有不同的理解。林漢先拜託他最好的兄弟陳洪禮，一定要幫忙料理好羽先生的後事，既按照羽先生交代的那樣不鋪張浪費，但也不能失了體面。陳洪禮欣然應允，說這些都不需要他交代，作為相識三十多年的兄弟，他從來不曾改變。他們談起了孟先生、洪靈菲，也談起二十多年前穿過湘子橋到城內看戲的情景，那一次他們還專程拜謁了韓文公祠，在韓文公面前結拜成為兄弟。

和陳洪禮談完之後，林漢先明顯沒有那麼消沉，他甚至有點興奮，有點紅光滿面。他將陳洪禮送到門口，與他最好的朋友告別，他囑咐陳洪禮今天所談的一切都不要告訴林阿娥，更不要再向她提及李濃眉和拉嫂，雖然這兩個人已經消失不見了幾天。陳洪禮與他握手道別，說："放心，我知道分寸。你先平復幾日，我們再商議計策。" 陳洪禮走後，林漢先跟妻子女兒吃了一頓午飯，他臉上變得十分輕鬆。林雨果吵著要吃魚，林阿娥叉著腰警告她不要無理取鬧，他制止了妻子，親自下廚給女兒煎了一條魚。飯後林雨果吵著要出去玩，要去海邊餵海鷗，林阿娥以為丈夫會反對，但林漢先卻讓她帶女兒去，還交代在門口看書的漢孝也一同前去，交代注意安全。其實八方樓綁架案發生以後，曼谷這幾天的治安情況反而變得更好，到處都是巡邏的警察。

林阿娥帶著雨果出門時，林漢先抱了她一下，還用食指在她的鼻子上刮了一下。這個可憐的女人帶著女兒在海邊吹風，直到髮梢被穿過椰林的海風吹飛了起來，打在臉上，碰到了鼻尖，她才猛然驚覺出門時林漢先的食指在她鼻子上留下的溫度，這個熟悉的動作幾乎成為夫妻間表達激烈情感的暗號。她在愣了幾秒之後，帶著漢孝和雨果往家裡跑，但為時已晚。

林漢先在書房裡自殺了。他寫完遺書，用刀割開頸部的動脈，為了不弄髒地板和嚇到女兒，他用被子和衣物裹住頭部和上身，這讓他看起來好像是躺在地板上蒙頭大睡。

“你怎麼可以這樣⋯⋯你怎麼可以這樣⋯⋯”林阿娥暈死了過去，醒來時依舊泣不成聲。

八方樓掌櫃林漢先在家中自殺的消息很快傳開。陳洪禮聞訊趕來，卻被林阿娥擋在門外。情緒失控的林阿娥拿著掃帚將他趕出林家的門檻。拿起掃帚趕人被視為最為決絕無情的做法，陳洪禮卻沒有生氣，他靜靜在林家門口的台階坐著，聽到了林阿娥對他的咒罵，說他是災星，跟丈夫談了一個上午，結果丈夫就自殺了。八歲的林雨果大概明白發生了什麼，但又並不十分明白究竟怎麼了。她第一次見證死亡，她第一次見到母親這麼討厭一個人，於是她將手裡的彈珠，丟向門口的陳洪禮。彈珠在地面上跳了一下，剛好打中陳洪禮的後頸，但陳洪禮彷彿沒有知覺。他內心一片空白，又好像被什麼東西充滿了。

報紙上將林漢先的死解讀為對日寇殘害僑領無聲的抗爭，有人還提到了幾年前孟先生自投碧河的事，以此來表達中國知識分子面對家國大義的態度。但是林家的家人們對於林漢先為什麼要死，依舊充滿疑問。只有陳洪禮知道林漢先內心以往的悔恨和糾結，只有陳洪禮知道林漢先的面前曾經存在一個開關，有那麼一個瞬間他必須在羽先生和女兒林雨果兩條生命之間做出選擇。他選擇了女兒。因為選擇羽先生更大概率兩人都保不住。林漢先的痛苦溢出了他生命意義的邊界，他必須面對家國大義的審判，而這是他無法承受的。然而陳洪禮決定將這樣一個思想的抉擇吞掉，將林漢先所背負的痛苦吞掉，這個真相將隨著林漢先的死而永遠埋葬。人們在追憶羽先生的時候，也將林漢先過往的點點滴滴重新打撈了起來，然後發現與羽先生統籌大局遠離人群相比，林漢先才是一直衝鋒陷陣的那個人。作為抗戰鬥士的林漢先成為一個有血有肉的華僑典範被立了起來，在追悼會上，人們真誠地懷念他所做的一切。特別是隆都弟翁如棋的一篇追憶文章，更將許多沒有人知道的細節公佈出來，這裡面包括近二十年來林漢先幫助過的眾多貧苦勞工。就連英順伯也十分震驚地說：“沒想到漢先竟然做了這麼多好事，諸多細節令我感到慚愧。”

林漢先被火化，骨灰被裝在一個藍色的陶罐之中。林阿娥抱著陶罐，不肯放下。陶罐表面傳導著骨灰的餘熱，這樣的溫度讓林阿娥的胃感到溫暖。英順伯讓她還是將骨灰罐交給工作人員，要進行下葬儀式。但林阿娥搖搖頭，她說：“我答應過漢先，他若死在這裡，我會將他帶回潮州，葬在梅山。”

英順伯覺得不可思議，但林阿娥的話不像是在開玩笑，他問：“什麼時候出發？”

林阿娥答：“準備好就出發，也許明天，也許下禮拜，我一分鐘都不想等。”

英順伯耐心地跟她說了目前國內戰況的複雜，並讓她為林雨果著想。但林阿娥突然高聲對所有人說道："我得送他回去，答應了的事，就不能改變。"她用這樣的音量宣佈了她的決定，讓人回憶起她當年是如何孤身一人漂洋過海來尋找自己丈夫的。於是大家總算明白，在戰火紛飛的年代裡將林漢先的骨灰送回碧河，是一件必然會發生的事。

第三折
歸途

1

陳洪禮缺席了林漢先的葬禮，令很多人感到意外，坊間也有諸多猜測，後來大家才從黑珍珠的口中得知消息，陳洪禮病倒了。不是裝病，而是真的嘔血，醫生診斷是胃出血，說幸好送來及時，不然就麻煩了。

病情稍微穩定之後，陳洪禮就帶著黑珍珠和十歲的海福來到林家，一路上他一直扶著黑珍珠的肩膀，差不多將她當拐杖。這一次林阿娥沒有趕他走，還給他搬來一把椅子，因為陳洪禮整個人瘦了一圈，瘦得觸目驚心。一個人的話語和行為都可以偽裝，但身體是如此誠實，陳洪禮用一場九死一生的病，獲得了林阿娥的諒解。林阿娥讓雨果給洪禮伯伯倒茶。陳洪禮擺擺手說不用，他指了指黑珍珠手裡的水瓶說他喝不了茶，還得繼續吃藥。

陳洪禮開門見山："聽說你要將漢先的骨灰帶回碧河梅山？"

林阿娥點了點頭。

“能不能等以後世界太平了，再送回去？”

林阿娥搖了搖頭，眼神中透露著堅定，近乎病態的堅定。

陳洪禮哦了一聲，這場病讓他顯得遲鈍。這樣的冒險意義何在？他想不清楚，只知道已經無法阻止眼前的林阿娥，這個完全籠罩在悲傷之中的人，臉上有令人心碎的蒼白。如果一個錯誤已經無法改變，那麼只能盡力去減少代價。他想了一會兒才開始説話，主要表達三個意思。其一，他跟英順伯通過電話，研究了路線，認為現在還是得從海上繞道，經檳城往西貢，再進入雲南，那邊的滇緬公路現在依然暢通，到了國內再自西向東行進，前半段英順伯會通過關係提供保障，但後面就非常艱險，完全無法預料。其二，原來的陶瓷骨灰罐太重，也易碎，路途遙遠，建議分裝在兩個鋁盒裡，更加輕便有利於行動，安葬好漢先及時返回。其三，最好將林雨果留在曼谷，以確保小孩安全。

林阿娥對他們細心周全的考慮表達感謝，然後説：“路線聽從你們安排，骨灰分裝也同意，安葬時合在一起便是。至於雨果，我是一定要帶走的，漢孝也會跟我一起回去。這個事我們已經商量了幾次，最後我們假設漢先還在，也參加家庭會議，他應該會説，生生死死，一家人總要在一起。至於能否返回曼谷，這個要看上天的安排，但如果漢先還在，問他的意見，他應該會主張我們埋在祖祖輩輩生活過的土地上。漢先早在幾年前就一直希望我們能回到潮州去，我一直不明白他為何要把我們趕回去，但這些天我似乎有點明白，他似乎能夠預知自己何時歸天。我說不清楚，他有時候也是那種非常神叨的人。我們見過太多的人客死他鄉，總是習以為常，但對於漢先來說，碧河邊那片土地上，有一條看不見的線在牽動他，讓他回去，我好像慢慢理解他在想什麼。這幾天我每晚都能夢見他，這樣的夢讓我非常開心，我知道路途凶險，只能祈求漢先在天之靈能保佑我們。”

房間裡只有林阿娥的聲音，等她的聲音停了下來，陳洪禮才深深吸了一口氣。他說，他也預料到林阿娥會這麼決定，也好，壞人的眼線從來就沒有離開過八方樓林家，回國不見得更危險，在這裡也不見得更安全。他轉頭問漢孝未來的打算。林漢孝說，之前跟兩個哥哥學了一陣子開車修車，技術一般，但想著總比那些什麼都不懂的強，送嫂子回到碧河鎮，然後便去找三哥，上陣殺敵他或許不行，但搬貨做後勤還是可以的。

陳洪禮拿出兩個鋁製的方形盒子，說這盒子輕便堅固，可以用來裝骨灰。他說如果可以，他建議由他來做這件事。林阿娥點了點頭。陳洪禮其實什麼工具都準備好了，如何分裝安放在背包裡，他都考慮妥帖。他打開骨灰罐，喃喃自語：“你從小就怕痛，我盡量慢一些。”

臨走的時候，陳洪禮讓大兒子陳海福拿出禮物，送給林雨果。是一對長命百歲白銀腳環，上面佈滿了吉祥的紋飾，也配有小鈴鐺，只是不響。林阿娥一邊表達感謝一邊說：“雨果八歲了還戴腳環不合適吧？”陳洪禮說：“主要是闢邪保平安，我想了很久，戴脖子和手上的飾品都不合適，還是戴腳上，萬一遇到困難，典當了可以應急。”他希望林阿娥先給雨果戴上。林阿娥接過來，正要戴上，又在手裡掂了掂重量，左右端詳了一下，說：“你洪禮伯伯這禮物很貴重啊。”陳洪禮說：“就知道瞞不住你，只是出門在外，一切低調行事，貴重算不得貴重，用了點心思罷了，這也是我應該做的。”

林阿娥歎了口氣道：“漢先常說你心思縝密，事故時你若在八方樓，提醒一下，可能也不至於釀成那樣的禍事。”陳洪禮說：“人算不如天算，我又何嘗不被命運捉弄，你們路上一切小心，到了國內務必給我來信，但凡我能幫得上忙的，也請一定告訴我。曼谷這邊，林家帶不走的物產我會代為看管，等以後交還給你們；漢先沒做完的事，我會替他去做。自古殺人償命欠債還錢，不會就這樣不明不白結束，那些助紂為虐的漢奸，總會遭到報應。”林阿娥見他說到激動處氣喘吁吁，於是說：“壞人自有天譴，還是保重身體要緊。”

2

按照英順伯的安排，漢孝去籌賑會報名參加回國的機工隊伍，林阿娥和林雨果作為隨行人員前往。那幾天，得知消息的親友都來送別，其中有個看起來有點眼熟的女孩來見漢孝，眼睛都哭腫了。

黑珍珠跟林阿娥解釋，説漢孝唱戲，把那姑娘迷得神魂顛倒。姑娘姓楊，祖籍潮陽達濠，家產殷實，楊姑娘的父親實在見不得女兒整日以淚洗面，於是給林漢孝提出三條路：第一條路是跟姑娘成親，條件隨便提；第二條路是可以暫時不結婚，給兩間舖頭讓林漢孝做橡膠生意，家族會盡力扶持，不成功也會做成功；第三條路是如果喜歡汽車，楊家有貨運卡車二十輛，可以讓林漢孝去開一家貨運公司。但三條路林漢孝都拒絕了。他對姑娘説，如果家中沒有變故，哪一條路都無所謂，隨性而為，人生本來就不需要規劃；但如今不同了，長兄去世，嫂子決定千里歸葬，長兄如父，從前老是不聽兄的話，現在兄死，總要聽一次話。姑娘聽後為之動容，想跟著漢孝回國，但家裡不肯，父親下了通牒，如果跑了就永不相認，楊姑娘於是退縮了。

和這世上大多數有而不得、無疾而終的愛情一樣，情意綿綿的兩個人最終只能在淚水中告別。漢孝看著楊姑娘哭著從林家離開，內心酸楚無法言表。林阿娥跟漢孝説，如果喜歡這個楊姑娘，也可以留下來。林漢孝説，他也不知道什麼叫喜歡。在他二十五年的人生經歷中，他一直是那個最被動的角色，他唯一一次主動求索，是學唱戲。他覺得自己在戲曲的想像之中更能獲得感動，而在現實中，他木訥內向，他連自己都不喜歡，如何去喜歡別人。

葬禮之後一個多月，過了霜降，林家三人終於還是上了南線鐵路，第一個目的地是檳城。隆都弟翁如棋將他們送到車站，才發現車站有很多親友等在那裡，其中有些並不相識，只是從前受過林漢先的幫助，前來拜別。林阿娥和他們一一握手，她知道許多人見了這一次，此後餘生便不再相逢。

林阿娥本來以為這是一次秘密行動，到了檳城，她才知道英順伯和陳洪禮已然將她的行蹤告知所有途經站點的華僑組織。臨行之前陳洪禮跟她通過電話，他說，根據情報，日寇特務組織一直對他們三人進行盯梢，他和英順伯都認為，此行只有大張旗鼓，引人注目才更為安全。行在光明中，特務更不好下手。她現在明白了，所謂大張旗鼓並不是一個比喻，而是真實的。他們在檳城，從車站到下榻的天天酒店，一路上都有華僑接送，他們甚至打著橫幅，上書：歷盡千劫，只為歸潮。林漢孝認得這句話，他說這是孟先生從前説給大兄漢先和陳洪禮聽的話，如今竟然成為一次行動的標語。

接站的人雖然不多，但林阿娥並不能記住他們的名字，只知道為首的人姓蔡，饒平人。蔡先生握著林阿娥的手，說和漢先先生是老朋友，以前羽先生多次帶著漢先來檳城：“漢先先生是我輩楷模，他和羽先生熱心救國的事跡我們在華語報紙上讀過，感人至深。”這樣的陣仗讓林阿娥吃驚，她還不知道如何去扮演一名壯烈犧牲的勇士的家屬。對她來說，她認識的林漢先一直都是普通的，沒有任何光環的。不過她很快也進入了角色，她跟自己説，也許一個人死後，就需要有光環去感召更多的人。只要對國家抗戰有利，那麼，一次本來是痛苦的，完全屬內心完滿的旅程，被裝飾成充滿聚光燈的星光大道，她也可以接受。"這樣的禮遇，就當是八方樓送給漢先的禮物吧，畢竟他最好的年華都獻給了八方樓。"在酒店入睡之前，她對著洗手間的鏡子自言自語。

林漢孝在檳城和他的機工隊友會合，一行人乘船前往新加坡。在新加坡也是一樣，標語，接待，媒體報道，這裡甚至比檳城更加熱烈，人也更多。這次迎接她的人姓黃，黃先生說漢先多次在他家中留宿，喝酒聊天到天亮，他們都是攝影愛好者，常常通信商量如何將華僑捐贈的物資運到家鄉。這次林阿娥說著便哭了起來，痛陳日寇的卑鄙無恥。有記者問躲在林阿娥身後的雨果，林雨果並不清楚記者的問題，她還聽不懂，但她很聰明地說了一句："我恨日本人。"記者又問："你叫什麼名字？"林雨果說："我是林漢先的女兒，我叫林雨果。"這個鏡頭又被記者記錄了下來，母女倆的照片登上了報紙，旁邊還有黃先生，他們握手交談，十分自然。新聞標題竟然變成《我是林漢先的女兒，我叫林雨果》，裡面有一句話令人印象深刻："為眾人抱薪者，不可使其凍斃於風雪；為民族危難奔走者，不可使其殞歿於無聲。"文章痛斥日寇如何迫害僑領，其中林雨果被綁架那一段描寫讀起來比記憶中更為扣人心弦。夜裡，看著熟睡的林雨果，林阿娥捋著她的頭髮，喃喃說道："你是好樣的，也是幸運的。"熟睡的林雨果看起來更嬌小可愛。在林阿娥看來，她的女兒才八歲，就可以在報紙上成為討伐敵人的利器，有多少在戰火中委屈死去的小孩，並沒有女兒這樣的機會進行控訴。

3

從新加坡乘坐豐慶號輪船到越南西貢，一共用了三天。在西貢，大家又休息，這裡的情況似乎更為複雜，接待林阿娥的人不多，並且還使用了接頭暗語，他們低調謹慎地將林家三人安排在西貢河邊的公寓裡。接頭的人非常認真地對林阿娥說："林夫人，同志們都在附近暗中值守，我們的任務是保護你們的安全。"說完還向她敬禮。林阿娥笨拙地表達了感謝。四天之後，他們改乘火車一路北上，車廂裡空氣不好，悶熱難耐。但畢竟整個車廂幾乎都是青年人，氣氛開始變得輕鬆起來，他們圍坐在一起唱著抗日歌曲，熱熱鬧鬧有說有笑。六天後，他們到達了昆明。

下了火車，林阿娥告訴女兒，這裡是祖國了。林雨果左右看看，這次並沒有任何人來迎接，身邊的人都行色匆匆，她感到很奇怪。林阿娥告訴她，後面的路，我們得自己走。

林漢孝先到車站的報到點去說明了情況，說自己會在護送家人回到潮州以後返回雲南當司機。接頭的人查看了資料，說已經收到籌賑會的名單，有備註。於是隊友們被安排到潘家灣訓練所進行集訓，而林漢孝則和林阿娥母女進了城。昆明城內人來人往，很是熱鬧，但依然可以看到日寇飛機轟炸後留下的破敗，很多臨街的房子突然就塌了，或者哪裡又多了一個大窟窿，牆上還有燒焦的痕跡。但人們對這一切似乎已經習以為常，從斷壁殘垣之間走過，也沒有感到有何不妥。

林漢孝一路都在留意尋找郵局，按照英順伯的吩咐，到了國內第一件事先報個平安。他們的信能夠通過滇緬公路送到曼谷去，或者轉入東興，那邊也有批腳不斷在開闢新的郵路。最後是一個納西女人指了路，才找到了郵局。林雨果感興趣的是納西女人的頭飾，問母親能要這樣的帽子嗎？這倒是提醒了林阿娥，未來的路不免需要翻山越嶺，他們應該換一身衣服。於是沿途買了幾件粗糙的衣服，又在學校旁邊找了旅店休息，放下呷嗶[1]和背包。林阿娥放背包的時候還是習慣輕輕放下，裡面還有那兩個鋁盒，可不能撞壞了。旅店一樓也提供吃食，他們在旅店裡每人吃了一碗米線。這裡跟曼谷雖然空間距離並不遙遠，但飲食風味已經完全不同。阿娥和漢孝還擔心小雨果飲食不習慣，卻不料她非常喜歡，大口大口喝著湯。旅店的牆上貼滿了地圖，林漢孝邊吃邊盯著看，跟嫂子商量行進的路線，又問了店裡夥計淪陷區的情況，最後決定從昆明到百色、柳州、賀州、韶關、河源、興寧，再從梅縣以南坐渡船，走鄉下

[1] 皮箱。

小路回碧河鎮。店裡的夥計聽他們説要自西往東走驚呆了，説很多人是從淪陷區往我們這邊跑，去年還有幾百個大學生從長沙走路到昆明，足足走了兩個多月，才到西南聯大。他搖搖頭説："你們三個人，其中還有一個孩子，怎麼走得到？"

林阿娥還沒開口，林雨果卻説："我的牙掉了。"她張開嘴給母親看，果然，下門牙缺了一個，缺的那個牙已被她拿在手裡。林阿娥笑了，她把林雨果帶到路邊，要她用力把牙齒拋到屋頂。這是潮州風俗，小孩換牙，下門牙拋到屋頂，上門牙拋到牀底，據説這樣以後長出來的牙齒才整齊。這樣的舉動倒是把旅店夥計逗笑了。他説以為我們雲南風俗多，原來你們那兒也多。

這位好心的夥計突然想到了什麼，翻箱倒櫃最後找出來一條背帶，由一塊方形的彩布和兩條帶子組成，彩布上面繡著牡丹、蓮花、鳳凰各種吉祥圖案，非常好看。夥計説這是本地人用來揹小孩的，送給你們吧，後面這麼遠的路途，翻山越嶺，總是用得上的。於是教他們怎麼樣綁起來，可以將小孩固定在背上睡覺，這樣比較省力。出門總是遇貴人，他們感謝夥計。回到房間裡，林阿娥開始精減掉一些東西，後面沒有車和船，大部分路途只能靠兩條腿，只能怎麼便捷怎麼來，剩下一些衣物便回贈給剛才那位夥計。

林漢孝整理衣物的時候，林阿娥瞥了一眼，嚇一跳，只見他竟然帶了一把手槍和一把匕首。一問才知是出發時陳洪禮給他的。林阿娥問："你開過槍嗎？"林漢孝搖頭説："沒有，但需要的時候可以開，匕首倒是要過，我手快。”林阿娥說：“希望都用不到。”林漢孝說：“我知道嫂子你在想能用錢買通就不用刀槍，如果在曼谷用錢能行得通，羽先生和我哥都不會死。我們生在亂世，總還是得用刀槍才能活下來。”林阿娥聽了這話，沒有說話，她借來剪刀，把林雨果的辮子剪去，剪成短髮，這一剪刀把林雨果嚇壞了，正想哭起來。但林阿娥很快也將自己的長髮剪去，穿上男人的衣服，還往臉上脖子手背都塗了一些灶灰，林雨果看呆了，問母親為什麼要變成男人。林阿娥告訴她接下來是一個非常難的遊戲，路上有各種壞人，我們要把自己變成男人。她反覆叮囑林雨果，遇到陌生人，就不要隨便開口說話，不能說自己是個女孩，要說是男孩。

第二天一早他們就離開昆明。出城的路好走，且竟然有運送農作物進城的驢車剛好要出城，於是真是用錢可以走很遠的路。在昆明馬車多見，但驢車倒是非常新奇，林雨果更是圍著那頭驢左看右看才上車。這一路風景真好，藍天秋野，白雲高飛，眼睛能看得很遠，最遠處是白了頭的雪山。林漢孝跟隨著驢車的節奏，開始一人飾演雙角唱起了《柴房會》，因為他知道林雨果之前也經常在八方樓看潮劇，《柴房會》她看過很多遍，是她最喜歡的劇目。

李老三　（唸）為生計，走四方，肩膀作米甕，兩足走忙忙。專賣胭脂膀美共水粉，賺些微利度三餐。雖無四兩命，卻有三分力，自賺自食免憂煩。念我李老三，自幼父母雙亡，兄嫂早喪，存我這個單身漢。終日揹著這隻囊仔，四鄉六里穿街過巷。雖則三十無妻，四十無兒，倒也清閒半世。可笑那班為富不仁，欲錢勿命，錢貫索纏身，委睡兼迫戚[1]，一朝錢貫索斷，父子夫妻棚拆戲歇。怎似我，無錢一身輕，孤老愈康健！啊！來到這裡日色將晚，前面便是義記客店，待我三步來作二步走，伸腳便到店門口。義哥過來！

義　哥　（內）來了，來了！（上）客店無閒房，貨如輪轉利路通。

李老三　你這店舖木蝨！人來客往，被你說成是貨如輪轉，難怪你的父母生你這雙圓錢目，連人都被你看成"四方"個。

義　哥　呃呃，一時嘴飛飛，說錯來收回。你近來發財了呀否？

李老三　笑話，你不知我是"雞母帶雞仔，有啄才有食"。今閒話休提，快快開個房間來小睡。

林雨果記性也特別好，竟然也能跟著唱出來。特別是李老三遇鬼的那個唱段，是她最喜歡的。

李老三　哎呀！鬼呀！

莫二娘　大哥別怕！

李老三　（唱）哎呀！怎麼一時瘋邪，腳筋軟軟委行又委企[2]？

---

❶ 睡不著，心中煩悶。

❷ 站不住也走不動。

鬼呀鬼，這房間，我願退讓，你今請坐我慢慢行。

莫二娘　（唱）不是你自誇膽子大，我怎忍心把好人驚。

李老三　幸得我半驚半定，擲去一下即中。如今鬼走，我得趕快逃跑。不好不好，房門倒鎖。哎呀，阿義嚕，你是全家死絕呀！

莫二娘　客官，你是……

李老三　完了要上不能上，要落不能落，我得快快來唸咒。拜請拜請再拜請，拜請我那李家老親人：太上李老君，托塔李天王，老仙鐵拐李，濟公金羅漢，助我李老三，驅鬼出柴房。天精精，地靈靈，我奉同宗眾仙師，急急如律令。我敕，我敕，我敕，敕敕，敕敕敕敕敕……

林雨果也跟著"拜請拜請"起來，引得林阿娥哈哈大笑。自從丈夫去世之後，這麼多天，這應該是她第一次開懷大笑。她當然也知道日寇姦殺婦女，母女倆隨時會暴屍荒野，但事已至此，她相信林漢先會在天上看著她們母女，護佑她們。而此刻女兒能開懷大笑，也是多麼美好的一瞬。於是她也跟著"拜請拜請"起來。趕驢車的農民聽不懂潮劇，他回頭看了母女倆一眼，說兩個女娃的聲音都好聽著呢。林雨果趕緊捂著自己的嘴巴，她對著母親說："你不是說我們不能說自己是女的嗎？我們這遊戲開始了嗎？"

4

趕驢車的農民給他們提供了一個很好的建議，他說讓他們就沿著送番批的批腳走過的路，這是最省心省力的方法。自從日寇不斷在東南沿海活動，侵佔沿海城市建立據點，海外的抗戰物資和僑批僑銀通過水路運進來就越來越難了，於是才有了西南陸上通道的開拓。其實西南地勢險惡，無數山川河流阻隔，行人走路已經很難，更何況是大量物資，這是不得已而為之的選擇。然而所有的困難在國家危難面前都不值一提。動用了二十萬民工才修建而成的滇緬公路成為海外向內輸血的大動脈，而數不清的批腳更是以堅強的意志和操守在崇山峻嶺之間開闢出屬於僑批業的毛細血管，他們翻山越嶺為唐山送救命錢，前仆後繼冒著生命危險用雙腳踩踏出一條路來。

到了一個岔路口，農民說了一聲"到了"就跳下車來，然後用手指著一個下山的坡道，告訴他們三人一路往東去，會有另一個小村子，晚上可以在那邊歇息。他示意三人下車，林漢孝跳下驢車準備放下行李，但林阿娥不動，她笑笑問農民："你這驢車多少錢？"農民說不賣，這是他吃飯的傢伙。但十分鐘後，農民就歡天喜地給他們講解這頭驢的脾性，還提醒他們身上太乾淨了，要弄點泥巴把衣服稍微裝飾一下。老農民非常客氣，目送他們離開，鞠躬祝他們一路平安。

林漢孝不禁再次佩服這個嫂子，如果不是戰亂，這樣的鏗鏘手段在生意場上必定攻無不克。林阿娥則說如果是馬車，農民怕是捨不得，估計也是戰亂，這頭毛驢才會出現在這裡。三人趕著驢車前行，其實都不太會趕車，碧河鎮的牛比較多，從來也沒見過驢。林漢孝說看到這頭驢，覺得比一輛汽車還複雜，總擔心牠會突然亂跑起來，故此每逢遇到小路或岔路，林漢孝便跳下來牽著驢，怕牠亂跑。太陡的坡，無論上坡下坡，也都得下來，不然小驢拉不動。

林漢孝說他有六年沒見到六妹了，他們此行的必經之地就是桂林，這是他最期待的。但是他算算眼下的行進速度，半個月都不一定到得了桂林。林阿娥說："我離開碧河時，你們家老六漢萍還沒有雨果現在這麼大呢，只記得這孩子跑步特別快，像個小陀螺。她每次遇到我，大老遠就喊嫂子好，喊完就跑，從來沒有跟我認真說過話。"林漢孝說："如果不用背井離鄉，應該會看著漢萍慢慢長大，然後嫁人，看她端著紅盤子給親人敬茶，給賓客發喜糖。"林雨果插話說："我也要吃喜糖。"林阿娥說："牙齒都掉了，還吃糖？總是吃糖不是掉得更多？"林雨果說："英順老伯也掉牙，他就能吃糖。"林阿娥不禁一笑。林雨果突然又問："你說爸爸這次出門去哪兒了？爸爸每次出門回來都會給我買糖吃，他還會用小刀戳開椰子，在椰子水裡加蜂蜜。"

沉默。只能沉默。林阿娥抱緊了背包。

林漢孝說："雨果，要不我們繼續唱潮劇，繼續拜請拜請？"雨果搖搖頭說她想睡覺，問什麼時候能到。林漢孝說很快了。他在心裡計算，長沙走到昆明都要兩個多月，從地圖上看，昆明距離潮州城可能比長沙到昆明還要更遠，他們三個月能走到嗎？時間越久，風險就越大。不過也沒有所謂了，碧河鎮現在也不知道是個什麼情況，萬一是自投羅網，去了直接被日本人槍斃，或者遭到折磨，也未可知。

果然如那農民所說，山腰上有一個小村落，他們本來想寄宿到農民家裡，但問了幾家，根本就沒有多餘的容身之處。有人給他們指路，說村子後頭有個破廟，過路的人都會到那邊歇腳。又看到他們的驢車，便說，這驢車怕是上不去，路太小，可以把驢車停到村裡的榕樹下。林阿娥又詢問毛驢一般吃什麼。那人笑，說屋後有一些玉米秸稈，讓他們自己去取。林阿娥道謝，還回贈了小包食鹽給他們。他們便又客氣了很多，幫林阿娥餵驢。

林阿娥並不放心把驢車整個放到榕樹底下，於是卸下驢車，將毛驢牽到破廟前面綁好，再將行李揹到廟裡。果然破廟裡還有人，林漢孝也提高了警惕。自古寧宿荒墳不住破廟，人來人往的地方比鬧鬼還可怕。但天氣漸涼，在外面露天過夜也行不通，只能找個角落靠牆歇息。林漢孝跟阿娥商量好，兩人上半夜和下半夜錯開睡覺，輪流值夜，免得有什麼閃失。

夜裡睡覺倒是沒有閃失，第二天一早醒來，驢還在，但榕樹下卸下來的驢車果然不見了，問了村裡的人，也是一問三不知。罷了，只能當花錢買個教訓。讓林雨果騎驢，她不肯，怕從驢背上摔下來。在暹羅，大象和鱷魚見過，反倒是沒見過驢。於是只能把小毛驢用來裝行李，牽好，讓林雨果跟著一起走路前進，開始還好，但果然不出所料，走了一個小時，林雨果就越走越慢，最後開始發脾氣，不肯走了。林阿娥和漢孝相視一笑，昆明旅店夥計所送的背帶馬上就派上用場了。

把小雨果放到背帶裡，她果然就老實了，想睡覺，要媽媽唱歌。林阿娥給她唱童謠："唪呀唪，唪金公，金公做老爹，阿文阿武來擔靴。擔靴擔唔浮，飼豬人過牛。牛來生馬仔，馬仔生真珠。真珠輦輦圓，阿舍讀書赴科期，科期科，阿舍讀書中探花。去時書童擔行李，來時高燈共彩旗。"潮汕童謠多數有著豐富的故事情節和鮮活的動作畫面，背後是細密的藝術思維。大概要歲月流逝，年歲漸長，才知道童謠所鐫刻的文化基因是多麼強大。

林阿娥唱到"來時高燈共彩旗"，小雨果便睡著了。

5

在路上走了幾天，他們就發現一個怪現象，那就是跟他們同個方向的行人很少，少到幾乎沒有，即使有也是短途經過的，比如從某個鎮到某個鎮去；而迎面過來的行人，拖家帶口的，則非常多。後來一問才知，幾天之前，日本人從欽州登陸了。其實從大半個月之前，日軍便派出測繪部隊在白龍、企沙、龍門、合浦各處探測海面，收集桂南氣象和欽州灣周圍水文資料，為登陸作戰做了充足準備，旨在切斷桂越國際交通線，從而讓海外的援助進不來，這是他們在長沙失利之後總結的經驗教訓。當天大約有二十艘戰艦在一場暴風雨的掩護下從海南三亞出發，先佯攻北海，接著便進入欽州灣，在一個多小時的激戰之後，日軍主力先後在欽州灣的企沙和龍門登陸，然後兵分三路進犯南寧。與此同時，日本戰機開始對南寧進行狂轟濫炸，以期減少作戰難度。而這些自東向西的人流，便是從南寧逃出來避難的民眾。

聽到這個消息，看到人們慌張的神情，林家三人第一次意識到戰爭離自己竟然這麼近。在昆明的時候，也有人提起過日本飛機轟炸時的跑警報，但聽起來更像是趣談。也有學生談起納粹入侵波蘭，不過那遠在萬里之外。而如今，只有幾百公里，很難想像那邊正戰火連天。

又走了一天，在一個大一點的村落裡吃飯，遇到了一群大學生打扮的年輕人，林漢孝於是上前攀談。大概因為年齡相仿，他們聊了很久，也獲取了一些信息，大體上的結論認為，日軍的推進速度難以預測，信息獲取也困難，如果非要去往廣東，盡量選擇北邊的通路，而且得快，有多快走多快，能坐車就坐車，最好能繞道湖南境內過去，則比較保險。學生們在飯桌上用碗碟大概擺弄成地圖的樣子，說如果不小心撲進了戰場，或者臨近戰場遇到了猛烈的轟炸，那基本是沒有活路的。

再問哪裡有得乘車，學生們腦子好用，很快給林漢孝規劃了一個乘車的方案，甚至還提供了備選方案。

林阿娥也有自己的方法。她帶著雨果很快在村裡找到一戶人家願意接納他們過夜，只用了兩小包白糖。更重要的是，那頭驢可以拴在他們的院子裡。這算是村子裡比較大的房子，有兩進，女主人很熱情，她說今天家裡熱鬧，東廂房也有人借宿，是一對有學問的夫婦，從昆明那邊過來看老建築。她跟林阿娥聊了一下，得知林阿娥從曼谷來，她更是客氣。林阿娥思考的問題卻非常實際，她問主人家能否在村裡買一些糯米粉，女主人說家裡就有，拿便是。林阿娥很高興，這是遇到好人了。有了糯米粉，加上行李中自備的白糖，剛好就可以做甜粿。甜粿在潮汕地區是一種非常特殊的食物，有“無可奈何炊甜粿”之說，即以前日子很難過下去，準備過番謀出路，則要炊甜粿，用在路途中作為乾糧。對於林厝圍的人來說，甜粿是最為熟悉不過的東西。甜粿能量足，經久耐放，不容易變質。以前過番在海上漂泊多日，沒有食物的時候，甜粿便成為最後的保障。而如今林家三人面對的也是一個莫測而看不見的大海，甚至比大海更為凶險，只知道戰爭在逼近，兇殘的敵人就在不遠處顯露獠牙，而路途遙遠，不知道什麼時候會無端陷入困境，遭遇飢餓，故此有備無患總是對的。

聽說要炊甜粿，林雨果非常高興。她就喜歡甜食，於是幫忙給灶火添加柴草。甜粿的做法沒有什麼稀奇，只要糯米粉加水攪拌白糖，靜置幾個小時蒸熟冷卻即可。做好的甜粿用刀切反而吃力，用一根細線就可以隨時切割成片。蒸好之後，林雨果也送了一部分給主人家，對方知道林阿娥的那份是要留著路上吃的，林雨果又喜歡，於是請教甜粿的吃法。林阿娥說最好的吃法是切片蘸上雞蛋液，用油香煎，美味之至。於是主人家依法，將收到的這一份煎了請大家一起吃，果然好吃。女主人到東廂房喊人："梁先生、徽因妹子，有好吃的，來，放下手裡的尺子，出來嚐嚐。"於是幾個萍水相逢的人圍坐在一起吃甜粿。在這生存焦慮無處不在的旅途中，只能說，一頓飯有一頓飯的歡喜。生逢亂世，那時候有許多文化名流南下避難，但在此情此景之中，他們並不能相互認識。不過又有什麼關係呢？人生就是由這樣交織在一起的各種旅程所構成，平凡或者偉大，都只能擁有唯一的時空坐標。

第二天出發時，竟然找到了同路人。是兩個去送僑批的批腳，一個叫阿清，一個叫阿力，都會說潮州話，只是口音各異。另外一個竟然是個孕婦，叫韋竹如，但她看起來很不開心。據阿力說，這個竹如姑娘非常不幸，跟丈夫好不容易跑到昆明，丈夫卻在一次空襲中被彈片擊中。本來以為只是小傷口，但一週之後就不行了，又缺醫少藥，竟然一命嗚呼。女人已有身孕，此刻更是失去所有依靠，只能往回走。問她還回去幹什麼，她說只能回去看看老家是否已經淪陷，至少有親人，在外面孤身一人更沒法兒活。六個人還有一頭驢就這樣結伴而行，開始還好，但後來兩個批腳嫌他們速度太慢，於是說了幾句客氣話便先走了，他們腳下生風，很快背影在山道的轉彎處消失了。林漢孝心中暗自叫苦，本來是他一個男人帶著兩個女的，現在又增加一個孕婦，如果遇到歹徒，那簡直是待宰的羔羊，根本就沒有反抗的可能。

6

然而命運總是出人意料。他們剛剛從一個陡坡下來，孕婦一屁股順著草地往下滑，緊接著林雨果也一腳踩空滾了兩滾，到了陡坡下面，幾個人都狼狽不堪。反倒是那頭驢穩穩來到坡下。小小的意外倒是比一路沉悶的上坡下坡讓緊繃的神經放鬆了一下。大家又開了幾個玩笑，總算不會覺得這蒼茫的天地間只剩下趕路一件事。然而剛剛露出笑臉，走了沒幾步，他們便都呆住了。只聽到前面傳來號啕大哭的聲音，在空山裡令人毛骨悚然，待到近前才看清楚，在一個路口有兩個人，一個躺著像是死了，另一個抱著地上那個人在哭泣。躺著的是阿清，大哭的是阿力。林漢孝看到這個情形也猜到十之八九，便道："老輩人不是說土匪不會搶劫送批銀的批腳水客嗎？"

阿力哭著說："那都是書上寫的，這兵荒馬亂的，走在路上誰不是把命緊緊握在手裡，行不行全靠神明保佑。剛才那幾個馬匪，[illegible]棍子把阿清打死，才發現是水客，只搶了三根小黃魚，沒把我也殺了滅口已經算有良心⋯⋯阿清，你怎麼這麼衰，還沒娶老婆就給人打死了啊！”

“那現在怎麼辦？”

孕婦韋竹如兩手托著後腰說：“媽的還能怎麼辦，挖個土坑就地埋了吧，總比拋屍荒野好，帶是帶不走的。”

這時候反倒她有主見，話雖然粗魯，但確實也只能如此。林漢孝發現這個孕婦說話還喜歡帶國罵，已經變成口頭禪了。韋竹如說：“媽的剛才一行人出發，我以為我會是第一個死的，結果走得快的人，走得快。”林漢孝聽她這麼罵罵咧咧，想笑，又覺得剛死了人不能笑，於是取工具到旁邊去挖坑。只能挖淺坑，這泥地幹活兒真是累人，林漢孝挖不動，阿力也挖不動。他們看孕婦，孕婦說看我幹什麼，埋了就行了，難道要我來挖坑？於是阿力解開阿清身上的褡褳和番批清單，點清了金條數目，就地埋葬。阿力搬來幾塊石頭，壘起來做個記號，說回頭如果家屬要來取屍骨，至少知道埋在哪裡。

一行五人還有一頭驢重新出發，這回阿力走在最後，孕婦挺著肚子走在最前面。林雨果沒有說話，只是緊緊攥著母親的手。林阿娥這次沒有捂她的眼睛，也沒有不讓她看。相反，她低聲跟女兒說，這就是人死去，死去就沒法兒活過來。她心裡明白，女兒需要成長，在暹羅那樣和平的環境成長起來的孩子，如果不加速學會野蠻生長，在戰亂年代結果可想而知。說不定哪一天，也不用哪一天，只需要下一秒，突然地，她這個做母親的也可能倒地不起，那麼，八歲的孩子啊，你應該明白的遠不止這些，你還要明白如何活在險惡的人間。

林漢孝突然開始唱戲，唱的是潮劇《金花女》中的劉永悼亡妻片段：

心香燭淚悼……悼亡妻，你魂歸何處……你魂歸何處，我這裡……我這裡臨風哀啼。

一杯酒，敬嬌妻，憶當初，荊釵聘得賢淑女，蒙娘不棄締結羅絲，甘為寒門糟糠婦，親操井臼易素衣，針黹文章期偕老，誰知……誰知如今陰陽隔分離。

二杯酒，感嬌妻……感嬌妻，勉我發奮勤書史，寒窗伴讀三更時，歸寧籌資甘受辱，千里程途願相依，虧我今日身榮耀，難報妻你恩如天。

三杯酒，悼嬌妻，龍溪遇難全死節，碧波冤沉玉骨冰肌，妻你有情該入夢，重睹音容慰相思，哭破咽喉妻不應，你在黃泉知不知，你知不知？

妻啊！劉永含悲再拜，手持封誥慰嬌妻，雖是虛封，聊表夫妻深情義。

……

跟在後面的阿力聽得懂，說：“唱得真好，把我眼淚又唱出來了。”林雨果說：“四叔唱的，我也聽得懂。”林阿娥點了點頭，誇她很聰明。

7

一行人風餐露宿走了五天四夜，才從莽莽大山之中走出來。終於看到山下有一個比較大的鎮子，雖然知道還要走很遠的路才能到達，但至少看到了希望。孕婦說："他姑奶奶的，老娘不走了，我就在這個鎮子上找個人嫁了，只要給我個容身之所就可以。"

一路上她已經不斷罵粗話，從她男人罵到她男人的全家，點著名罵了好幾個來回，大家也大致聽明白了她的家庭結構和人生際遇，才知道被炸死的男人也並不是她的丈夫，她有家不敢回是因為男人的原配還在家裡。她還有一個經常打她的醉漢父親。在她零零碎碎的講述中，悲慘的童年和不幸的遭際造成了她現在的坎坷，而她永遠不會回頭檢閱自己身上的缺陷。

終於看到水流，是一條窄窄的小河。雖然天氣已經有點冷，但身上確實太髒了，大家還是到水邊清洗一番。探頭到水邊一看，才知道這幾天的山路已經將他們折磨得不成人樣。孕婦韋竹如洗得最為認真，洗完之後，她彷彿換了一個人，說話不帶髒字，也不再自稱老娘。到了鎮子上，她說話又回到聲音細細的嬌滴滴狀態，跟剛才判若兩人。看來傳說中隨時幻化成人的不一定是狐仙，也可以是一個命運多舛的壞女人。溫婉的竹如姑娘很快就與林漢孝幾人告別，非常自信地去往她該去的地方。阿力說，這樣的女人應該很快就會找到好男人的。他話裡有話，但不說破。阿力說完也跟林家三人一一告別，他要跟所在的批局聯繫，報告阿清的死訊，還有一堆事情要處理。

在鎮上他們稍作休整，便將毛驢賣了，改乘車出發，一路顛簸，渾渾噩噩到了一個碼頭，接著又乘船。但船走了不到兩個小時，便又靠岸，說下面不能走了，崑崙關正在激戰。

好在林漢孝早有準備，他用扁擔挑著兩隻籮筐，將隨行的行李全放在籮筐裡。裝行李的時候他問林雨果，要不要將她放在一隻籮筐裡，另一頭放行李。林雨果搖搖頭說："才不要，我才不上當呢。"

林漢孝說："坐在籮筐裡比在你媽媽的背上舒服。"

"你們會把我賣掉的，" 林雨果還是搖頭，"我爸說，只有要被賣掉的東西，才放在這種籮筐裡。"

遠處突然響起轟隆隆的聲音，辨別不出是雷聲還是炸彈的聲音。天分外陰沉，無論天上掉下來的是雨水還是炸彈，都不是好事，他們只能加快腳步。林漢孝對他嫂子說："看樣子，桂林應該近了。"

又走了一個多小時，出了一會兒太陽，然後又起風。有一架飛機在不遠處墜毀，冒出黑煙，行路的人們有人驚叫大哭，也有人神情淡漠。只是大家的腳步都變得更加匆忙了。這個時候大雨突然就來了，劈頭蓋臉地砸下來。這南方的天氣，一下雨就冷了。林阿娥就怕女兒淋雨，小雨果其實是怕雨的，從小每次淋雨都生病。這次也不例外，雨停了以後，颳起了大風，雨果就開始打噴嚏。林阿娥第一次覺得這個名字沒取好，那時如果叫林夏果，會不會一切都不一樣了。

林雨果開始喊冷，並打起了冷戰。兩個大人都不知道如何是好。這個時候，路上開來了兩輛卡車，車頭掛著紅十字會的標誌，林漢孝趕緊攔車。司機停車說，滿了，後面都是傷員，很多還是學生。林漢孝說明情況，說孩子發燒打冷戰。副駕駛座的一個女人喊："快讓他們上車，別磨蹭了，破籮筐丟掉，別佔地方，你們就在陳醫生旁邊，趕緊找地方坐下。"

擠上車，血腥味令人作嘔，這些被雨水淋濕的傷員更是發出陣陣呻吟。但林阿娥想，只要車上有醫生就好，女兒就有救了。她轉頭看到身邊的陳醫生，陳醫生正在閉目養神，她只得試探地問了一句："這車是開去哪裡的？"

"去梧州。" 陳醫生說。

"不是去桂林？"

陳醫生沒有再說話。

"我女兒發燒了，她在發抖。"

陳醫生終於睜開眼睛，伸手來摸林雨果的手腕，然後說："我去蒙山，再過一會兒在前面路口下車，你們跟我一同下車去蒙山，孩子得吃藥，耽擱不得。"

果然，不久車在路口停下，陳醫生帶著他們下了卡車，路邊早有一輛馬車等在那裡。於是三人跟著陳醫生上了馬車，一路直奔蒙山。

第四折
落定

1

蒙山在梧州和桂林之間，周圍群山環繞，看起來非常有安全感，特別是在這種兵荒馬亂的時候，深山既是屏障也是退路。當年洪秀全起義以後攻下的第一個縣城便是蒙山，並在此處建立太平天國政權的雛形。抗戰期間，許多文化名家曾在蒙山避難，其中就包括來自潮州的學術大家饒宗頤。不過，那是五年之後的事了。現在的時間是一九三九年冬天，崑崙關戰役爆發，日寇正野心勃勃想控制桂南地區，從而為進一步吞併中南半島做好鋪墊。

林雨果的體溫越來越高，已經開始迷迷糊糊說胡話。下午的一場雨成為導火索，將連日長途奔波積壓的勞累全部引爆，黑暗之中林雨果渾身發抖，她的母親第一次見她病成這樣，心裡已經慌了。林漢孝說："體溫這麼高，應該去醫院。"趕車的車伕說："你們去醫院也沒用，蒙山的醫院已經住不下人了，醫生也已經日夜三班輪換，根本忙不過來。”這話讓林阿娥登時不知如何是好。那個繼續閉目養神的陳醫生卻說：“去什麼醫院，直接帶回家吧。”車伕說：“是。”很快到了一座小鎮，下了馬車，陳醫生對站在醫館門口的男孩說：“文統，你把他們帶到藥店去吧，我隨後便來。”

陳醫生叫陳信玉，在鎮上經營一家醫館，懸壺濟世，他的兒子叫陳文統。陳信玉給林雨果看病、號脈，又用手背探了探額頭的溫度。然後取出一個羊角狀的物品，又取了一塊玻璃，從羊角上刮出一條條半透明的絲狀物，讓兒子煮水、沖好，林阿娥餵女兒服下。林雨果不久便出汗，很快退燒了。陳信玉說，如果明天又燒起來，就再沖服一次，也沒什麼事，應該是長途勞頓，沒休息好。

陳信玉打量了一下他們，問他們從哪裡來，當知道他們一路從暹羅過來，他瞪大雙眼，顯然難以置信。但他不作聲，又低頭寫了藥方，作為醫生的基本素養是不要知道那些不該知道的事。林阿娥表達感謝，並想付診金和藥費，但她有點尷尬，說身上只剩下外幣了，說著掏出幾張外幣，是在邊境來不及兑換留下來的。陳信玉慢慢相信他們是從暹羅一路跋涉過來的，便說：“如果沒地方去，今晚暫住到我家吧，明天再找地方歇腳。”

確實沒地方可去，他們只能千恩萬謝，住進了陳宅。第二天起牀，林雨果沒有再燒起來，只是胃口不好。陳文統送來了一鍋米線，一碟榨菜，還有幾個饅頭，這是多日以來第一頓像樣的早餐，林漢孝嘖嘖稱讚，連誇真好吃。

陳信玉也過來，先看了看雨果的舌頭，開了藥方讓文統去抓藥，說兩天就能恢復如初。陳信玉問了一些問題，仔細攀談起來，說到羽先生，陳信玉竟然認識。陳信玉說："我和羽先生在廣州有過一面之緣，不過是多年以前的事了，一直敬仰他的為人。林先生的事，我雖身處窮鄉僻壤，也在報紙上得知他的死訊，他是用自己的鮮血去抗議。我想每一個關心抗戰的人，應該都不會不認識羽先生和林漢先先生，為國家大義，為眾人抱薪，實在欽佩之至。這個民族也正是因為有這些不怕死的人，有血性的人，才不會亡國滅種。"

話說到這裡，他說："你們今天不必走，在這裡想住多久都行，外面亂，我也做不了什麼大事，能盡一點綿薄之力，救死扶傷，今日能有緣招待你們，也是陳某一家的榮幸。"

這番話讓林阿娥感到溫暖。昨天下午飛機在怪石嶙峋的山頭墜毀的情景再次在腦海之中浮現，她之前遠在暹羅，根本不明白什麼是戰爭，甚至有時候會覺得羽先生、英順伯和自己的丈夫都過於矯情，犯不著那麼認真。但如今，強盜就在門口敲門，戰火就在不遠處燃燒，多少人為之流血喪命，很多事如果不是親眼看見，親自感受，便無法真正理解和踐行。那陣血腥味甚至讓她有一絲後悔，真不該如此衝動帶著孩子以身犯險。但是，她的過去寫滿了太多衝動和欠缺，就像當年她漂洋過海靠著一點執念去找林漢先，很多事做了也就做了，很難說有什麼對錯，只能承認自己就是一個蠢蛋。

陳宅非常大，應該有十幾畝地，設有三座更樓。陳信玉家佔據東北面的十幾間廳房，也相當寬敞。在陳家住下之後，林雨果對藥房裡的藥材特別感興趣，常常圍著陳信玉問東問西，像個跟屁蟲一樣看他給病人把脈。她目不轉睛在邊上觀察，也用自己的右手給左手把脈。藥店裡沒人的時候，她就自己搬了竹椅在書架旁邊看書。書架上盡是醫學書籍，她對其中的經絡穴位非常感興趣。陳文統見她如此專注，十分詳細地給她講解十二經脈的表裡運行。正是青春年少，陳文統賣弄起知識學問來自是得意揚揚，林雨果卻也聽得津津有味。

林阿娥常常看到陳文統帶著林雨果到處玩，心裡也高興。他們相差七歲，竟然可以說很多話。林雨果給他講暹羅的生活，講她認識的羽先生，八方樓的戲台；而陳文統則給她講蒙山，以及他去上學的事，並用手蘸水在桌子上寫下一個"羽"字，說這個"羽"字很漂亮，看著就很美。遠遠看著兩個孩子在院子裡一會兒頭碰著頭聊天，一會兒遢鞦韆哈哈大笑，某個瞬間林阿娥甚至覺得是不是應該就此停住，在蒙山這樣一個世外桃源安居樂業。

當留意到林雨果開始背誦經絡穴位時，林阿娥很開心。陳信玉也說小雨果有天賦，專門送了她一套用於針灸的銀針，還有一個畫滿經絡穴位的人體小木偶。林阿娥自然很高興，但她也很快意識到自己不能閒著，她讓陳文統看好雨果，自己則到外面幫忙曬洗醫院裡清理出來的衣物被褥。這些衣服被子上面血跡斑斑，甚至還留有彈孔，曬乾之後還得縫補。林漢孝剛好在街上看到有義演募捐的活動，看了一會兒，便到後台找負責人主動請纓説要上台唱一曲，對方也很高興，説他們是兒童團體聯合抗宣一隊，團裡多數是兒童，還能有成人參加他們也很高興。雖然唱潮劇有可能台下的人聽不懂，但不要緊，重要的是參與，請林漢孝演出之前給大家講講要演的劇情便可。

於是林漢孝講了《柴房會》，然後一人分飾兩角唱了起來。《柴房會》的李老三是潮劇中經典的丑角，動作誇張，引得下面的人哈哈大笑，也跟著拜請拜請起來。林漢孝也非常得意，開始在台上表演他的基本功。就在他翻完第四個跟斗時，他看到了一個熟悉的身影，穿著護士服裝，正從醫院的後門走出來。

“漢萍！”他大喊著從台上跳下來。

“漢——萍——漢——萍——我是你四兄啊！”

2

如果不是戲台子高，他可能就看不見六妹林漢萍了。如果在蒙山錯過，那麼也就意味著他在桂林也找不到她。那麼，也許，永遠也就找不到她。

漢萍長高了，但長高了的漢萍也是那麼容易認，因為她太像母親了。兩人在街頭緊緊地抱在一起，然後又到陳宅去，見了林阿娥，更是泣不成聲。林阿娥從背包裡將鋁盒取了出來，擺在桌上，林漢萍跪倒在地上哭。她說："我長這麼大，最大的心願就是去看看我大兄長什麼樣，他離開碧河去過番，我才三歲，然後你們告訴我，再見就只剩下骨灰了……"

她爬起來，坐在矮凳上說："在桂林時我接到翁如棋寄來的信，說了我大兄去世的消息，說你們要送我大兄的骨灰回來。我看完就覺得他是在開玩笑，我大兄怎麼可能死，你們又怎麼會蠢到要送骨灰回來！我甚至想，送一車大米，一包衣物，可能還對抗戰有幫助，對大家有幫助，但送骨灰，這算什麼事嘛！但你們可能也不信，這半個月，我常常夢見我大兄，只是他的臉是模糊的，即使是白日夢，日頭那麼亮，我也看不清他的臉。過去這個星期，我就在前線給那麼多人收屍，給傷員打藥縫針，我覺得我見了太多的死亡，我大兄的死和他們的死，不是一樣嗎？然而剛剛看到我四兄，只用了一秒，我就明白我大兄的死裡面有一部分是為我而死，我能活著，也是因為他去過番，用命來換的。"

說完，漢萍又跪下去，磕了三個頭，然後說："我向我大兄保證，哪一日黃泉相見，我不會給你和老林丟臉就是，我一定拚盡所有力氣，去對付那些殺死你的人！"

她站起來說："我說完了，時間很緊張，我要去醫院幹活兒，我去遲了，有些人就沒命了。等我輪班休息的時候，我來找你們。"說完就出門去，走路跟陀螺一樣快。

林阿娥對林漢孝說："你這個六妹，長相像你母，脾氣像你父，風風火火啊。"林漢孝說："跟你也像，當年你去過番，他們也說你走路帶風。"

深夜的時候，林漢萍才來，腰上還挎著藥箱。她悄悄推門而入，然後將林漢孝搖醒，帶他來到院子裡，藉著月光，林漢孝才看清她手裡拿著一屜包子。林漢萍說："吃包子。"林漢孝便吃。林漢萍說："四個月前，我見過二兄，他老了很多，還受了傷，還給我唱《國際歌》。"林漢孝說："聽說傷了手指。"林漢萍說："不止，全身哪裡都傷，但還是那個脾氣。他們說我們林家一個比一個衝動，就你還好，還能唱戲，你怎麼不去當教授？"林漢孝說："別瞧不起我，如果生在和平年代，你四兄我怎麼也是個副教授。"

兩人吃包子，周遭只有冬蟲的鳴叫。

然後林漢萍說："我不能陪你們去碧河。"

"知。"

"崑崙關這場硬仗，一時半會兒怕是停不了。"

"嗯。"

"只有守住了崑崙關，桂林和大後方才安全。"

"知。"

"回去記得把老林也一併立個碑。"

"好。"

"你這個副教授怎麼就只會說知啊好啊，沒別的話？"

"你這口氣聽著像老林，我哪敢回嘴。你在這裡，有人欺負你嗎？”

“無。”

兩人就這樣聊到天快亮。然後漢萍說：“怎麼今天這麼快天亮，我還沒睡覺啊。”然後她又像風一樣離開了。

3

林漢萍抱著小雨果，問她長大要做什麼。小雨果伸手取了她的白帽子，戴到自己頭上，說長大要當醫生。林漢萍說：“醫生很辛苦的，也穿不了漂亮衣服，每天還會看到人死去。”林雨果說：“我不怕。”

林漢萍很擔心蒙山外面的形勢，她跟林阿娥說，如果要回碧河，現在就得盡快起程，這幾天崑崙關這麼凶險，萬一守不住，那麼街上將會全是日本兵。況且天氣是一日冷過一日，山路會更難走。於是經過一天的準備，不外是繼續蒸甜粿，備好路上的食物用品，以及陳信玉藥店的藥膏。經過前面的山路行程，比較有經驗，知道準備哪些物品更為輕便。

陳信玉知道他們要走，將早就備好的兩匹矮腳馬牽出來，說這是特地讓人去山寨裡挑選的品種，馱東西走山路，沒有比這矮腳馬更合適的了。矮腳馬看起來非常可愛，林雨果喊著要騎，於是就騎上去。矮腳馬性格溫順，體形敦實，林雨果抱著牠的脖子就是一頓親。在旁邊看著的陳文統都呆了，突然轉身跑進屋，取出一把木劍，定要林雨果掛在腰上，並說這是他從小陪伴在身邊的玩具，就送給小雨果了，希望江湖平安。他又吟詩道：“碧河東望路漫漫，傷心劍底起波瀾。”林漢孝誇他出口成章，日後必成大器。陳文統也懂事，說：“以後有機會跟叔叔學唱戲。”林漢孝說：“叔叔只會唱戲，但你以後一定能寫戲。”陳文統後來到了香港，給自己取了一個筆名，就叫梁羽生。他筆下寫過很多女俠，彷彿都有林雨果的影子；而林雨果後來從醫，也與蒙山之行有莫大關係。當然，這是後話，也是閒話。

林家三人又重新踏上旅程，按照估算，還有一半的路要走，到潮州可能趕不上過年。話剛說完沒多久，山路上便又來了一些人，講著廣府話。漢孝纏著他們問了一些問題，回來沮喪地對林阿娥說，不能往前走了，日寇為了攻打曲江，已經北上，現在從英德到翁源，全都是日本兵，橫穿過去便剛好闖入戰場。那怎麼辦？只能往北繞道，走更遠的路，穿過叢林，經新寧縣城到達湖南永州，那邊可能會有火車。漢孝打開地圖，用鉛筆在上面輕輕畫線。從地圖上看到這樣一段長長的彎路，林阿娥沉默了。但如果沒有獲取到這個信息，直接從清遠到韶關，則必定是凶多吉少。

林雨果說：“媽媽，我想回八方樓。”

林雨果說：“媽媽，我們現在是要去哪裡呀？”

林雨果說："媽媽，你說外公外嫲什麼時候能見著啊？"

幸好小雨果也就是任性了一下，她很快就陶醉於騎矮腳馬的快樂之中。確實有了矮腳馬的幫助，他們的行進速度與此前大有不同。之前那頭毛驢，有個小山坡牠就開始不願意走，或者努力走也走不動，但矮腳馬不同，穩穩前行，遇到水溝一個加速便一躍而過，還能爬上山路的台階，真是越看越可愛。但也是因為矮腳馬，他們在路上格外引人注目。在翻過一座不知名的山頭之後，山腳下有個吃麵的小攤，他們於是可以坐下來吃麵。吃麵的時候他們就留意到，路對面有一夥人，正盯著他們看。他們有五人，戴著斗笠，天氣有點涼，他們還穿著無袖的衣服，露出手臂上的肌肉和刺青，有四匹馬在旁邊吃草。漢孝低聲說："不要去看他們，可能是馬匪。"他們一路上只聽說過馬匪，但從來沒有見過。阿清就是被馬匪打死的，但也只見屍首並不見行兇之人。

他們將碗裡的麵吃個乾淨，便牽著馬出發了，想盡快離開那夥人的視線。但走了一段路就發現，那五個人正騎著馬在後面不遠處緊緊跟隨。林阿娥感覺到手心腳心都在出汗，叫林漢孝趕緊走。於是他們雙腿一夾希望馬快點跑，但此時矮腳馬的劣勢便顯現出來，這兩個傢伙根本跑不快，稍微加快速度便氣喘吁吁。

在一處兩邊都是陡壁的狹長山口，那五個人果然追了上來，他們有兩匹馬越過林家三口擋住了去路，後面三個人已經翻身下馬。為首是個絡腮鬍子，他說："三位到哪裡去？"

不答。

絡腮鬍子又問："這兩匹馬不錯，你看我們五個人卻只有四匹馬，賣一匹給我們唄，開個價？"

林阿娥準備不回答，但林雨果開口了："我們三個人也才兩匹馬，你們賣一匹給我們唄。"

"喲，是個女娃呀，剪著寸頭看著還挺俊，以為是男孩呢。"

林雨果想起在昆明出發時母親的叮囑，趕忙捂住嘴，驚慌地看著林阿娥。林阿娥知道今天這一劫已經不是男娃女娃的問題，他們擺明是要打劫了，只是看謀財還是害命。

林阿娥說："說什麼買賣，我們可以送一匹馬給諸位，但求也放我們一馬，出門在外，求個平安。"

絡腮鬍子說："還是小娘子會說話，這麼著，外面兵荒馬亂的，也不安全，要不三位跟我們回山寨去，交個朋友如何？"

三人不答。看這情形是不會讓他們過去了。五個人也不囉唆，從馬背包裡頭抽出刀來，絡腮鬍子說："跟不跟我們走？我們是先禮後兵。"林阿娥緊緊摟著女兒，往山壁邊上退，林漢孝擋在她們前面。林漢孝低聲說："嫂子，這一關我們怕是活不了，如果能活著，記得幫我寫封信給楊姑娘，就說我下輩子會對她好。"林阿娥說："別充好漢，你跑得快，能跑趕緊跑，逃得了一個是一個。"

絡腮鬍子笑了："跑？還想跑？"

林漢孝邊退，邊緩緩從後腰摸出匕首，再摸出手槍。摸出匕首他們並沒有反應，但摸出手槍幾個土匪就停住了。看到林漢孝手抖得厲害，絡腮鬍子就嚇唬他：“小子啊，沒開過槍吧，打死人可是要吃官司的。”

“你們把刀放下，不然我要開槍了。”林漢孝大吼，“擒賊先擒王，大鬍子你放下刀！”

絡腮鬍子沒有動，他說：“諒你也不敢開槍。”於是又往前試探了一步。林漢孝扣動扳機，但槍並沒有響，他想起陳洪禮跟他說，開槍前要把口子打開，就像尿尿之前要打開褲子拉鏈一樣。第一槍沒有響，那五人就笑了，說：“拿假東西還嚇唬我們啊。”但話還沒說完，槍響了，絡腮鬍子應聲倒地。其他四個人大吃一驚，有的趕緊丟掉手裡的刀，有的轉身準備逃，但林漢孝並不想給他們機會，等他們跑回去山寨搬救兵就完了。他連開了五槍，槍法不準，只打死了一個，旁邊另外一個還想跑，但腿軟跑不動。林漢孝像在戲台上那樣大喝一聲，幾個縱步飛腿踢出，一腳將他踢翻，然後翻轉身體騰空，動作就如捕獵的老鷹一樣靈活。他將匕首劃出一道弧線，一刀封喉，乾淨利落。這樣的身手讓林阿娥驚呆了，她心想即使沒槍，這麼快的動作，一對一的話，這些人怕也沒有一個是林漢孝的對手。

五人頃刻間死了三個，其他兩個人連滾帶爬往路邊密林鑽了進去，林漢孝還想追去滅口，但被林阿娥叫住了。“這些土匪山賊，也都是窮苦人。”林阿娥說。林漢孝這時才看到自己的手上和身上都染了血，大驚，把匕首扔到地上，又看到地上的屍體，竟然止不住顫抖，又跪地嗚嗚哭了起來。

林雨果也哭，但被林阿娥哄停了。林阿娥讓林漢孝脫下染血的外衣，又拿出手帕，幫林漢孝擦去手上的血跡，說：“哭什麼哭，男子漢大丈夫，趕緊走！此地不宜久留！”嘴上這麼說，她還動手去卸下那些馬匪的馬背包，摸走裡面的錢銀，再把馬趕走。土匪果然都很窮，身上沒什麼錢。她主要是要製造一個黑吃黑的假象，讓現場看起來像是被其他道上的人劫殺了。

4

上了馬，林漢孝還一直在發抖，他聲音都變了，啞著嗓子說：“其實我今天生日，我以為這是我最後一個生日了。”林阿娥讓他深呼吸，調整一下，然後說了兩件事。第一件事這兩匹馬不能要了，得馬上找個合適的地方賣掉，太惹眼。第二件事問他還有多少子彈，要檢查彈夾，裝好子彈，防止還有人來追殺。畢竟跑了兩個人，對方必定不會善罷甘休。他們在一個岔路口選擇了小路，一路上林阿娥常常回頭去看，林漢孝安慰她說，壞人知道我們有槍，說不定也不願意再冒險來追。

林雨果目睹她的四叔過了這麼特殊的生日。她對四叔豎起拇指說："等我爸爸回來，我會跟他說我的四叔是個英雄好漢。"見沒有人理她，又問她母親："爸爸是不是死了啊？不然壞人怎麼會欺負我們？"

這個問題把林阿娥的眼淚勾出來："是的，你的爸爸死了，不然這些壞人算什麼，怎麼會輪到他們來欺負我們……"

"媽媽別哭，四叔會打壞人，二叔和三叔也會打壞人，還有六姑，她也說她在幫好人打壞人。"

"小雨果，等你長大了，你就會知道，除了好人和壞人，這世上還有一些好人在幹壞事，另一些壞人在幹好事，壞人還會裝成好人的樣子出來害人。"

"狼外婆？"

"對，狼外婆。"

剛才他們慌不擇路，此刻已經不知道到了哪裡，也不知道下一個點是哪裡，只知道一路向北。終於有一個市集出現了，向人問路，才知道此處距離新寧縣城還有兩三天的腳程。好消息是市集裡既能夠賣掉馬匹，還可以租乘轎子。林阿娥說："今天你四叔生日，我們要豪爽一把，我們租轎子去。"又模仿那個孕婦的口吻說，"他媽的，老娘那時候嫁給你老爹，也沒坐過轎子。"林雨果笑得前仰後合。

於是賣掉矮腳馬，他們來到旅店，租了兩頂轎子，林漢孝一頂，林阿娥和女兒一頂。除了工錢之外，轎伕還得包吃包住，每一頓飯還得安排酒水，林阿娥滿口答應了下來。她心裡想，剛才如果不是林漢孝逆轉了局勢，說不定此刻他們已經在山寨中受盡屈辱，別說坐轎子，可能命都沒了。林漢孝也明白嫂子的想法，他像個大爺那樣走路，大搖大擺坐上轎子說：“人生在世，及時行樂吧。”

林阿娥說：“是啊，真是虛驚一場。”

林雨果聽母親說了一個成語，於是十分調皮地接話唸了一串同義詞：化險為夷、絕處逢生、峰迴路轉、柳暗花明、轉危為安……

林阿娥笑著說：“這些都是好詞。”

轎伕對路途很熟悉，沿途都能住到旅店，林阿娥也明白他們會拿這些旅店的好處，但出門在外也不必較真。第一天旅店裡有一個來自潮州的水客，本來要回東興，但那邊打仗，只能繞道。他說這一繞真是越繞越遠，也不知道怎麼回去了，索性在這裡多住幾天，喝點小酒。說起家鄉，他說日本兵主要控制了潮州城區以及韓江兩岸，很多鄉下沒怎麼見過日本兵，最多在制高點架一挺機槍，打死一些人，就能鎮住方圓十幾里的地方。然後又談起他路上的見聞，唉聲歎氣。林阿娥對林漢孝說，能遇到這麼個對口的人，聽到這些重要信息，這趟的轎子工錢，已經值了。

第二天的旅店比較偏，在群山之中，眼看離縣城已經不遠了。林雨果看到有人在池塘對面畫畫，吵著一定要去看。林阿娥說：“他們是在寫生，我們去打擾人家不好。”但禁不住女兒鬧，於是便踏著青草繞過池塘，讓林雨果蹲在旁邊看。畫畫的是一對夫婦，女的在畫遠處的小溪和樹林，男的則把另外一個男人當模特，在幫他畫速寫。林阿娥説："小孩喜歡畫畫，吵著過來看，不會打擾你們吧？"那女的十分溫和地説："不會的，注意看好孩子別掉水裡就好。"那坐著當模特的男人問林雨果："你手裡為什麼有一把木劍？"林雨果説："是在蒙山文統哥哥送的定情信物。"林雨果鄭重其事説出"定情信物"四個字，把大家都惹笑了。畫畫的男人聽説她們倆從蒙山來，便説："我們也是今年九月才從桂林搬到新寧。"林阿娥也不敢多説話，怕説錯話，於是靜靜看他們畫畫，聽他們聊天説笑，也大概聽明白三個人的名字。畫畫男人稱模特男人為艾青兄，艾青兄叫畫畫的人太陽兄，那女的是太陽兄的妻子，叫李衣尼。李衣尼説她並不是畫家，只是丈夫畫畫，她也跟著塗抹。他們談話間透露出很多信息，這個艾青兄三十歲上下，有一個剛生了孩子的妻子。林阿娥越聽越亂，於是喊林雨果準備回去，但林雨果扯著艾青兄問東問西，一點都不生分。他們談起不遠處的水牛，談起近處的蜘蛛和蚯蚓。艾青説："這裡的水牛比較胖，但耐性好，適合耕地。"林雨果説："像矮腳馬？"艾青説："對，確實像矮腳馬一樣溫順，我們金華的牛，那可惹不得。"然後他突然喃喃唸起來："滿身沾結著，池沼地帶的泥濘，巨大的眼睛含著憂鬱，望著田野的廣闊與荒涼。"

在旁邊的太陽兄拍手叫好，説："這幾句真好，得記錄下來。"於是幫艾青將詩句記在畫紙上。

5

回到旅店，夥計說有好消息，崑崙關守住了，但聽說死了不少人。漢孝擔心漢萍，阿娥說："你們兄妹六人，就你大兄是力氣最小的，你們下面幾個，我看一個比一個勇猛，沒問題的。"漢孝說："盂先生以前跟我爹說過，如果不是生不逢時，以我大兄的才學，應該能當個好官，主政一方。"林阿娥說："這些都是好聽話，誇人家小孩升官發財，當不得真，就他那個急性子，戰場上當個排長之類的差不多了。"林雨果跑了一圈，睏了，趴在母親的腿上不一會兒就睡了，還磨牙，咯咯響。林阿娥現在有點後悔自己當時的決定，這次回來究竟是一時衝動，還是一諾千金？這一路過來，她內心其實一直在搖擺，在反覆思量，這是以前從來沒有過的。從前的林阿娥全是憑直覺在做事，而且每次幾乎都是對的。

"漢孝，我跟你商量個事，要不你帶著小雨果回蒙山去，那裡目前是我見過最安全的地方，我自己一個人回碧河鎮……"

"這個問題不用討論，蒙山也不見得安全，離戰場那麼近，飛機扔炸彈，一分鐘就炸平了，哪兒來安全的地方？"

他說的也在理。林阿娥歎了一口氣："戰爭總會有結束的一天，只是怕那時跟孩子提起這場戰爭裡死了這麼多人，他們沒法兒想像。"

“哪個年代不死人？阿公的阿公，不也是碰到戰亂，不過是存者且偷生，死者長已矣。”

他們在聊天，後來便有人湊過來打探消息，竟然有三四個人是從淪陷的潮汕地區跑出來的。

第三天到了縣城，還沒有來得及找到車站，他們便第一次遇到空襲。到達的時候還一片祥和，大家走路、攀談、買賣、吆喝、吃飯，林漢孝看到路邊有一家書店，還進去書店裡看書，雨果也跟著進去，但發現不好玩，覺得無聊，又往外跑。於是三個人走在街上，這時候警報聲突然響起，原來悠閒的人們都變成熱鍋上的螞蟻，找防空洞。“哪裡有防空洞？”“學校操場旁邊就有入口。”一個好心人提醒道。於是三人拚命地奔跑。林漢孝一手夾著小雨果，一手拎著呷嗶，林阿娥揹著背包，手裡抱著另外一個布包。跑，已經聽到飛機的轟鳴聲；跑，已經有人在叫喊，一聲聲慘叫；跑，大地好像震動了；跑，終於看到防空洞了；跑，耳鳴，林漢孝在喊叫什麼聽不清了；跑，洞裡好黑，眼睛還沒有適應，喘氣聲……

重新從防空洞出來時，外面已經一片狼藉，他們看了看，三人都沒有受傷，東西基本在，丟了一小包衣服，順路回去看看是否能找到。找不到也就算了，背包沒事，人沒事，就好。往回走時，看到路上有死人，也有將死未死之人，還有更倒黴的，被炸成肉醬粘在地上的人，那家書店早就成為一支朝天的火炬，還在熊熊燃燒。痛哭哀號的聲音到處都有。

“媽媽，我很害怕，為什麼要這樣……”

“這就是戰爭，別怕，所以我們一家都在戰鬥。我們一個一個數過去，你爸爸一直戰鬥到死，你二叔在打鬼子，你三叔在滇緬公路運東西去打鬼子，你四叔也要去幫忙運東西打鬼子，你五姑沒消息不知道是死是活，你六姑在打鬼子的戰場上救人，如果把你安頓好了，我也想去打鬼子……”

“那我長大了也去打鬼子。”

“你長大了希望沒有戰爭，你去建設和創造，只要是一個沒有混亂和毀滅的時代，人就能把日子過得很好。”

“那鬼子如果一直不走怎麼辦？”

“那只能把他們趕走，趕走侵略者這個國家才有希望。”

在這次空襲之中，林雨果的木劍也丟了，林漢孝說以後給她再買一把。林雨果擺擺手，像個女俠那樣豪爽，她說：“不要了，以後我要一把真正的劍，像戲台上那種明晃晃的。”林漢孝說：“好，以後一定送你一把真正的劍，打鬼子去。”

6

火車站停運了，最後只能坐汽車。空襲之後，汽車票的價格就更貴了，同樣漲價的還有糧食。林阿娥將手裡的一部分黃金拿出來兑換成淪陷區的紙幣，沒有辦法，再往前走，進了淪陷區必定有各種莫測的情形，前路究竟如何她心裡完全沒底。乘汽車還是比走路好，雖然也暈車，也有各種不適，但比起在蚊蟲遍佈的山野步行總是舒服太多。兜兜轉轉從韶關以北繞過來，進入河源，再來到興寧，一切還算順利，能坐車的就坐車，不行只能走路。到了興寧，林漢孝買了一輛獨輪車，買了當地的一些物品，比如最常見的水布，他知道接下來就沒有車可以坐了，而且還得偽裝成外出售賣農產品的農民。林阿娥反覆叮囑小雨果，無論誰問，就說是從碧河鎮出來，現在要回去，不能提及暹羅和其他地方。林漢孝補充道，最好別說話，雨果的口音不太對。

這些日子的長途跋涉，他們三個人看起來比當地人的樣子還狼狽不堪，渾身污泥，如果不是東西比較多，光看髒兮兮的皮膚和衣著，也與乞丐沒有什麼兩樣。他們對自己的裝束頗為滿意，但旁邊有個人靠著牛棚的柱子在抽煙，嘿嘿一笑，說："花什麼心思也不如好運氣，昨天有幾個偽裝成善堂的人去韓江收屍，一排梭子打過來，照樣把人打死，把船打沉。沒有為什麼，也沒有人敢去交涉。""那怎麼辦？"那個人把煙頭踩滅，沒有回答，也許根本就不會有答案。

"我想，"林漢孝有點猶豫地說，"要不我們不要急著走，我想找找漢蓮，好久沒有她的消息。"

"漢蓮？漢蓮在興寧嗎？"林阿娥瞪大了眼睛。

"是，我去過番的前一年她嫁到了興寧，我當時還過來當舅子。我們是雙胞胎，其實也不知道是她大還是我大，但她每次挨打都是我去保護她，所以我佔便宜，一定要她叫我哥哥。”

“只知道是跟一個客家人定了親，但不知道是在興寧，既然來了，那還有什麼可不可以，找啊！你還記得她家具體在什麼位置嗎？”

“具體位置就不太記得，只記得是賣蘿蔔粄的。”

“那就一家一家問！”

“不是不想找，是怕她不認我。”

“為啥？”

“這樁婚姻不是她想要的，她喜歡的男人在隔壁鎮，出嫁那天她哭得厲害，和我爸大吵了一架，永遠不相認之類的話都說了。”

林阿娥沉默了一會兒說：“那時是那時，現在是現在，有些事會變，有些事，比如血濃於水，卻永遠也改變不了。”在從前，少女時代的林阿娥也跟父母說過狠話，說不通信，說永遠不想理他們。但是現在碧河漸漸近了，她心裡突然緊張起來，更希望盡快知道父母的消息，也不知道他們會不會遭遇什麼困難。家鄉越來越近，林阿娥越是難以入眠，只希望能盡快回去。

賣蘿蔔粄的小店舖當然很多，但專門賣蘿蔔粄的並不多。他們推著獨輪車在街上走，邊走邊問。林漢孝的記憶力其實不錯，漢蓮的丈夫臉上有一顆很大的痦子，也容易辨認，很快就有人提供了街道的名稱。在打聽的過程中，他們也發現了整座興寧縣城到處都是空襲留下的痕跡。他問路邊的商舖，他們說這半年日本鬼子空襲了七八次，平均一個月得來一兩回，人心惶惶。

臨近中午的時候，他們終於找到了漢蓮。她前胸後背各揹著一個孩子，前面的小一點，後面的大一點，手裡還掄著鍋鏟，正在門口煎蘿蔔粄，有幾個食客圍坐在路邊的矮桌上吃東西。林漢孝不敢喊，而只是走在前面，筆直走向漢蓮。之前那個清秀可人的漢蓮，如今竟然胖成這樣，她鼻子周圍的皮膚都是紅的，衣袖高高挽起，動作十分機械。

"漢蓮。" 林漢孝走近了才喊。

漢蓮停住手中的鍋鏟，抬頭看了他一眼，又看了一眼他身後的林阿娥，繼續煎她的蘿蔔粄，一言不發，彷彿沒有聽到。

林阿娥見這個情形確實有點不對，只能找了一張矮桌，讓林雨果坐好，然後說："雨果，讓你姑姑來三盤蘿蔔粄。"

小雨果喊："姑姑，三盤……" 她忘記那個食物叫什麼了。

"蘿蔔粄。" 林阿娥再次提示。

她才補充："姑姑，三盤蘿蔔粄。"

林漢蓮轉過頭來看了小雨果一眼，眼裡才出現一點波瀾，她輕聲回答雨果說："好。" 然後高聲回應其他人："番客來啊。" 後面這句話帶著諷刺。在潮汕平原，番客回家意味著帶來很多禮物，必定會給鄉親們送錢送米，送衣服手帕香皂，再不濟也會送糖果和藥品。所以番客來，意味著有好事，但她的冷漠說明顯然並不歡迎這樣的好事。

不過三盤蘿蔔粄還是被端了上來，林阿娥發現這跟潮州的蘿蔔糕好像也沒有差別。但她餓了，當然開始吃；雨果也吃了起來，看樣子還挺喜歡。林漢孝沒有動筷子，他的手肘撐在桌子上，手掌托著額頭，林阿娥明白他正在努力克制自己的情緒，也知道一場情緒的暴風雨必然發生。她喊林漢孝吃，結果這一聲命令，讓林漢孝的眼淚啪嗒啪嗒滴在面前的蘿蔔粄上。

轉頭看時，林阿娥看到林漢蓮也在哭，她把頭和肩膀靠在門口的柱子上，用頭輕輕撞著柱子，肩膀在動。

兩個人的眼淚都沒有聲音。

有食客喊結賬，喊了兩遍，她才反應過來，一抹眼淚，過去收錢。好在她的鼻子早就是紅的，食客應該也是熟人，問她眼睛為什麼是紅的，她說剛才煎辣椒濺到。收了錢，她關了爐火，食客也散了，她進屋，把兩個孩子都放下來，應該是去洗了一下臉，這才重新走了出來，手裡端著一盤鹽焗雞肉和一盤白切豬肉，放到桌子上。

"哪有一點番客的派頭，三個難民，趕緊吃，吃飽再說。"

她又進屋去，過了不久，端出來一大碗豬肉湯，上面漂著蔥花；又進屋去，變魔術般端出來一大盆米飯，彷彿要將家裡所有好吃的，都端出來給他們。

然後她蹲下來，端詳著小雨果："如果沒記錯，八歲了吧，我記得名字叫雨果。"當然沒記錯，林雨果就在她出嫁的前一年出生的，那封家書還是她唸給老林聽的。

"我的手還沾著油，不然真想抱抱你，"漢蓮對小雨果說，

“你爸爸呢，他怎麼沒有回來？”

“他死了。”林雨果說。

7

“他死了”三個字像一枚炸彈在林漢蓮的頭頂炸開。她看向林漢孝，她需要確認。只見林漢孝不敢看她，卻點了點頭。

林漢蓮站起來，她走到牆壁跟前，對著牆壁深呼吸，然後用額頭一下一下有節奏地撞擊著牆壁，這應該是她用來控制自己情緒的方法。有理由相信，這幾年她就是靠著以頭撞牆的方法讓自己內心的情感旋渦平靜下來。但這一次，她的方法顯然失效，一直到她的額頭撞出血來，她才一屁股坐在地板上開始哭，是那種呼天搶地的號啕大哭。

“我不配姓林，林家都不要我了，我兄死，無人說我知。”

然後她就只剩下一句“無人說我知”，不斷地重複。林阿娥怕嚇到女兒，輕輕地將林雨果抱到膝蓋上，但林雨果掙脫了，雨果徑直走向呼天搶地的漢蓮，從她背後抱住她的脖子。這個動作把漢蓮定住了，她張大嘴巴轉過頭來確認是林雨果，竟然不哭了。

林雨果說：“姑姑別哭，我爸我媽不高興的時候，我也是這樣抱住他們。”林雨果的聲音清脆，一字一句說出來緩慢而清晰。

漢蓮用袖子擦眼淚，她的情緒在慢慢平復：“雨果真懂事，雨果真懂事，雨果像你媽媽。”她伸手去抱雨果，林雨果也靠到她肩膀上，然後又說了一句讓漢蓮重新抽泣起來的話：“我爸說，我吃東西的時候像姑姑，姑姑是家裡最貪吃的。”

林阿娥怕女兒這麼有一句沒一句，也不知道哪句話會擊中漢蓮此刻敏感的神經，於是過去把小雨果牽到桌子邊上，讓她再吃一點東西：“讓你姑姑再去洗個臉，你要吃完一碗米飯。”

林漢蓮重新回來時，頭髮也是濕的，短短的頭髮朝天上豎起來，臉蛋顯得更圓。估計她為了讓自己冷靜，不但用冷水洗臉，還沖洗了頭髮。

此時他們總算可以進行正常的交流，俗話說“從暹羅說到豬槽”，但他們的故事真的只能從暹羅曼谷說起，一直從昆明到蒙山再到興寧，林漢孝耐心說著，林漢蓮靜靜聽著。她對見到六妹追問了幾句，對他們還要回潮州表達反對，然後又下了一個沮喪的結論：她是全家最沒用的人。

但這個沒用的人，這次幹了一件很有用的事。知道他們決意要回潮州，她出去了一趟，帶回來一個尖嘴猴腮的人，然後介紹說：“聰兄以前倒賣洋煙，後來送僑批，對從興寧到碧河鎮的每條路都非常熟，讓他送你們回去，路費之類的我已經付過了。”

出發時聰兄前後左右檢查了三人的隨身物品，又讓他們重新換了一身衣服。看到漢孝帶著手槍，讓他把手槍給漢蓮，說這個千萬不能有，發現有槍可能會被當場擊斃，風險太大，匕首可以留著，就說是打獵。獨輪車也不能要，行李盡量簡便，食物和水倒是必備，但也不必多，只要有錢，雖然貴，總是能買得到。他的目標很明確，如何安全回家，而不至於在半路把命給丟了。他又讓林阿娥一定叮囑小孩無論什麼情況都不能哭鬧，不能叫喊；又安排林漢孝一路揹著小孩，陳信玉給的藥劑可以作為證據，證明他們幾個人是帶小孩外出看病。

漢蓮把他們送到路口，她拉著漢孝的手，說回家應該趕得及過年，讓他幫忙在老林墓前多燒一點紙。她說了很多希望死去的父親能原諒她之類的話，說著又想哭。漢孝提醒她這是在大路邊，哭了不好看。“我一次都沒有夢見過他。”她是指父親老林，她一直在跟老林作鬥爭，認為他重男輕女，最後發現這個老頭根本不把她放在眼裡，他眼裡的大事是為國殺敵。漢蓮之前認為敵人很遠，為國殺敵純屬幻想，但沒想老林說到做到，確實用一條命換了三條命。“你硬[1]。”每次她跟老林發生爭吵，這是他們彼此的口頭禪。但如今她不得不承認，還是老林硬。

在路上，林阿娥逐漸明白聰兄的重要性，她慶幸有這麼一個引路人。如果沒有聰兄，他們估計剛出興寧就會被那幫假鬼子抓起來。在通往潮州的必經之路上，到處都是替日寇幹活兒

---

[1] 你厲害。

的漢奸，他們說著潮州話和客家話，隨處盤查。那些關卡只需要聰兄露個臉，打個手勢，或者遞點煙絲，基本上就能通行。

“跑得多了，他們都認識我。”聰兄說。他們穿過一座獨木橋。聰兄又說：“如果不是漢蓮找我，這種容易丟掉性命的活兒，我現在不幹。”至於為什麼漢蓮找他就會做，他沒說。他只說這幾年漢蓮命苦，丈夫喝醉酒經常打她。

終於到了潮安境內，一切熟悉了起來。應該在哪裡坐船，如何走小路，怎麼樣躲過巡邏，聰兄簡直就是孫悟空，無所不能。在穿過一片香蕉林之後，他們終於看到碧河，聰兄示意不要激動，也更要謹慎。碧河是海鹽往北運輸的必經之地，之前有日本兵把守過，後來他們撤走，只留假鬼子必要時向他們報告。

8

林阿娥回到碧河得到的第一個消息就是一道晴天霹靂。第一個碰到的人是劁豬匠吳富貴，他已經老得不成樣子，拄著拐杖走路，但看樣子還可以活很久。他說：“你父親好幾次病危，村裡的大夫說可以馬上準備後事，但後來竟然又撐過來了。大家都認為他在等人，但親戚朋友都來過了，又都認為你不可能回來，所以一直不知道他在等誰。現在明白了，你趕緊回去吧。”

聽了這樣的話，林阿娥有點恍惚，她不斷在回憶，離開故鄉十二年零四個月，這裡看起來非常熟悉，但跟她似乎已經沒有關係了。她原來以為父母會在她進門的時候揍她一頓，在看到漢蓮哭成那樣，她也想像父母會像漢蓮那樣用熾熱的眼淚來回應她，但是父親病危，這個卻是她從來沒有考慮過的問題。父親多少歲了？她甚至不知道自己的父親是什麼年紀。這些年，她也沒有請安，沒有陪父母過生日，她永遠一副古靈精怪的樣子。在她的想像之中，父母永遠都是那樣，彷彿是海岸線上的燈塔一樣固定，無論她如何漂泊，只要返航，燈塔總是可以迎接她歸來。

她的眼睛是模糊的，她走進家門時全身好像在晃動，她喊了一聲：“爸！”蹲在天井裡洗衣服的母親登時眼前一黑，扶著井沿才沒有向後倒去，然後房間深處傳來一聲回應，是父親渾濁的回應。母親說：“老頭子那麼多天一動不動，怎麼會說話？”但父親確實在回應，他竟然讓人將棉被墊在他的後背，說他要坐起來。他坐起來，虛弱而清醒：“娥啊，我就知你會返來。”

這樣迴光返照的談話，大概持續了二十分鐘。那二十分鐘裡，林阿娥甚至在內心罵村口遇到的那個老不死的劏豬匠吳富貴，父親明明好好的，怎麼可能是病危？父親還能拉著小雨果的手，說那麼多話。但就在母親煮好甜湯還沒有盛到碗裡時，父親緩慢而安詳地閉上了眼睛。

一切喪葬禮俗只能從簡。不過父親多年之前就給自己買好了墓地，叫“築生居”；就連棺材他也提前準備好，放在棺材舖每隔半年上一遍油漆。劏豬匠吳富貴說：“你們家老爺子總是未雨綢繆，只需要將墓碑上紅色的油漆改為綠色即可。”與之相比，林漢先和老林的墓卻不敢大張旗鼓，也剛好藉著辦理父親喪事的時候，一併做了，分別立了墓碑，燒了紙。林漢先的墓碑上，阿娥讓刻碑的人把她的那一邊名字也刻上，只用紅紙貼好。她說：“挺好的，方便，揭開就能用，人生一世也不過如此。”

做完了這些事，又見明月孤懸，悄無聲息，唯有碧河流淌，知曉一切。林阿娥內心似乎完全安定下來。她說這上半輩子就這樣過去，雖然很難，但並不是每個人都能找到自己作為一個人的使命。特別是在鄉下，多少靈魂只是一天又一天地吃飯睡覺，多一天和少一天並沒有區別。

“也許，從此以後，我的日子也會變成這樣，只是等死。”林阿娥有一種完成長跑的倦怠。

“嫂子你還不到三十五歲，說起話來這口氣像五十三。”

其實林阿娥這些年在暹羅，水土豐美，吃得好睡得好，看起來比林厝圍二十五歲的姑娘還好看。那時的童謠是這麼唱的：“十七十八正當時，十九二十過二年，廿一廿二無人愛，廿三廿四倒貼錢。”二十五歲在碧河鎮已經被稱為老姑娘了。

“你呢，漢孝，接下來什麼打算，去滇緬公路找你三兄？”

“不著急，難得回來，昨天有個之前在孟先生讀書會認識的朋友，叫周禮平，來找我談了很久，他們也缺人手，所以我打算去江東佘厝洲幫他們做點事。我想的是到哪裡都是對付日本鬼子，但離你們近，至少有個照應，家裡也沒什麼人了。”

確實，林厝圍老的老了，死的死了，離開的離開了，說是滿目瘡痍也不為過。母親希望林阿娥回家住，但她不肯，她說她已經嫁到林家，所以收拾了林家那兩間老厝，和林雨果搬進去住。在這裡，林雨果開始學習做飯。林阿娥說：“從現在開始，一切都只能靠自己動手了。秋天時，你也要揹上書包去上學。”村裡的小學，四間平房被炸掉了一間半，在各方的幫助下搬到陳氏宗祠去上課。

“好的，媽媽，吃過冬至湯圓，我已經九歲了。”

“靠別人不如靠自己。”

這時送信的鄧九來到村口，在龍眼樹下的水井邊開始吆喝：“林阿娥，曼谷來的僑批，陳洪禮寄！”鄧九是碼頭過番客頭鄧八的兒子，他本名並不是鄧九，但大家就喜歡叫他鄧九；而鄧九也知道，無論他想給兒子取什麼好聽的名字，人們早就幫他兒子取好了綽號叫鄧十。

下篇　潮平四海歸來

第一折
離散

1

二十二歲，林雨果第一次見到陳團結，大失所望，可是她的年齡明擺著已經是童謠裡說的“無人愛”。龍眼樹下初相見，一口水井表真情。但凡陳團結稍微過得去，林雨果二話不說就嫁過去了。但是陳團結站起來，昂首挺胸，身高才到她的下巴處，即使別人不說陳團結是武大郎，也會說她是潘金蓮。她提著水桶往回走，委屈的眼淚不爭氣地掉下來。

對此小腳女人音姑有不同的看法。她對這個不平衡配置進行了客觀公正的歸納。她說：“首先啊，你這個身高來自你的母親林阿娥，七八成的男人都比你矮。要想找個比你高的，要不到北方去，要不就得接受其他不好的條件，因為比你高的，人家會去挑十八歲的姑娘，不會挑你。其次呢，這事要怪風水，那年你母匆匆忙忙，老林和林漢先的墓地都沒有找風水先生去看過，這一葬下去全家七零八落，鬼子投降的時候，就剩你一個人孤苦無依，出花園都是我給你出錢買的紅木屐。最後呀，你還得考慮你洪禮伯父，這些年要不是他寄錢過來，我們倆早就餓死了。陳團結是洪禮的姪子，人是難看，但是手藝不難看，人家那木工活兒做得，四鄉六里都豎大拇指。”

小腳女人音姑是陳洪禮前妻的母親，也就是他的前岳母，她就像一根風中蠟燭，倔強的蠟燭，當所有人都在大風之中熄滅之後，她依舊活著。陳洪禮的前妻在他過番之後不久便去世，留下這麼個前岳母，她在寫給陳洪禮的信中說：“我是你的累贅。”但陳洪禮像一塊石頭穩穩托住艱難歲月中的一切。這麼些年過去，他始終將小腳女人音姑視為他的責任，就如他將照顧林雨果視為他必須向林漢先信守的承諾一樣，他甚至在很早已經在他的遺囑中給妻子黑珍珠交代好了，他若去世，黑珍珠也需要給這兩個人寄錢，直到小腳女人音姑去世，直到林雨果認為自己不再需要幫助。那林雨果什麼時候不需要幫助？是出嫁了嗎？是孩子長大了嗎？都不是，陳洪禮的答案是，她自己自然會說不需要。好吧，好吧。黑珍珠明白陳洪禮這種潮州大男人，他只需要她去做，不需要她理解。但最終，陳洪禮也跟小腳女人音姑一樣長壽，黑珍珠沒有執行遺囑的機會，她先於他離開這個世界。

在猶豫彷徨了三年之後，林雨果嫁給了陳團結，從林厝圍搬到梅花村陳家。拖了三年，其實也不能全怪林雨果，主要是陳團結笨拙，連求婚都不敢。有人來欺負林雨果，他必定會站出來維護，但每次被打得鼻青臉腫的也是他。轉機來自一次進城看戲的經歷。某一日，林雨果收到一封信，裡面是兩張潮劇《陳三五娘》的票。作為潮劇戲迷，林雨果當然知道這是一出新戲，最近各地巡演非常火爆，據説馬上就要在廣州演出。她心裡想到的第一個人便是陳團結，覺得這個呆子開竅了，終於懂得請她看戲。她問陳團結要怎麼進城，等她拿出票跟他計算時間，他還一臉茫然，但也非常篤定地説沒問題，可以進城的。林雨果開始以為他裝作不知道，還裝得挺像。後來意識到這個呆子真的什麼都不知道，那麼更可疑了，究竟有誰會請她看戲，而且是給了兩張票？充滿疑問的時候，她就更需要陳團結，心想這個呆子千萬得跟我一起去。這種又期待又害怕的心情折磨了她整整一個星期，終於到了演出的日子，她早早就穿上衣櫃裡最好看的衣服，雖然有點舊，但洗得乾淨筆挺。陳團結趕來了一輛牛車，林雨果説："這不是安國叔拉甘蔗的那輛牛車嗎？"他説："總比走路強，對吧？"當然也是對的，還能有其他選擇嗎？陳團結繼續介紹他的牛車，車子經過反覆清洗，這頭牛性子非常穩定，遇到人多也不會亂跑。好吧好吧，只要能到城裡去看戲，就是騎著烏龜也行。

林雨果説："我媽以前常説的一句話是，我們林家沒什麼特別的，如果有，那就是特別能吃苦。"

"我努力不讓你吃苦。"陳團結跳上牛車，然後問雨果，"我們需要一前一後出村嗎，我先到村口外面等你，免得遇到人。"

林雨果一躍也上了牛車，她説："走吧，老娘不怕閒話。"

陳團結："雨果你是整個碧河最雅的。"他本來想說第一次見到二十多歲的老娘，後來想著不對，二十多歲很多女人確實當了娘。

於是兩人趕著牛車出發了。

2

戲當然是好看的，特別是男才女貌的愛情戲，林雨果看著看著止不住流淚，陳團結憨憨陪著，他慶幸自己多帶了一條水布。《陳三五娘》也叫《荔鏡記》，是潮劇最古老的經典劇目之一，講述的是陳三路過潮州城，在元宵燈會上與富家女子黃五娘一見鍾情，將鏡摔破藉口賠鏡，到黃家為奴，經歷曲折最終娶得五娘的故事。俗話說，愛嬡著刻苦。這陳三便是刻苦的典型，委身為奴，是巨大的犧牲，也反過來證明了愛情的力量。

員　外　站住，你二個在此鬼鬼祟祟做什麼？豈不聞男女有別，這是內院豈容你走動！以後若無吩咐不准進來，若再進來，打斷你的狗腿，還不下去。

（內唱）兩扇門分內外，一道牆隔東西。兩心空相印，相見總難期。光陰荏苒，一年容易春又逝，一個是繡榻纏綿病懨懨，一個是孤燈相對冷冷淒淒。舉頭望明月，心事向誰寄？只落得長籲短歎，兩地苦相思。

五　娘　鶯聲漸老，春色漸闌，病餘翠袖怯輕寒。淚眼問花花不語，誰解芳心一寸酸。

益　春　阿娘，你看這叢垂柳，東倚西斜，竟是何故？

五　娘　柳枝無力，故而隨風搖晃？

益　春　柳枝無力因而隨風搖晃，人若無主意，就得受人排比。

益　春　阿娘，你看那雙飛蝴蝶自由自在有多好呀。

五　娘　益春，你怎能將人與蝴蝶相比，將牠趕掉。

益　春　阿娘你看那雙飛蝴蝶自由自在，怎甘將牠趕掉呢？

五　娘　叫你趕你就趕，還在言東語西。

益　春　你這蝴蝶，全個不曉理道，在此惹阿娘生氣，去……去哪……

五　娘　益春……

益　春　阿娘心與嘴相隔，嘴說趕，心愛留……阿娘，似你這樣拿不定主意，這就虧了……

五　娘　虧什麼？

益　春　只虧那三兄……

五　娘　你又在散呾❶。

---

❶ 亂講。

益　春　話孬散呾，當初個荔枝就不該亂擲……

林雨果說："姚老師表演得好，唱腔也好。"陳團結問："哪個是姚老師？"林雨果說："就是演黃五娘的那個。"陳團結說："哦。"

戲結束時，鑼鼓還演奏了一會兒。陳團結用很低的聲音對她說："雨果我們結婚吧。"雨果輕輕地"嗯"了一聲，然後說："我有二個條件。"陳團結說："只要不是殺人放火，什麼條件我都答應你。"林雨果說："那成，想好我再告訴你。"這時有人在背後拉了一下林雨果的衣服，林雨果心裡一驚，回頭看時，是一個身著工作人員衣服的人，那人說："你是林雨果吧？"看林雨果一臉茫然，便又說："是我給你寄的票，我看著座位號過來找你的。"林雨果還是故作鎮定，穩穩地說了一句："謝謝。"來人又說："我們盧老師說要見見你。"

"哪個盧老師？"

"跟我來吧，見了就知道。"

於是二人跟著她走到了後台。一個瘦男人在那裡說話，主演黃五娘的姚老師側著身子認真聽他在講："剛才有三處不到位……"瘦男人看到林雨果，把手中的摺扇一收，說："等下再說。"然後就徑直走向林雨果，說："你就是那個兩歲半就能背誦一百首唐詩的林雨果吧？"

第一次聽到這樣的介紹，林雨果謙虛說只能背誦一些，並不能背誦那麼多，但眼睛一直在看著他身後的姚老師。

“漢孝老弟說他的姪女喜歡潮劇，”盧老師溫和地說，發現林雨果的注意力在身後女主角身上，便笑著將姚老師喊過來，“來，你們認識一下，這個是林雨果，她叔叔就是我常跟你們提起的林漢孝，當年帶頭衝進日偽警察所的，就是林漢孝！哎呀，那年如果不是漢孝救我，我的老命就交代在韓江邊，今天哪能在這裡唱戲？”

林雨果聽他這麼說，心裡大概已經明白，又一個認識四叔林漢孝的。四叔犧牲後，那些受過他恩惠的，其中不少是救命之恩，他們對四叔的感激，便由林雨果代收，彷彿她這裡是四叔代理郵局，代收四叔收不到的信件。

盧老師又誇林漢孝身手了得，說：“我們這些唱戲的，如果看到他那樣的身手，必定會羨慕的。”又說林漢孝唱戲也唱得好，無師自通，有好嗓子。最後歎息說，可惜啊，可惜啊。然後才轉入正題，說當時林漢孝曾讓他找一把道具短劍，因為後來到處漂泊也沒有回來，所以現在才帶過來。說著就讓人取來一個黑色長條布袋子，打開裡頭確實是把小短劍，非常精緻。盧老師說：“還沒有開刃，是潮劇道具，你叔說在你小時候答應過送你一把漂亮的劍，他後來忙於對付鬼子一直沒有做到，讓我務必替他完成。”

林雨果伸手接過，這把短劍很沉，劍鞘也精美，出鞘，劍刃閃著寒光，看得出並不是普通材質，應該是上好的鋼材鍛造的，只是沒有開刃。走出戲院，她一直在想四叔說要給她買劍的事，但腦海之中一片空白，倒是林漢孝的死，在她心中盤桓不去，反覆折磨著人的記憶。

3

林漢孝並沒有回滇緬公路，而是參加了“青抗會”，一直在潮州進行敵後活動，發動群眾，拿起武器，與日寇展開鬥爭。

而林阿娥在女兒去上學之後，則開始參加最為艱苦的潮鹽運輸。在日軍封鎖了南澳和韓江兩岸之後，食鹽作為必需品便被控制起來，對上游閩粵贛邊，潮鹽的運輸十分重要。但到了一九四三年，日寇對潮汕腹地採取蠶食戰術，一個村落一個小鎮逐步推進覆蓋，商品流通和人員流動都困難重重，於是只能用人力的方式運輸食鹽。林阿娥每天的工作是到山裡挑一擔柴草到集市去賣，再挑一擔食鹽走山路穿過被日寇控制的地方，以接力的方式將海邊的食鹽送到韓江上游大埔進行中轉，再運到福建和江西等地。

那兩年天氣大旱糧食歉收，潮汕地區餓殍遍野。林阿娥的母親為了把家裡的糧食留給女兒和外孫女林雨果，加上長年身體病痛，留了遺書之後便不知所終。有人説是跳了韓江，有人説是跳了碧河，有人説是出去後遇到鬼子被刺刀扎死。林阿娥明白母親的意思，她不想死在家裡。有非自然死亡的房子終歸不吉利，會讓人害怕。而她還是希望林阿娥母女搬到林宅來住，林漢先家的房子實在是太破了。生逢亂世，生死本來也沒有什麼好說的，林阿娥最為難過的是母親連死都要反覆考量，這才是悲哀之中的悲哀。

如果她們確如老太太所建議的那樣，搬到林宅去住，可能還可免去禍端。

因為漢奸的出賣，林漢孝在回到碧河四年零兩個月之後在接頭點被活抓，一切都是圈套。抓到林漢孝，敵人才知道這個外號黑龍的殺手竟然長著一張書生的臉龐，看起來弱不禁風，他們對其用了酷刑，但林漢孝至死什麼都沒說。周禮平知道林漢孝被活抓的消息之後，趕緊去林厝圍找林阿娥母女，想帶她們離開。但到了林家太陽已經落山，屋內漆黑，只有林雨果點著一盞煤油燈在寫作業，林阿娥還在外面挑鹽沒有回來。於是他讓林雨果自己找個地方躲起來，轉身便想去林阿娥回家的必經之路截住她，但終究還是晚了一步。他到了碧河橋頭，剛好看到林阿娥被人推上軍車帶走。林雨果很聰明，她到了梅花村最偏僻的角落找到小腳女人音姑。這也是她媽媽之前跟她約好的事，一旦有危險，就去找音姑。音姑那裡可以收到來自陳洪禮的救濟，即使現在救濟常常因為戰事的收緊而中斷，但小腳女人音姑幾乎已經成為她們母女最後的退路。林阿娥連寫給陳洪禮的遺書都提前放在音姑牀頭梳妝檯的櫃子裡。跟遺書放在一起的，是陳洪禮在曼谷道別時送給林雨果的一對腳環。小腳女人音姑拿過手，就知道這對腳環不是白銀，而是金子。她跟音姑說："我若死去，林雨果就拜託你了。"

這個剛烈的女人選擇在汽車加速前進的時候從車後面跳下來，她一定像跳水運動員一樣在腦海裡模擬了跳起翻滾的動作，即使雙手被捆了繩子，她也準確地讓自己的頭部著地，最後折斷頸椎而死，避免了一場淩辱。

林漢孝和其他六名同志是在四天之後被拉到碧河鎮破舊的戲台上處決的。日寇挨家挨戶把所能找到的人集中到曬穀埕上觀看處決表演。其他六名同志都被直接槍決或砍頭，只有林漢孝被一點點剖開肚子，腸子被殘忍地踩在腳下。這樣的殺戮還不能讓日本鬼子平息怒火，他們隨機又抓了好幾個村民，在戲台上練習刺刀衝刺。整個戲台被鮮血染紅，第二天收拾的農民說，腳踩上去都是黏的，血跡完全無法清洗，兩個月的時間裡，連牲口聞到味道都不敢靠近。

4

漢蓮是趕回來碧河的第一個親人。她在漢孝被殺的前一天晚上，便從睡夢中驚醒，然後控制不住地流眼淚。由於她此前生完小孩之後也有過一陣子的狂躁，家人也沒當回事，讓她多休息就好，應該沒有大問題。但第二天中午，也就是漢孝被處決的同一個時間，她倒地不起，內心感受到一種說不出的痛苦。然後她對趕來看她的聰兄說："可能要麻煩你陪我再去一趟碧河。"她和漢孝是雙胞胎，在母親肚子裡時就糾纏在一起，雖說活在人世的這三十年，他們聚少離多，但相互間的那種感應依然存在，這個是在小時候就被不斷驗證過了。

小時候漢孝調皮，到山裡面掏鳥窩從樹上摔下來，小腿骨折，在家裡的漢蓮就能馬上知道他受傷了。她會心慌難受，坐立不安，那份痛苦彷彿也讓她共享了。但如此劇烈的痛苦是從來沒有過的，她內心明白，一些不好的事情已經到來。聰兄說現在的局面跟此前不同了，回去風險極大，他說了一通道理，但漢蓮根本聽不進去。她讓聰兄想辦法："我不管，反正就是得回去。"

漢蓮的眼淚從來都是廉價的，特別在林雨果無論如何都不哭時，這樣的對比就顯得非常奇怪。但什麼樣的奇怪，現在也成為戰爭的一部分。碧河的人已經見慣了悲歡，也見慣了死亡。這幾年，棺材舖也關了門，葬禮被簡化為埋葬。空襲在碧河邊炸出了好幾個深坑，這些坑後來成為埋人的地方。飢餓和貧乏讓人以最簡潔的方式處理死去的人，恐懼被覆蓋上一層透明的麻木。

為了給母親和四叔做兩副木板拼裝的簡易棺材，十三歲的林雨果典當了最後一隻黃金腳環。她跟小腳女人音姑說："人死了，家裡也斷糧兩天了，這是最後一隻腳環了，花完了，我們就一起去死。”音姑平靜地說：“好，我先死。”所幸安葬了林阿娥和林漢孝之後不久，陳洪禮寄的批銀就到了，戰亂年月，批銀的折算總是遠不如從前。音姑說：“總比沒有好，那些沒有華僑的家庭，都快絕戶了。”林雨果說：“林家現在也跟絕戶差不多了。”音姑沒有接話。

按照漢蓮的理解，如果漢孝當時回到滇緬公路上，不要再直接參與戰鬥，可能就不會死。他是林家最年輕的男丁，而且還沒有結婚，漢蓮自然是希望他能延續林家的香火。但在滇緬公路上來來回回奔跑的林漢厚，也並未能看到日本鬼子投降。

那時林阿娥和林漢孝剛到昆明，如果信息溝通及時，他們完全可以不用走路，而只需要在昆明多待兩天，即可以由漢厚順路將他們送到廣西崑崙關附近。林漢孝剛趕著驢車上山，林漢厚的卡車隊就從山下經過。那時候南寧戰役危急，林漢厚和來自馬來亞的幾個年輕人一起被抽調編入特別部隊，趕到南寧前線運輸物資。這個任務其實非常危險，但他們幾個人都說潮州話，雖然口音有區別，但還是感到親切，特別是罵人的粗話，幾乎是一樣的。他們湊在一起罵日本鬼子，特別解氣，就這樣每夜都要開車，輪流三班倒，直至天亮。但過了一些天，崑崙關就失守了，他們被迫退入武鳴，被包圍了三天三夜，動彈不得。年輕人都說：“如果有武器，我們現在就上去跟他們拚了。”但是組織紀律不允許他們這麼衝動，他們需要保證運力充沛，讓前線有槍支彈藥，有食物和藥品，最缺的還有擔架。三天後援軍來了，打開一條血路，他們退入越南境內的高平地區，突擊搶運由越南中轉的軍用物資到前線去。後來日寇完全佔領了越南，他們特別部隊的車也未能倖免，全部被搶奪，只能跟隨當時駐扎在越南的人員，通過一個旅行社分三批回到昆明。

林漢厚回到昆明之後也沒有停下來，他只是簡單寫信給陳洪禮報了平安，也嘗試給碧河鎮寫信，前者陳洪禮收到了，而後者則無法寄達。他自己居無定所，也無法接收信件，因此跟家人完全斷了聯絡。其實在崑崙關戰役中，他曾經距離六妹漢萍只有兩公里，但只有神明知道這樣的距離。在漢厚的想像中，六妹正在護士學校讀書談戀愛，完全沒有料到她會如此奮不顧身。不過這樣也好，他在此之前不用為大兄林漢先的死而難過，在此之後也不必為林漢孝和大嫂林阿娥的死而悲傷。在一年多的時間裡，他在滇緬公路上開著車來來回回地跑，身邊很多剛認識的人因為瘧疾死在路上。他也曾因為瘧疾病倒，但僥倖不死，休息了三個星期之後又重新投入熱火朝天的運輸工作之中。

一九四二年五月四日，林漢厚在保山經歷了慘無人道的空襲。那天上午他和剛當了父親的戰友一起外出，戰友很開心，想買隻雞給正在坐月子的妻子補身體。回來的路上，林漢厚下車去領車隊的蓄電池，回頭一看戰友的車已經被炸飛。飛機轟鳴，他趕緊躲到田地的水溝裡才逃過一劫。那天日軍出動了五十四架戰機，有八千多人在轟炸中罹難。第二天，為了將日軍切斷在西岸，不得不果斷炸毀惠通橋，但林漢厚所在的那六輛車來不及撤退回來，被日軍俘虜。日軍留下五個人幫忙殺牛做飯，其他都直接槍斃了，一槍一人，毫不含糊。而林漢厚算是命好，剛好日寇炊事班的人過來，說得留三個俘虜去幫忙做飯，於是他被留下來當挑水的雜役。他第一擔水挑得比較積極，出去挑第二擔的時候就跳水，從惠通橋邊潛水回來。日本人開了數槍，發現人不見了，罵了幾句，也就沒有再浪費子彈。

過不了幾天，滇緬公路也被日寇切斷了。

5

林漢厚因為來自泰國，被派往泰國偵察拉翁軍事基地。為了完成任務，他提前接受了半年的專業訓練，每天除了格鬥，還需要熟悉所有關口的流程，工作性質跟此前當一名司機完全不同。訓練完畢以後，他先是到南寧，然後有人護送他到了東興，進入越南之後就比較順暢，從老撾湄公河到達沙灣拿吉，僱用獨木舟一樣的小船到泰國邊境木拉限，在那裡辦理入泰手續。有個官員對他嚴加盤問，很快漢厚就發現對方能說潮語。用家鄉話稍微溝通以後，那個華裔官員高聲訓斥他是個鄉巴佬，進門也不懂脫鞋，還不懂鞠躬，罵罵咧咧就讓他入境了。那人看似挑剔，其實是在幫他打掩護。

從烏汶到曼谷的火車，漢厚此前坐過幾回，但他發現現在完全不同，可能是因為接受訓練的關係，他能很好地看見之前看不見的細節，辨別哪些人可能是特務。當他們來盤查時，也明白如何應對。下了火車，他直奔熟悉的八方樓。當然職業訓練告訴他，不能直接在八方樓下車，而應該在附近的街區下車，再摸索過去。但剛下車，就有人拉他的衣角，顯然，他從車站出來時，就已經被人發現了。他跟著一個戴著白色帽子的人進了一家咖啡店。進門之後，對方脱帽，並在轉身的時候很自然地將白帽塞給他。而他十分利索地順手摸走了旁邊另一頂帽子，戴在頭上，大大方方走出去了。林漢厚走近吧台，點了一杯咖啡，然後伸手在帽子裡摸索，果然發現紙條。他喝咖啡，並趁著上廁所時打開了紙條。紙條上提醒他兩件事：一是路邊賣眼鏡的人在跟蹤他，二是不要回八方樓。

漢厚也是聰明人，他利用對曼谷的熟悉快速脱身。當他摸黑來到陳洪禮家時，已經是淩晨兩點。陳洪禮一直在後門的門邊等候，手裡報紙下面有一把手槍。見林漢厚安全進門，他才鬆了一口氣。十分鐘後，這個現在留著濃密鬍鬚的男人摘下他用於偽裝的茶色眼鏡，開始用力擤鼻涕。在他簡單的想像中，家裡的一切應該是不變的，但不曾想到當他面對敵機轟炸、蚊蟲瘧疾、懸崖峭壁的時候，他們林家也在不斷坍塌。羽先生死了，大哥自殺了，而大嫂怎麼會如此糊塗，帶著漢孝和雨果回到淪陷的碧河鎮，這不是往油鍋裡跳嗎？他問陳洪禮有漢孝他們消息嗎？陳洪禮説只知道順利到達，算是老天保佑。自古過番“三死六留一回歸”，加之戰亂，能回到碧河鎮實屬萬幸。後面的事禍福難料，就只能靠造化了。陳洪禮還告訴了他一個重要的消息，他說：“還記得那個走路扭屁股的喬春兒嗎？我讓人殺了，還有漢奸司徒康民，我借別人的手殺了。這兩個都是害死你大哥的主謀，你如果回去遇到阿娥，記得幫我把這個消息當面告訴他們，我在信裡沒辦法將這些事寫出來。”

沒錯，林漢厚也決定回到潮州去，回到碧河去，他無法安心待在泰國。但在此之前，他需要完成組織交給他的任務。在陳洪禮的幫助下，他來到春蓬，這裡距離拉翁基地只有一百五十公里，但已經只許日本人進出，裡面幾公里就有一個檢查站，根本進不去。漢厚只能住下了，他給英順伯打了電話，英順伯說他現在年紀大，一想事情就容易失眠，讓白菜姐來幫助他試試。白菜姐還是有辦法，她先讓漢厚到春蓬當地一家檳城華僑開的雜貨店上班，在那裡可以有機會搭乘卡車進入拉翁的菜館。白菜姐讓他別急，先想辦法留在菜館工作，這樣才有可能拿到一些有用的材料。按照這樣細心籌謀，步步為營的方法，兩個月後，他已經可以送菜給地道裡的駐軍，也大概摸清楚了裡面的武器倉庫情況。他小心繪製圖紙，並伺機撤退。他跟菜館老闆說這裡蚊子太多，他需要回家取蚊帳和藥品，老闆同意了，但他出門時，還是派人一直跟著他。跟蹤的那個人也很精，漢厚無論怎麼甩彷彿都甩不掉。最後他也沒有辦法，只能先把情報通過曼谷的接頭點轉移出去，自己冒險快速逃離，買了一張去萬倫的車票。本來以為萬無一失，但在越南的海防，他還是被扣押了下來。若干年後，林漢厚的骨灰回到碧河鎮，陶瓷罐子外面有一本證書，寫明他的姓名和烈士的身份。

二叔林漢忠則沒有那麼幸運，這個血性男兒最後連死亡的年份都不清楚。在東江縱隊五千五百多個名字裡面，竟然找不到他，後來他的戰友才發現一開始就弄錯了。而且大家都習慣叫他的綽號"阿豹"，甚至沒有人記得他的本名。在很長的時間裡，林雨果作為唯一的家屬，她總需要接待這些要給她敬軍禮的人，他們從不同的地方來，在她家裡的沙發上哭，在梅山林家的墓碑旁邊哭。她內心也非常難過，但她不知道為什麼就是哭不出來。

就像後來看到丈夫陳團結躺在棺材裡，她甚至覺得這個老頭子太調皮了，他的腿這麼可愛，放在小腹上面的手指也這麼短。他安靜躺著顯得棺材很大，而他像個乖巧的孩子。這樣的狀態也不知道維持了多久，一直到她在銀行的大廳裡填寫表格，她寫下陳團結的名字，還要寫上"死亡"，她突然就決堤了，幾十年的悲傷匯聚在一起，她在一棵蓮霧樹下暈倒了。醒來之後的第一個念頭，她想去泰國，她想拿著當年林阿娥寫好但沒有寄出的信去找陳洪禮，她想當面質問陳洪禮。母親林阿娥的那封信寫了又刪，刪了又寫，最後一張信紙上赫然這樣寫著：

> 洪禮兄，己卯年白露那天，你與漢先到底在我家二樓書房談了什麼，為何你離開不久，他就選擇自殺？這個謎團幾乎成為我的噩夢，盼兄解惑。

6

這一次，林雨果鋪開信紙，提筆寫信，她向洪禮伯提出要去曼谷看看。

林雨果並不知道的是，陳洪禮在陳團結去世的三年之前就在曼谷溘然長逝了，享年九十二歲。這十年，林雨果再也沒有寫信到曼谷請求寄錢；但每年除夕、中元節、霜降等幾個重要的節日時令，曼谷那邊還是會寄一些錢銀過來拜祖。僑批局和批腳早就消失不見，後期這類承載僑批功能的工作有個更為流行的説法叫作“旅遊”，走的是旅行社的路線。梅花村也有不少去泰國“旅遊”的，“旅遊”成為他們的職業。這些人往返於中泰之間中轉家書錢物，將潮汕這邊的特產貨物帶過去泰國，再從泰國帶信件和錢物過來。他們組成了十分緊密的網絡，維持著被時光之河沖刷得發白的親情。這幾年陳洪禮那邊連通信都沒有了，祭祖的錢銀全年合併在一起寄發一次。

這一回，旅遊團的批腳不是本縣人，而是個普寧人，臉上有顆黑痣，黑痣上面還長了幾根毛。他不算陌生人，因為奇特的長相，大家在背後給他取了一個綽號叫“烏痣”。烏痣從皮包裡取出薄薄的信封，信封裝著港幣，錢留下，信封要簽收帶回去。舊時的印章依然是簽收錢銀的憑證，只有見到三枚印章都整齊蓋在信封上，這次的番錢才算送到。

這次寄錢還附帶了一封信。給林雨果回信的是陳海福，他比她大兩歲，在信裡稱她“雨果吾妹”。陳海福的字寫得有點歪歪扭扭，不成章法，筆畫有明顯被泰文帶偏的痕跡。他在信裡說：“未及細稟者，先父已於三年前仙逝。”他的意思也很清楚，父親死時反覆叮囑寄錢回去拜祭祖宗是大事，不能忘本是做人的底線。陳海福說即使生活不易，後面每一年也會依照父親生前的安排寄錢。至於林雨果想去泰國，他們似乎非常抗拒：“萬不可來暹，路途艱辛，花費甚大，路費不若貼補唐山家用。”

看到這樣的回信，林雨果感到非常不高興。不高興的原因，一個是陳洪禮去世三年，而她現在才被告知；另一個是陳海福在信中表達的態度，彷彿她是他們家的寄生蟲，令人討厭卻甩不掉。於是，在準備了半年之後，也就是陳團結去世的第二年，她毅然踏上去往泰國的旅途。她在信裡告訴陳海福，她自行籌措路費，一切費用不需要他們為她承擔。

第二折
重修

1

到泰國那年，阿嫲林雨果已經六十五歲，她自認為身體還不錯，不過為了安全起見，她讓陳喬峰給她去找一根拐杖。這是個奇怪的任務，不過難不倒家裡全是木匠工具的陳喬峰，他帶著木鋸和小斧頭上到梅山，很快就帶回來三根拐杖，其中一根是葫蘆竹的，兩根是木頭的。

林雨果讓他去找拐杖，其實是為了把他支開。陳喬峰出門之後，林雨果和兒子陳純鋼、兒媳周小英開了一次小會。但林雨果顯然錯誤判斷了陳喬峰的聽話。這個十四歲的小孩身上不單有林家那種衝動而善於開拓的基因，也有陳家那種穩重和憨厚，另外還從他母親周小英那裡繼承了玲瓏剔透心思極細的精明。所以此刻陳喬峰並沒有跑，而是坐在巷子裡的石礅上偷聽屋裡說話。梅花村的老房子隔音極差，只隔著窗戶，放個屁都能聽得清清楚楚。

林雨果將林阿娥那封來不及寄出的信展示給他們看，把信讀了，把羽先生遇難和林漢先自殺的情況大概講了一遍，然後她故意問周小英：“小英你細心，你對這個事怎麼看？”

周小英說：“前兩代人的事，現在光憑這麼一封短短的信來推斷真相，難度比較大。但是可以看出兩點，就是洪禮老伯這麼長的時間裡一直給我們寄錢，要不就是因為愧疚，要不就是因為林家在曼谷還有財產，而且這財產確實產生了收益，所以只是基於愧疚將部分收益反饋到我們家？”

林雨果點了點頭，又搖了搖頭，對這樣的推理，她只同意一半，就是陳洪禮必定是愧疚的，只有虧欠的情感能讓人在這麼長的時間裡依然保持付出。但至於財產，她記得林阿娥跟她說過，林家在泰國幾乎沒有什麼財產了，八方樓是羽先生的，他們住的房子是長租的，唯一的財產是兩間很小的店舖。母親死後，林雨果有問過這兩間店舖的情況，陳洪禮語焉不詳。開始說已經沒有了，那兩間店舖在一九五九年曼谷街道拆遷中作為無主資產被推倒；後來在一九八八年碧河書樓有過一次重大的修繕，林雨果寫信給陳洪禮，而他則以林漢先的名義捐了一筆錢，關於這筆錢的來源他說是賣掉兩間原本屬林漢先的店舖，完全前後矛盾。

陳純鋼則說：“我看沒那麼複雜，就是洪禮老伯跟咱外公是八拜之交。”陳純鋼本來還想提醒母親，梅花村小學重建時，陳洪禮也以林漢先的名義捐過錢，現在小學門口石碑上還有捐建榜，林漢先名列第二。但周小英白了他一眼，他便沒敢再説話。

他們又梳理了一遍外出的細節，包括護照、住宿、地名和人名。林雨果用一個小開本的筆記本，一筆一畫仔細記錄。那個本子是陳喬峰覺得不好用丟棄的，林雨果捨不得扔，只是把前面幾頁撕掉了。林雨果有幾十年沒有出門，她甚至連潮州市區也很少去，所以這次出門她鄭重其事，有一種可愛的認真。

後來那個帶團的沈姨也來了，她叫林雨果“阿雨果老”，她説：“阿雨果老啊，咱們得千萬説清楚，帶你出去，不能留在泰國那邊，簽證時間結束之前，就得回來潮州，明白不？”

林雨果説：“不回來，我在那邊幹什麼？”

等到沈姨走後，她把兒子叫過來説：“純鋼啊，如果我不小心死在泰國，你無論如何也得想辦法把我弄回來，葬在這邊。”

陳純鋼感到很驚訝，但他只説了一句：“好。”

林雨果又説：“兩個孫子，陳無忌我是不擔心，就擔心這個陳喬峰。”

陳純鋼説：“你從小就惜阿峰。”

兩人無話。又過了一會兒，林雨果捂著胸口説：“不知怎麼的，最近總是心怦怦跳。”

陳純鋼説：“救心丹得記得帶。”

其實那瓶救心丹也是去年泰國那邊寄過來的。

林雨果説：“要不讓小英去青龍古廟拜拜，再去韓江邊給我取一撮土，我帶著去？”

陳純鋼説：“好。”他又追問要不要找冰嬸看個日子，林雨果搖搖頭説不用。

這是一九九六年，陳喬峰十四歲，正是立志逃離木雕行業的年齡。有一個叫 Beyond 的樂隊開始在同學中間流行：“鐘聲響起歸家的訊號，在他生命裡，彷彿帶點唏噓。”粵語歌曲的錄音帶在同學之間被頻繁交換，幾乎每人有一部隨身聽，那是他們去珠三角打工的父母或親戚寄給他們的。華僑已然變成一個遙遠的詞，僑批更是難得一見。陳喬峰也開始戴上耳機，把許多的話藏在心底。

2

這次泰國之旅，也是林雨果的傷心之旅，兩個月後她回來了，但整個臉色都是陰沉的，説起很多事情，火氣特別大，甚至還罵人。陳純鋼為了不讓她生氣，也就不讓其他人問。只是按照林雨果的安排，將應該贈送給村裡親戚的小禮物分發出去。其中贈送禮物的邏輯應該是，去泰國“旅遊”回來的人，等於是半個過番的人，理當給大家分發禮物，也有報平安的意思。

林雨果的情緒也隨著回到碧河慢慢平靜下來，有一些家裡有華僑的親戚，也紛紛到家裡來喝茶，詢問那邊的情況。林雨果耐心解答，她盡量挑好話說，挑好的地方說，不好的地方則自己消化。來喝茶的親戚，有的和顏悅色，也有的悲悲戚戚，有的人叫林雨果為團結嬸，有些人則叫雨果姑，有年輕人則直接叫她阿老，都是親切的尊稱。

熱鬧過後，日子又回到從前，甚至啥也沒有改變，然而林雨果還是病了好久。陳喬峰記得，那些日子家裡面經常有煮中藥的味道。陳純鋼在門口的蓮霧樹下面給林雨果煮藥，他總是笨手笨腳，有兩回還燒焦了藥鍋。周小英說："你去鼓搗你的木雕吧，中藥放著，我來煮。"

陳喬峰翻看著阿嫲帶回來的物品，卻感到非常新奇，其中有很多奇奇怪怪的物品，比如形狀怪異的鑰匙扣、各種材質的佛牌、各種形狀的摺頁佛經、各種登機牌和地圖，甚至還有西餐廳的刀叉。其中有一本相冊倒是非常珍貴，都是在泰國拍照時留下的，照片裡阿嫲沒怎麼笑，但旁邊的人都笑嘻嘻的。當然，大家將這樣一種不苟言笑理解為面對相機的緊張。

母親周小英問陳喬峰："你弄明白你的阿嫲從泰國回來到底因為什麼生氣了嗎？"

陳喬峰說："唔知。"

她又問陳純鋼，陳純鋼還沒有回答，她就自己幫他答了："阿峰都不知，你更不知道。"

周小英自言自語地說："如果說是因為錢，兩間店舖假設是有的，也賣了捐作書樓修繕款了，而且這麼多年寄番批，按理我們應該感恩戴德。但如果說因為她父親自殺原因調查，那洪禮伯去世也沒有人可以對質，這是過去的事，也應該不至於讓她如此生氣。”

分析不到理由，林雨果也沒有說，但陳喬峰可以從這些天阿嫲和訪客的對談，再結合照片，整理出她的旅遊線路。

林雨果從香港乘坐飛機到曼谷，這裡與她五十七年前離開時已經完全兩樣，或者說，那年她才八歲，其實什麼也記不住，想起來一片模糊。她說想去八方樓，但八方樓沒有了；她想看看曾經住過的家，但那裡現在是一個遊樂園。她曾經熟悉的人，羽先生、英順伯、白菜姐、陳洪禮、黑珍珠、翁如棋……全部都已經離開人世，接待她的是陳海福。陳海福在一間堆滿了各種商品的雜貨店裡接待了她，角落裡有電視，餐桌邊有人在吃飯，陳海福介紹說是他的家人，一一介紹以後，沒記住，因為他們基本都不會說潮州話，也不懂中文。他說陳家三兄弟，現在只剩下兩個，老三陳海壽三十多歲就英年早逝，老二前兩年中風，現在出入都由女兒用輪椅推著，所以今天未能過來見面。他自己開了一輩子出租車，現在主要靠這間雜貨店生活，日子過得去，說不上好，也說不上不好。陳海福重點給她介紹一個人，是他的大兒子，他說讓她稍等，他來打電話。於是過了四十分鐘，一個中年人走了進來，濃眉大眼，不高，但結實，陳海福說他叫陳錦桐，只有他能說潮州話，其他人都不太能說。然後介紹了他父親陳洪禮的安排。陳海福說，他算第二代，因為他是大兒子，所以陳洪禮指定了他來負責對接唐中的關係；而第三代，他看向了陳錦桐，說陳洪禮指定了錦桐來聯絡。

陳錦桐開始介紹自己，他果然很有語言天賦，他既會潮州話，也會一些普通話，講話很慢，但讓人感覺到陳家那種穩重的基因在他身上的延續。陳海福說："我膝蓋不好，去年還做了手術，走不了遠路，接下來就由錦桐帶你去逛逛，想去哪裡你就跟他說。"

就這樣，林雨果大概明白了陳海福為什麼在信中反覆叮囑她不要過來泰國。來的時候她想像陳洪禮家族，即使不是錦衣玉食，大概也是吃穿不愁的中產之家，但沒想到只是如此普通的生活，滿眼看到的都是生活的雞零狗碎，令人生出一地雞毛的凋敝之感。也許是原來的想像破滅之後的落差讓她產生這樣的感受，陳海福他們的生活也沒有那麼糟糕，但她總是不自然地皺起眉頭，完全開心不起來。她和陳海福握手告別，走出了那間雜貨店，她像一份漂洋過海的郵件那樣被中轉了。林雨果想起陳海福寫給她的信，信裡的那行字重新浮現在她腦海："未及細稟者，先父已於三年前仙逝。"洪禮伯去世了，這是一個重要事實，如今陳海福用一句話便把她轉交給陳錦桐，林雨果內心的悲愴無法言說。

3

陳錦桐不知道應該叫林雨果姑姑還是嬸嬸，林雨果說怎麼叫都對。陳錦桐說那叫林姑姑吧，發音順口。

第一天陳錦桐帶她到處去拜佛。潮州人最擅長求神拜佛，但一會兒看大佛，一會兒看臥佛，她並沒有興趣，也並沒有被那些巨大的佛像所震驚。她開始對泰國之行的目的感到非常模糊，對，為什麼要來呢？為什麼需要故地重遊呢？更讓人心寒的是，所謂的故地，事實上跟你一點關係都沒有。

倒是陳錦桐，外表穩重，但內心其實非常活潑，說起話來感覺心理年齡遠低於實際年齡，對一切似乎還充滿了熱情。按他自己介紹，他也有三十四歲了，這個年齡在九十年代的潮州，早已經是暮氣沉沉，而他彷彿還是個小孩一樣，笑起來特別天真。他非常認真地給這個潮州來的林姑姑介紹泰國眾多建築的歷史，還專門講述華人在泰國歷史中發揮過的作用。雖然準備得很用心，然而林雨果覺得好像自己是來聽課的。

所以，你為什麼要故地重遊？她在內心一次次問自己。

陳錦桐倒是表現出對她非常了解，說這邊的親戚對她都非常欽佩，覺得她是一個了不起的女性，又改口說女人，但又說，女性和女人都對，他顯然是在選擇口語用詞。

她故意問："怎麼個欽佩法？我又沒做什麼豐功偉績的事情。"

陳錦桐開始滔滔不絕地講述。他說：“根據我們掌握的故事，二戰的時候，你很厲害，三次帶著媽媽躲開了日本人的追捕，放學後還跟在媽媽身後去挑鹽擔，幹農活兒，會做飯，嗯……還幫當地的遊擊隊送過信，幫你的叔，嗯……四叔吧，漢孝叔打過掩護，後來一個人扛起了整個家庭，還幫我阿公照顧老岳母……”

林雨果忍不住打斷他：“是音姑她照顧我，不是我照顧她。”

“互相照顧吧，一個意思。還有還有，日子艱難的時候，你還會行醫接生，還能做豬腳圈。對吧，那種早餐吃的食物，叫豬腳圈，每天賣豬腳圈，養孩子……反正我阿公說，好姿娘就是腳桶箍，你非常了不起，一個人撐起一個家庭，還照顧好了親戚朋友的人情來往……哦，還有，你八歲時的照片刊登到了新加坡最大的華文報紙上，整一版！我家裡還掛著你當時那張報紙的原件，用相框掛起來……”

林雨果第一次從一個陌生人的嘴裡聽到了自己的傳說，內心還是感動的。

除了各種佛寺，潮州會館還是值得一看的。到了義山亭，林雨果正想問什麼是義山，她想到的是李義山，但潮州會館好像跟李商隱沒關係，忽然見到旁邊石刻的句子“老死埋骨於義山”，突然明白過來，所謂義山，便是墳場，專門收埋孤身過番不幸死在異鄉的同胞屍骨。陳錦桐卻已經用不太標準的潮州話開始唱：

暹羅船，水迢迢，會生會死在今朝。
過番若是賺無食，變作番鬼恨難消。
心慌慌、意忙忙，上山做苦工，
日出分伊曝（曬），落雨分伊淋。
所扛大杉楹（大木頭），所做日共夜，
所住破寮棚，真真慘過蝦。
渡過黑水（七洲洋），吃過苦水，
滿懷心事付流水；
想做座山（基業），無回唐山，
終老屍骨歸義山（墳墓群）。

潮州會館讓她重新理解父輩漂洋過海的不易。她從曼谷回到潮州時年齡太小了，缺乏足夠的理解力去弄清楚父輩為什麼在曼谷。而回去以後，親人暴斃，無依無靠，應付生活已經非常艱難。反而是此刻，在陳錦桐的歌聲中她內心好像感受到一個全新的東西，以往的記憶浮現，父母在曼谷時的對話，羽先生、英順伯的對話，某些沉潛的記憶似乎被喚醒和激活，曼谷的生活和潮州的生活總算不是破碎的，而是第一次實現了奇妙的連接。

她想，這也許就是她來到曼谷的原因吧。並不是為了尋找生活的轉機，也不是為了尋到某個答案，而僅僅是連接，這個世界的許多事物都是這樣，連接起來就好了。

林雨果就這樣在曼谷到處走走，轉眼一個月過去了，陳錦桐說該去的都差不多去過了，他提議到四色菊府去看看，那邊有他阿公陳洪禮創辦的學校，還有英順伯捐建的梅山公祠。林雨果覺得可以，於是他們乘坐火車前往四色菊府。在路上，林雨果問陳錦桐，來曼谷以前，所有人都跟她說潮州話在曼谷幾乎可以通行，但為什麼這些天她到處走，沒發現潮州話行得通。就比如剛才買車票，還不是得用泰語，不然根本無法溝通。陳錦桐解釋說："根據幾年前官方公佈的統計數字，在曼谷，一千個人中，只有六七個人識得華文，大部分的華僑都會將孩子送到泰文學校。" 林雨果說："你的阿公，我們的陳校長，為開設華文學校奮鬥了一輩子，自己的子孫卻大部分不會說中文，你不覺得這非常諷刺嗎？" 陳錦桐聽得出裡面的情緒，他說："有一些事是環境和趨勢，一個人的力量畢竟很難去改變，我只能這麼去理解這件事，但不代表我阿公的付出就沒有意義。我們也經常要做一些貌似無效，但實際意義非凡的事。"

"比如？"

"我一時想不到，想到了告訴你。"

他們在四色菊府的車站下車，車站不大，但精緻。第二天他們前往梅山公祠，門口有一副對聯寫著：

梅花傳香韻　海外靈川開勝景

山氣聚祥雲　庭前棠棣佔春風

一看落款，是翁如棋寫的。林雨果說她還記得翁如棋，那時候在曼谷所有人都誇他寫得一手好字，要林雨果長大跟他學習書法。他們到梅山公祠轉了一圈，祠堂很精緻，用了一些嵌瓷工藝，大門上面便美輪美奐，有一道圓弧形的圍牆在大門前面圍出來了一個院子。置身其中，彷彿身在潮州。林雨果在梅山公祠走了一圈之後出來，便跟陳錦桐說她逛累了，想提前回潮州。

林雨果回到香港，帶團的沈姨問她此行的感受。她說："曼谷的運河沒有一條是清水，都是污水。你看看我們的家鄉，我們的碧河，跳下去游泳能看見腳指頭，水清了，人也就心清。"

4

林雨果回到了碧河鎮，回到梅山村家中，曼谷之行慢慢變成往事，而時光之舟永不停步。

碧河淙淙，歲月茫茫，故事在虛構與真實之間穿行，只是城市的變化確實真實發生。讓林雨果沒有料到的是，未來許多年裡，潮州的水也曾變得渾濁，然後才回歸清澈，這個輪迴似乎是發展的必然過程。

潮州東郊，梅花村這座歷經千年的古村落，正在煥發新的生機。遙想北宋元符年間，此處白鳥起落，鶴鷺棲息。可以想像那個時候，這些白色而高貴的鳥兒在淺水中走來走去，傲然而立，顧盼生輝。碧河作為韓江的支流從其間穿過，關於一代文宗韓愈的故事還在這片土地上流傳。陳氏族人來到這裡，開枝散葉，自此"一門三進士，全族九知縣"的驕傲讓梅山成為凝聚人心的所在。而隨著牛肉火鍋成為潮州必吃美食，這裡節假日竟然常常塞車，特別是在碧河橋頭。

碧河水流湍急，碧河渡作為進入潮州城的必經之地凶險異常，僅靠兩艘渡船來回運載行人貨物，曾經發生過一天翻船六次的慘劇，溺亡的多為不會游泳的婦女或小孩。十二歲的林雨果就曾見過日本鬼子在碧河渡頭搭建可以通車的木橋，架設機槍，對過往行人隨意掃射。那時人們為了避開鬼子，依然會選擇在下游乘船過渡。有一回，林雨果和母親林阿娥各挑著一擔食鹽過渡，母親挑大擔子，她挑小擔子，剛好遇到鬼子在河堤上開槍射擊，險些都成為河邊亡魂。即便如此，碧河渡口依然是通往潮州城較為便利的通道。在漫長的時間裡，碧河上無數次架設過木橋，但無數次在暴雨之後被沖毀。二十世紀六十年代也建成一座三十三孔木石結構雙層橋，不久暴雨又把橋沖毀，幾年後才又用混凝土結構橋板替換原來的木板橋面。二十世紀八十年代再次加固，增設欄杆和橋閘，成為周圍萬畝良田的重要水利工程。潮汕平原耕地其實不多，故此潮州人耕田如繡花。而要到周小英成為家庭主力的時候，繡花和鉤花才成為碧河鎮萬千少女必須掌握的生存技能。陳團結那年從深山裡回來，從橋上走過，就看到周小英和她的父親在碧河上撐船捕魚尋生計，他們隔著很遠就互相問候打招呼，雖然說話都聽不見。周小英的遠房三老叔就是周禮平，周禮平跟林漢孝是好朋友。反正在碧河，很多關係就是這樣跟藤蔓一樣牽來牽去，必須到吃喜宴，或站著吃席，才會發現原先以為沒有關係的兩家人，原來也是親戚關係。

林漢孝被當眾殺害那年，陳團結十四歲。某一天他推著家裡的獨輪車從書樓旁邊過，遇到林阿娥帶著林雨果從外面回來，兩人手裡都拿著扁擔。林雨果走在前面，目不斜視往家裡行進；林阿娥卻停了下來，走近他，問："你是陳團結吧？"陳團結點點頭。林阿娥伸手摸摸他的頭，又捏了捏臉蛋，說："長得真結實。"陳團結以為她要說什麼話，但沒有，她只是笑盈盈地看著他，然後說："雨果比你小一歲，是妹妹，你多照顧她，知道不？"陳團結"嗯"了一聲，推著獨輪車離開了。

周小英的父親在碧河上生活了很久，見過橋上耕牛落水，也見過汛期溪水如何漫過橋面。後來，周小英經人介紹，嫁給了陳純鋼。周小英的父親喝醉酒掉進河裡淹死了，從此河裡沒有人捕魚了。村裡有人議論說如果周小英不出嫁，父親掉進水裡就能有人發現；但只有周小英知道，她之前從水裡將醉酒的父親撈上來幾次，酒醒了他都不高興，或許這對他來說是最好的死法。在周小英看來，很多事她無法改變，她只能去改變生活中能改變的部分，比如緊緊握住鉤花針。

碧河裡一直有小孩來游泳。在陳喬峰的童年記憶中，他和小夥伴們幾乎每天都必須騎著自行車從橋上經過，這裡是碧河鎮少年的樂園，也是碧河鎮少年的泳池。這個泳池裡沒有城市的規矩，蛙泳也不必有節奏出水換氣。陳喬峰喜歡從橋墩上跳水，在橋洞裡聽河水漫過橋閘的轟鳴。他喜歡這座橋。死去的人從橋上經過去往梅山，活著的人從橋上經過迎娶新娘，這條溪流和這座小橋成為陳喬峰的精神坐標。對於廣袤的大地來說，一條小河似乎微不足道，但是這樣的水和橋，成為幾代人的共同記憶。小時候，家在橋這頭，田在橋那頭；長大了，家搬到橋那頭，祖屋、祠堂和書樓留在橋這頭。

時光在改變一切，比如湘子橋拆除了中間可以通車的鋼架，恢復啟閉式梭船結構；比如太平路風貌修復，重新變成牌坊街，成為潮州人流最密集的街道；比如在海內外潮州人的努力下，鎮海樓重建了。時光又彷彿什麼都沒有改變，來到碧河的人依舊可以看到這個古村落時光與傳統的美好。

如果你去問任何一個遊客，這些年潮州古城最大的變化是什麼，他們必定會告訴你，節假日人太多了，酒店人滿為患。酒店住滿了，可以住民宿嘛，然而，民宿也滿了。

李啟銘是從二〇〇九年便開始關注民宿行業，那年牌坊街剛剛開始正式開放。他算是第一批吃螃蟹的人，當時頂著很大的壓力，大家對這樣吃力不討好的行當都不太看好。好在李啟銘有一個闊氣多金的老爸，他開口就要一百萬元，説明了緣由，他老爸並沒有多説一句話，而是直接問一百萬夠不夠。就這樣，夏雨齋作為第一個被改造的項目，顯得非常重要。李啟銘找到認識多年的朋友陳喬峰，他開口第一句話是：“我有一個項目，只許成功不許失敗，幹不幹？”

陳喬峰說：“失敗會不會死人？”李啟銘說：“可能我老爸會打死我。”陳喬峰笑了：“那就幹。”

黃博琳後來說：“敢情我們從夏雨齋建設那會兒，三個人的命盤就交會了，命運的齒輪從此開始咬合在一塊兒了？”確實如此，研究生畢業那年陳喬峰正在找工作，找了很久也沒有什麼好去處，剛好李啟銘拉著他一起設計夏雨齋，他也樂意做這個事，於是埋頭苦幹忙碌了兩個半月，推敲各種細節，確定用料材質，挑選好施工隊，支付啟動款便開始施工。按理來說，他作為設計師是必須監督實施到完成，但廣州那邊一家知名的玉石設計公司突然通知他去上班，於是他只能笑著對李啟銘說：“沒機會看到你是怎麼被你老爸打死的，很遺憾啊。”

陳喬峰又想起黃博琳的事，有個疑竇一直存在，他問李啟銘：“那黃博琳怎麼就無縫銜接來給你拍攝民宿修繕紀錄片了？”

“她那會兒正在找題材拍攝畢業作品，通過新加坡的商會知道我正在鼓搗民宿，又在潮州，於是就跑過來找我。你們大概就是在路上這樣擦肩而過，兩條平行的鐵軌，彼此又不能知道。”

陳喬峰眼前浮現兩列火車相向而來，在不同軌道上交錯而又各自遠去的情景。火車的轟鳴聲、呼呼風聲如在耳邊。

“一切都是天意，那時還沒有微信，我上網還必須跑去網吧。”

5

秋風起，吃魚生。即使秋風未起，也不耽誤吃魚生。看堂哥陳得海切魚生，就像看雜技表演，刀在魚肉中間遊走，非常有節奏感。陳得海讓弟弟陳得江招呼陳喬峰和李啟銘坐下，說你們先吃魚生，現在客人多，我忙完了再過來找你們。

魚生還沒有切好，配料先擺滿了桌子。在喝酒之前，李啟銘勸說陳喬峰，主要還是勸他要回歸木雕的正軌上來。喝了兩瓶啤酒之後，他們開始交流戀愛經驗。李啟銘說，對黃博琳這樣的女孩，你不能小看她，她具有太多可能性了；但你也不能太高看她，她畢竟是女人，她總是需要被愛，被疼惜，所以你守株待兔也是對的。你只需要在她渴望愛的時候，在她門口站著即可。她終究還是會把門打開，讓你進去的。陳喬峰說，今天我們不談黃博琳。不談，就是喝悶酒了。不過好朋友在一起，不說話也不要緊，只是辜負了一桌好菜。陳喬峰終於還是問，黃博琳下次什麼時候來潮州？李啟銘說，不知道，今天我們不談女人，只喝酒。

他們對視了一眼，笑了。李啟銘說，人生值得興致勃勃去談論的話題，為什麼這麼少？陳喬峰說，所以我得鼓搗木頭，你得鼓搗民宿，還有人鼓搗釣魚、露營，生活本來就非常寡淡，得靠自己去鼓搗。再比如工夫茶，一言以蔽之，樹葉沖開水而已，但你得鼓搗。一旦講究，裡面就有諸多門道，你就得開始研究，什麼茶類，什麼品種，是不是烏崠茶，海拔多少種的茶，如此種種完全沒有盡頭。李啟銘說，所以為什麼說潮州人會生活，因為潮州人的時間都耗費在這些精緻而緩慢的事物上，積極方面說是沉溺於美好，消極方面說就是不太上進。陳喬峰說，是啊，我在廣州工作時認識一個人，從早上九點到下午三四點，每天就對著一個起伏波折的 K 線圖，我心想這是多麼枯燥的工作，線條變紅向上揚就激動，線條變綠向下衝也激動。這樣對比來看，還是研究樹葉沖開水的生活更好玩一些。

“就說你，你玩民居活化，也不是為了賺錢吧？”

“不能這麼說，開始不是單純為了賺錢，但後來確實也賺錢了，不能把情懷和賺錢對立起來嘛。”

等他們快吃完了，陳得海的生意也忙得差不多。陳得海跟弟弟陳得江交代了幾句，讓他管廚房，這才走過來，用帶著魚腥味的手給他們倆遞煙。陳喬峰不抽。李啟銘則接過煙點上，兩人開始談書樓出租的事。

李啟銘問情況如何，因為上一次他和黃博琳過來送木雕時，陳得海新婚燕爾，酒喝多了，根本沒辦法和他們說話聊天。後來他又來了一次，喝茶，把大概的意思說了。但陳得海說他也做不了主，得去問他爸。過了一些天，又打電話說，他爸也做不得主，還得問老人們。老人們是個很廣泛的概念，梅花村的老人雖然不多，但也不少，要是老人組[1]裡頭每個人都出一個意見，這個事終究還是搞不成。李啟銘只能再次強調"民居活化"的概念，反覆強調經營不完全為了賺錢，而是為了更好地保護這樣一棟古老的建築。

陳得海說："你說的我都明白，但老人們總是不太明白，我難道能一個一個跟他們去說？也說不清楚。從來就沒有這樣的先例，把書樓租出去，這個概念等於把祠堂租出去。哪個村會把自己的祠堂租出去？這樣傳出去豈不是非常丟面子。所以說，難度太大了，不是我不想幫你。"

李啟銘更直接說："如果這個困難是錢能夠解決的，那就看看應該怎麼花錢。"

陳得海只是抽煙。

李啟銘說："我這幾年也處理過好幾個難搞的民居活化案例，你們這個算是權屬比較清楚，能找得到當事人。我處理的案例很多找不到當事人，或者整套祖宅一共有十幾個業主，家族共同持有，其中有一些業主可能已經在國外做生意，只要有一個不同意，這個事就做不成。但我做民居活化，辦民宿，做文化空間，其實後續的運營都有一套成熟的標準，也就是護城河其實不深，最難的部分反而是跟原來的產權方如何對接的問題。直覺告訴我，碧河書樓還是有可能被解決的，因為我也走

---

[1] 老人組是潮汕地區專為老年人組織的休閒活動場所，亦承擔調解民事糾紛、協助村中公益事務等職責。

訪過一些人，有許多人內心還是期待它能被改造和保護。”

陳得海還是抽煙，沒說話。

陳喬峰看這個情形，於是接話說：“這棟書樓確實非常漂亮，主體建築不太需要動，就是稍微修修補補，盡量修舊如舊，讓它帶著滄桑的感覺。周圍的環境倒是非常需要整理，特別是那個院子，這次在書樓辦喜宴當然很有意義，但如果有燈光，再有一些基礎的設施配置，那會非常時尚。”陳喬峰感覺自己說這些好像也沒什麼用，只是他也得說點什麼，他明白李啟銘要說的已經快說完了。

沒料到陳得海看他接話，在煙灰缸裡把香煙摁滅，然後說：“倒是有一個法子。”他停住，手掌在空中切了兩下，李啟銘也停了下來，看著他。

“這個法子成功的概率比較高，你去找伊阿嫲。”陳得海說，“只要說林雨果支持，村裡的老人多半都會支持。”

陳喬峰聽完大駭：“你這是把事情往我這邊推，我們屬大房，大房怎麼管二房的事？”

“你們聽我的沒錯，真的，不是開玩笑。以你阿嫲在老人中間的威望，只要她站出來說句話，一定能成。”

這時候陳得江也走過來，他喝了一杯茶，也響應哥哥陳得海的觀點。陳得江說，村子裡很多說不清楚的事一般要去問冰嬸；但這些可以講道理說得清楚的事，就問團結嬸。團結嬸是見過大世面的人，每次遇到問題都能說出個一二三四，當然她並不是什麼事都能發表意見，但凡她能開口說話，則必定說得十分中肯。光是聽她那分析問題的語氣，無論對錯都讓人佩服。

6

李啟銘雖然說今天不討論女人，但喝了一點酒，回到家，陳喬峰竟然開始想念黃博琳。他在腦海中開始梳理多年之前跟黃博琳的交往，那場持續三個月零九天的初戀。在廣州，他們一起走過很多地方，從中山紀念堂北門登上越秀山，看了鎮海樓，一路上人來人往，但陳喬峰眼裡，只有黃博琳。他聽她說新加坡的童年生活，聽她說她的導演夢；而他給她說潮州，說碧河古鎮那些小巷子，牆壁上總是裸露出來的斑駁。青苔上的蝸牛，水井邊的螞蟻，倒塌的土牆上露出深海的貝殼。時光總是匆匆流轉。

夜深了，陳喬峰並不能入眠。他索性起牀，打開櫃子裡的相冊本子，翻找了起來，卻發現相冊裡都是他幫黃博琳拍的照片，而他們倆的合影卻少得可憐。當時為什麼會洗那麼多她的照片？大概是為了紀念，或者他心裡也明白，像黃博琳這樣活潑的小妖精，大概只能如同流星一樣劃過他的生命，彼此互為過客。他無意間在那本珍藏多年的相冊裡抽出了一張紙，上面竟然是一首詩。他不禁一笑，他什麼時候寫過詩，他都忘記了。不過這代人，誰年輕時候談戀愛，不寫幾首情詩呢？定睛細看，詩歌的標題是《珠江邊暢飲，寫給黃博琳》。這個標題讓他大概回憶起來了，那是分手之後寫的詩歌，看來也沒有機會送給黃博琳。他坐在地板上，開始用低低的聲音唸自己八年前寫的詩歌：

是時候承認我在想念一個人
用地層深處儲蓄的能量
在心裡模擬她的唇，她的笑
假如你愛一個人
那就是愛一個人
沒有假如，沒有逃避風險的僥倖和猶豫
我要出發，前往勇敢之地
此生我只活一次
只要此刻在，就是永遠在
懷裡的，溫暖的，光芒籠罩的
你要不顧一切去完成一種想像
去驅逐羊群，去做馬蹄之下的野草
我努力挽留樹影中屬詩的部分
而南方並沒有落葉
不必告別，也沒有解藥
寒露已過，江邊溫度適宜
剛好用來告別

啤酒杯的碰撞聲裡有人談起熱烈的新歡
看不見星空也需要赤誠以待
這世間的事，熱氣球飄來飄去
繁華裡有人縱馬而過
唯有一江秋水倒映著寂寞的燈火
我看到磚塊與磚塊被砌在一起
從此不曾分開
我曾幻想江湖兒女在大海邊相逢
彼此互為燈塔，告別變得漫長
如今這個秋天是一隻空空的酒瓶
手機裡放出嘶啞的歌
也不能把它填滿
這城市裡一往情深向來昂貴
為誰虛掩的門輕輕閉合
偶爾還是會想起江邊的那次賭氣
喊一聲親愛的，從此恩斷義絕

讀完他覺得自己那時候還寫得不錯，反正現在他再也寫不出這樣的情詩。這大概也是他寫過的唯一一首詩。他把這首詩拍照，用微信發給黃博琳。等了很久，黃博琳也沒有回覆。他拉開窗簾，看到窗外的明月，心想自己這輩子大概就栽在這姑娘手裡了。夜深了，他在想黃博琳這幾天會在忙什麼，胡思亂想，不知不覺便睡著了。第二天他醒來的第一件事，便是看微信，看到黃博琳給他回覆了一個表情，是一張笑臉，他也笑了。

笑臉表情下面，黃博琳說：“詩人，早上好啊。”

一種熟悉的感覺重新回來了。突然他又想到，現在有微信這樣的聊天工具，一個人和另一個人的溝通尚且如此困難。一百年前用書信，手寫一封情書寄出去，千山萬水，漂洋過海，紙短情長如何能說得清楚？夫妻之間，母子之間，情侶之間，又如何能知道對方收到信件時，會不會生死永隔？念及此，陳喬峰不禁又長長歎了一口氣。

他在微信上回覆：“早上好啊，小精靈。”

“小精靈”是八年前他對她的昵稱，估計她早就忘記了。

第三折
尋蹤

1

陳錦桐一直沒有弄明白，林姑姑為什麼從泰國回到潮州之後，就跟曼谷幾乎斷了聯繫。他後來寫過兩次信，都沒有回覆，又寫了一封長信，才收到了回信，不過林雨果也只是簡單回覆了幾句客套話。

半年後陳錦桐到新加坡出差，順道找黃亞谷喝酒，喝高興了，陳錦桐便將他內心的不高興說了出來。黃亞谷家和陳錦桐家是世交，他的老伯黃先生跟陳洪禮是非常要好的朋友，兩人經常通信，每次信都寫得很長。黃亞谷說，當年林雨果和她母親來到新加坡，還是他老伯接待的，當時還拍了照片，還有媒體跟進報道。林漢先他沒見過，據說當年林漢先跟著羽先生到新加坡來過，還在黃家住了兩天。此後林漢先跟他家老伯也有信件往來，信裡面談到了攝影，這是兩人的共同愛好。黃亞谷還建議陳錦桐去找找老物件，把他阿公的信件之類的東西找出來看看，應該能找到解開其內心疑竇的一些線索。最後他說："話說回來，做這些事情本來就是自尋煩惱，也都不利於好好賺錢，你考慮清楚就好。"

陳錦桐回到曼谷以後，跟父親陳海福說他要找阿公的信件，陳海福指了指二樓的一間雜物房，說都在裡頭，非常多，自己慢慢去翻。於是陳錦桐隔三岔五就到雜物房去，在塵土飛揚的舊物品之中尋找線索。陳錦桐感歎黃亞谷果然聰明，他很快在一堆相冊中間發現了阿公陳洪禮的日記本。這個日記本很奇怪，並不是每天都有記錄，而是非常隨性，也非常雜，有些日期完全空白，有些日期則事無巨細，甚至於日常購物的花銷都登記進去，跟阿公以往給人的穩重老到、有條不紊的形象完全不同。緊接著他又發現，這些日記本好像也不齊全，有一些年份缺失了，於是他突然想到，可能阿公到了晚年時候，有意識開始清理掉自己的某些日記。但為什麼不全部燒掉呢？可能因為捨不得，也可能是因為某些連他自己也說不清楚的原因。

好吧，於是他乾脆將雜物間裡頭所有材料都打包在紙箱裡，然後用卡車運到自己家裡。父親陳海福樂得家裡可以騰出一些空間擺放雜物，對他這樣的做法大加讚賞。

接下來，陳錦桐就以陳家人那種做事有條不紊的強迫症，按照年份分門別類，將所有材料整理好，齊刷刷鋪滿了整個房間。他跟黃亞谷打電話，說："整理這些舊物品，比賺錢有意思多了。"黃亞谷說："其實也不是不能賺錢，你不如多收集一些，最好還能有一些國內的老物件，到時可以來新加坡做一個展覽，我來幫你做策劃，應該蠻有意思，說不定還真能賺點錢。老一輩不是說了，有錢大家一起賺嘛。”

潮州人生意經中的機敏和共贏在黃亞谷的一席話中體現得淋漓盡致，但陳錦桐不得不承認黃亞谷說的非常有道理。陳錦桐也跟林雨果的家人一樣開始推測老太太不高興的原因，並從材料之中找證據。幾個月下來，原因沒有找到，證據也沒有找到，但他從所有的信件日記材料之中聽到阿公陳洪禮內心的聲音：他想回潮州。

以往的點點滴滴在他內心匯聚起來。那時阿公已經八十多歲了，腿腳不便，他有一台非常高級的電動輪椅，進進出出，大家都說他是機器人。某一日他突然做了決定，說要坐飛機回碧河鎮，大家都反對。於是他偷偷託人買了機票，自己開著他的電動輪椅就出去了。突然找不到老人大家都急了，報了警，最後是在曼谷機場的出發大廳找到他的。陳錦桐是第一批趕到機場的家人，只看到阿公在人來人往的機場大廳的中央嗚嗚哭泣。他那時候年輕氣盛，只覺得這樣非常丟人，又覺得阿公非常不聽話，跟著家人一起批評教育阿公。

“明明知道自己對飛機輪船都有恐懼症，竟然還敢往機場跑？”

這是阿公頭腦清醒時唯一一次行動，行動以失敗並被批評教育告終。陳錦桐記得阿公隨後被帶到機場的角落裡，在那裡哭了好久，整個身體都在顫抖。陳錦桐如今想來，只覺得阿公就像一隻折斷了翅膀的小鳥，想飛卻飛不起來，充滿了無助。

後來在陳洪禮生命的最後幾年，他完全處於一個迷糊的狀態，他甚至已經不認識陳海福，也不認識陳海祿。陳海祿那時也行動不便，於是正好將他們兩個放在一個大房間，一起照應。陳海祿的作用後來就變成了一個鬧鐘："快來人啊，老爸跑了！"

患上老年癡呆之後的陳洪禮，整個身體反而變得更加靈活，彷彿可以隨意變形。他有時候自己啟動輪椅就出去了。為了不讓他跑，家人給他換了需要人力的輪椅，他推著輪椅也跑了。後來還用繩索將他固定在輪椅上，他竟然掙脱了輪椅，趁著陳海祿熟睡之時，用手掌的力量撐著往外移動，在黑夜裡穿過好幾條馬路，來到碼頭上。碼頭上有乞討的乞丐，他順手抓走了乞丐的鐵盆，用鐵盆向著大海的方向敲，一下，兩下，三下……乞丐看清楚搶走鐵盆的是個渾身污泥的老人，也不敢上前搶回來。那時陳洪禮已經不會説話，他用鐵盆敲著欄杆，又換了位置敲擊著石頭，家人趕到時，發現他已經力氣用盡，嘴裡發出含混的聲音。當他將阿公帶回家，他發現阿公的指甲裡都是黑泥，是他幫阿公洗手，一點點刷洗指甲，但阿公的嘴巴裡依舊發出那個聲音。那個聲音有含義嗎？陳錦桐努力回憶著，模仿阿公當時發出的那個聲音，慢慢他清楚地聽到自己的嘴巴發出一個潮州話字音：

"返、返、返、返、返……"

2

阿公口中最後一個含混的聲音，是貫穿他的死亡的，在生命的最後，他表達任何意思都只能用這個聲音，包括喝水和大小便。

讀懂了這個聲音之後，陳錦桐內心有一種涼透了的感覺，他有限的漢語詞彙無法表達這種感覺。絞痛？心如刀絞？差不多是那樣的。然後他突然也就明白了林雨果在曼谷時望向曼谷灣的眼神。那就是孤獨，物是人非的孤獨之感。“這彷彿是一道數獨題，揭開了一個謎語，才能明白另一個謎語。”他在隨身攜帶的筆記本上寫下了這句話。

她努力在尋找從前的痕跡，而陳錦桐帶著她一間佛寺又一間佛寺到處逛。怎麼說呢，她曾經是主人，而如今是遊客。他依舊找不到合適的詞語來表達這個意思，也許唐詩宋詞裡有這個意思，但他不會背誦。

他決定寫一封信去表達自己內心的歉意。信寫了很多遍，依舊覺得詞不達意。於是另外一個想法在心底生成：我可以去潮州找林雨果當面說。然後，另一個想法也就冒出來：應該幫阿公陳洪禮完成他回家的心願，身體不能回家，但靈魂應該回去。這個應該有一個詞語，有的，他翻找了一下阿公的日記，裡面有一頁寫得滿滿的，但只是重複了一個詞語：魂歸故里。這一頁紙出現的時間，正是林阿娥決定護送林漢先的骨灰回到梅山的第二天。他之前簡單地將這一張寫滿“魂歸故里”的紙理解為對林漢先的祝願，而在這些或端正或潦草的不同樣式的書寫中，似乎有一種情感的流動。陳錦桐拿出一張白紙照著描了一遍，他慢慢也明白了，這不是平靜的祝願，而是一種羨慕和嫉妒。

這一頁日記的後面，卻格外疏朗，空空的紙上只寫著兩句話：“歷盡千劫，只為歸潮。”陳錦桐想起來了，這句話是作為林阿娥護送骨灰回去這個行動的標語和主題的。

但如何才算魂歸故里呢？

他打電話求教黃亞谷。黃亞谷似乎什麼都懂，他說：“這個很簡單啊，以前靈魂無法回去的人，就用一張紙寫上姓名和生辰八字，然後拿到家鄉的宗祠去，在某個節日或祭拜的儀式上焚香燒掉，最好祠堂裡也供上牌位，儀式就算完成。”

“你有沒有聽過一副對聯，‘三江出海，一紙還鄉’，說的就是這個意思。”黃亞谷解釋說，“三江就是潮汕平原上的三條江，韓江、榕江和練江。古今潮州人都是沿著這三條江漂洋過海來到番畔，扎根奮鬥，很多人一輩子也回不去，死了之後，就是一張紙寫上生辰八字，引導靈魂回到故鄉，葉落歸根。”

陳錦桐聽完之後感覺這個事應該不難，都怪自己不懂，不然這麼簡單的儀式，早應該讓阿公的靈魂得到安息。

他於是將這樣一個想法寫信告訴林雨果，他心想這是舉手之勞的事，看在以前寄那麼多僑批的情分上，林雨果也沒有理由不同意。但林雨果的回信出人意料，上面只有一個大大的“不”字。陳錦桐收到信有點憤怒，然後又覺得非常蹊蹺，但他想不清楚答案。可能真的只能跑一趟，當面去說才行。

回潮州之前，他專門去墓地裡拜祭了陳洪禮，在阿公的墳前說了很多話。他希望阿公能聽得見，也原諒他這麼多年來的粗魯和無知。

3

陳喬峰再次見到黃博琳，已經是陳得海婚禮之後一個月的事。那時颱風剛剛過境，大雨接連下了三日。黃博琳給陳喬峰發來一張圖片，那是一張舊報紙，上面有一對母女和一個八字鬍中年人正在握手的照片，新聞的標題是《我是林漢先的女兒，我叫林雨果》。這個報道陳喬峰曾聽他母親周小英提起過，但還是第一次看到實物圖片。黃博琳說：“這太巧了，我曾祖父和你阿嬤出現在同一張照片裡。”陳喬峰問這是在哪裡看到的圖片，黃博琳說是在她叔叔黃亞谷和他的朋友一起在新加坡策劃的一個展覽上，還說李啟銘也看到這個展覽的信息，覺得很有意思。他想邀請策展人把展覽搬到他的系列民宿裡也做一次，對方似乎還挺樂意，李啟銘還計劃專門為此跑回新加坡一趟。

黃博琳說："這些故事太有意思了。我終於知道自己這次要採訪的是人，不是婚禮民俗，也不是建築和風光，而是你阿嫲這樣的人，鮮活而經典的潮州女人。"

陳喬峰眉頭一皺，他說："別的事好說，但去採訪我阿嫲，我怕她不會同意，之前所有的媒體採訪，她都委婉推掉了。"

黃博琳說："這麼傲嬌嗎？"

陳喬峰說："不是傲嬌，恰恰相反，她認為自己非常普通。怎麼說呢？她是那種對自己和對世界都會有要求的人。"

黃博琳說："是不是比較嚴肅？"

陳喬峰說："反正他們那代人跟我們不一樣，他們對待生活非常認真。我們的生活僅僅是生活，他們活著是需要目標和使命的。我也不知道我說明白了沒有，可能得見到才知道。"

黃博琳回覆說："就是邀請我去見你唄，正好我也有這個意思。"

陳喬峰把這句話看了兩遍，然後只能回覆一個傻笑的表情。

僅過了一天，黃博琳就說已經到了潮州，還說李啟銘新加坡之行取消，那個陳錦桐先生會帶著所有展品到國內來。陳喬峰說："陳錦桐？這個名字聽起來怎麼那麼熟悉。"

黃博琳說："難不成命運的齒輪又開始要咬合到一起？那我們明天就過去拜訪，你看看你阿嫲是否同意我們去見她。"

陳喬峰說："明天？明天還真不行，明天有大事。"

"什麼大事？"

陳喬峰在微信裡回覆："說來話長，興寧有個五老姑已經一百零一歲了，生病了，說要見我阿嫲一面，所以明天我們要護送我阿嫲過去興寧。"

"你阿嫲多少歲？"

"八十四。"

"那真是大陣仗，八十四歲的老人要出門去看望一百零一歲的老人，我的天啊，讓我消化一下……啊，要不你跟你阿嫲說一下，我去記錄這個過程！我保證就是靜靜記錄，絕不打擾。反正多一輛跟拍的車，也不礙事，還能有個照應。"

這怎麼辦？陳喬峰不禁又皺眉。他明白黃博琳那種勁頭，想盡一切辦法將事情辦成的勁頭，如果這次拒絕了，可能後面她就不會再找他了。在他們看來可能就是採訪一下，拍攝記錄一下，能有多大事呢。

這時阿嫲林雨果在外面澆完花走進門來，見陳喬峰十指交叉坐在沙發上愁容滿面，就問他怎麼了。

"有個朋友，說想採訪你，明天想跟著我們一起到興寧。我們不是去看五老姑嗎？她也想跟著去，就是一路錄像，也不會多打擾……"

"勿，無閒，現在採訪拍攝的人都這麼不懂事嗎？你五老姑一百零一歲，我們這次是去做什麼，心裡沒數？"

"明白了。"陳喬峰有點沮喪。

林雨果去廚房放好水桶和噴壺。她就是這種閒不下來的人，家裡養著兩隻貓，門口還種了各種顏色的花。在梅花村時間過得慢。不知不覺許多年過去了，就連陳喬峰自己都明顯感覺到年齡增加帶來的焦灼感，反倒阿嫲的時光像是凝固了，多一年少一年，反正她都是一頭銀白色的頭髮，除了稍微佝僂，看不出太多變化。

但突然她又返回客廳，笑眯眯地問陳喬峰："你剛才說朋友，是男的是女的？"

"女的。哦，還有一個男的也會一起，他叫李啟銘，就是上次跟你提過準備改造書樓需要阿嫲幫忙說話的……"

"那女的漂亮嗎？"林雨果在仔細觀察陳喬峰的表情。

"嗯……"這個問題有點突然，陳喬峰在思考怎麼回答，"還不錯……"

"那讓她來吧。"阿嫲露出了一個很開心的笑臉，"我們阿峰什麼時候需要為一件事愁成這樣，雙眉連成一條，第一次看著，阿嫲又不是白仁❶。"

"跟我們一起去看五老姑嗎？"

"你們這些年輕人啊，也未免太高效率了，採訪，拍攝，看五老姑，談書樓改造，必須全湊在一天嗎？阿峰你現在就扮演一下阿嫲的秘書，幫我拆解一下任務，明天先約人家來喝茶，一個小時後我們出門去興寧。家裡私事，他們就不方便跟

❶ 傻子。

著了。”

“阿嫲你還會任務拆解，都可以去當老闆了。”

“還不是跟著電視劇學的。最近還看了兩集野外求生，現在你讓我年輕四十歲，我還能進山去打獵。”

4

在等待黃博琳來到梅花村的那半個小時裡面，陳喬峰猛然想起了黃博琳提到的陳錦桐究竟是誰。

他在阿嫲林雨果從曼谷帶回來的相冊裡見過這個人，一看就是陳家特有的小短腿和結實的骨架，臉上時刻掛著憨笑。這麼說來陳喬峰應該叫他——他的年齡好像比陳純鋼更小一些——要叫他叔叔。

陳喬峰在腦海之中組織關於這位錦桐叔叔的相關信息。

陳錦桐曾經給阿嫲寫信，希望能讓他的阿公陳洪禮魂歸故里。但不知道什麼原因，阿嫲嚴詞拒絕了。在五老姑第三次來到梅花村之後不久，忘記是在一九九九年冬天，還是二〇〇〇年春天，這個錦桐叔也曾經來過陳家，他剃著平頭，看起來很精神。那時候華僑回來已經沒有那麼熱鬧，跟一般的旅客並無二致，況且這也確實不是一個有錢的華僑。據說他在村裡蹲點，也走訪了一些親戚，然後最終發現陳洪禮能否魂歸故里確實繞不開林雨果，但是這個古怪的老太太現在明確表示不想見他。

他在陳家客廳坐了一個下午，全程由周小英在沖茶待客，而林雨果堅守在二樓不想下來見他。等陳錦桐悻悻離開之後，陳喬峰問阿嫲為什麼不見他。阿嫲說是為了給陳洪禮留面子。究竟為什麼事留面子，陳喬峰也不好追問。

林雨果住在一棟老房子裡，周小英每天會過來幫她洗衣服，陳純鋼不定時會來看看，平時都是她一個人。兩個孫子，陳無忌住工作室，陳喬峰住市區，基本不怎麼來，來了用林雨果的話說也是住旅舍，只管住，不管收拾。房子旁邊是用於水利灌溉的溝渠，碧河的水沿著龍舌涵來到這裡，剛好被她用來澆花。門口的院子裡有很多花，就種在那棵蓮霧樹下，每年夏天，蓮霧還會結果，紅色的果子看上去非常喜人。丈夫還在時喜歡二樓朝西的那扇窗戶，從那裡可以看到田野。田野裡不同的季節有不同的風景，有時候是水稻，有時候是白色的芥藍花，有時候是油菜花，有時候什麼都沒有，水田上落滿了白鷺。最美是夕照時，光線柔和，從不遠處的碧河到水田上的老牛，再到近處的獅頭鵝、芭蕉和盆栽，都是可以入畫的景色。

黃博琳下車就發出了一聲驚歎。她說那天夜裡太黑，經過這裡根本看不到，幸好重新來了，不然這麼好的風景會被錯過。李啟銘腦子轉得快，在旁邊補刀說：“天注定的人和風景，都不會錯過的。”黃博琳白了他一眼說：“你別搞事了行不行？讓老太太以為我跟陳喬峰有什麼故事那就壞了。”李啟銘提示她：“老太太已經站在門口了。”果然，她手提著噴壺，笑吟吟。李啟銘小聲說：“你覺得這樣的笑容會沒有故事？”黃博琳不敢回答。陳喬峰接引他們進屋，然後煮水泡茶。林雨果說這個孫子第一次這麼勤快，大清早自己起來拖地抹桌子。眾人坐定，老太太大概問了兩人的情況，知道他們都是華僑後代，很高興，說：“我們都對從前知道得太少，就比如我們梅花村，有許多人也在海外。我有個結論不知道對不對，梅花村在海外的這些華僑，比我們村子裡的人還更愛國，他們每天都會感受到祖國的存在，與他們的身份認同息息相關。”

李啟銘說：“視角不一樣，在村裡他們是張家李家，但去了國外，他們只有一個名字，那就是中國人。即使你是在海外出生長大，人家也會認為你是中國人。像我，從出生家裡就是一個小潮州，吃潮州菜，說潮州話，聽潮劇，開潮州玩笑，只有出了家門才會發現是身在異國他鄉。”

“談吐還是看得出視野不同，”林雨果誇他，“那就從你開始吧，書樓的事？”

李啟銘更來勁，他開始講述他過去這些年如何關注潮州的民居重新開發，重點談了在營運中進行保護的理念，進而談了對碧河書樓進行保護這件事的重要性，以及對這棟書樓的理解。林雨果輕輕點頭，表示認可他的觀點。

“老房子沒人住，就會更容易倒塌，這個在農村幾乎是共識。書樓改造當然是好事，但務必將合同寫清楚，劃分界限，哪些可以商業化，哪些不可以商業化，有悖民風民俗的千萬不能有……”

李啟銘趕緊將準備好的合同拿出來遞給林雨果，他很高興村子裡有人能跟他談合同，這跟他合作的理念非常吻合，不能是口頭契約，而必須是白紙黑字寫明白範圍，才可以做事，雙方都放心。林雨果戴上眼鏡，拿起合同翻了又翻，遞回去給他。她看起來好像隨手翻一翻，但其實看得很仔細。

“合同我就不看了，我作為一個外姓女人，在老陳家如何處理這些建築上是沒有發言權的，但我可以幫你去說說話，把道理說清楚供他們參考。”

李啟銘聽明白這句話的意思，他感覺內心的石頭落地了。果然，過不了幾天，碧河書樓的修繕工程就啟動了，工期五個月，李啟銘全身心投入其中。按他的預期，碧河書樓重新亮相將驚豔世人。

5

處理完李啟銘的事，林雨果將頭轉向黃博琳，將眼鏡摘下來又戴上去，反覆打量，然後伸手將她拉到身邊坐下，用舒緩的語氣說：“今天我們也別錄像了，就聊聊，看著你就覺得親切。”

“我也是，看到您，就想到我奶奶。”

然後黃博琳從手機上那份報紙上標題叫《我是林漢先的女兒，我叫林雨果》的報道開始聊起，談起了報紙上的黃先生，也就是她爸爸的爺爺。黃博琳豎起四個手指，說明自己是第四代，然後說上個世紀八十年代，老一輩人相繼去世，父母也來潮州尋過親，但因為語言不通，最後只能通過登報的形式來尋找，沒找到就回去了。這也是她到國內讀書之後，一定要學習潮州話的原因。她看了一眼陳喬峰，她的第一句潮州話就是他教的。

林雨果說：“那你家還有什麼有用的線索嗎？比如老物件之類的。”黃博琳說還有一個信封和一張老照片，其他就沒有了。林雨果讓她下次把信封和照片帶過來，多一個人幫忙看看，也可以有新的發現。又問有沒有其他細節，黃博琳想了想說：“那一輩的人，老二過番時曾將土特產封裝在花瓶裡帶過去，老三是軍醫，老四曾賣身給潮劇團做學徒，屋後有一棵鳳凰樹。”林雨果說：“你等等，我現在年紀大了記性不好，但我們梅花村陳家有個好傳統，願意動筆，當然，除了陳喬峰。”在大家的笑聲裡，林雨果從茶几的抽屜裡取出那個小本子，認真地把黃博琳說的記錄下來。

一老一少越聊越起勁，原定的時間很快就過去，黃博琳才發現聊得更多的是她家的事，剛才林雨果動筆記錄的時候，讓她感覺事情倒過來了，彷彿是她在接受採訪，而關於林雨果的一切，她似乎還沒有開始問。林雨果說歡迎博琳下次來找她：“我們老年人也用微信，你可以隨時找我。”

黃博琳離開了陳家老房子，林雨果就對孫子說：“女孩子就是要多陪，她現在不是要尋親嗎？正好你多帶人家去逛逛潮州，各個村鎮慢慢逛。”還誇李啟銘，說要是李啟銘追女孩子，根本都不用教。陳喬峰說人家有錢。林雨果說，跟有錢沒錢還真沒關係，結了婚以後錢會很重要，但兩個人談朋友，最重要的是讓對方覺得值得託付。

“阿嬤，要找到一個對的人太難了。”陳喬峰說。

陳喬峰沒有當面反駁阿嬤。他認為阿嬤並不懂當下的男女婚戀觀，現在更多的人只是找個順眼的人搭伙過日子，大部分人對婚姻並不樂觀。畢竟要找到一個相互契合的人幾乎是不可能的。

“所以生活需要忍耐。”

林雨果問他知不知道什麼叫“糶米換豆”。陳喬峰搖頭。林雨果說，就是以前在農村，兩個貧困家庭，都是哥哥娶不到，妹妹嫁不出，年齡又差不多，於是兩個妹妹互相嫁到對方家裡去，也免去彩禮，直接組成兩個家庭。在貧窮的年代裡，這樣的隨機組合比比皆是。

“在你們這代人看來，這怎麼能行呢？但是也有不少這樣的家庭，就在忍耐中完成了幸福的一生。”林雨果說，“並不是那樣的生活是正確的，而是說生活給了一個你不想要的劇本，你也得把戲唱下去。現在每個人都有了選擇，有米也有豆，反而很多人因為沒法兒忍耐，把自己的人生過得更糟。”

“所以阿嫲你的結論是什麼？”這是陳喬峰跟阿嫲聊天的常用句式。

“大膽追求，小心忍耐。”

6

離開碧河鎮時，黃博琳對李啟銘說：“這個老太太真是厲害，她有一種魔力，就是讓人願意跟她說話，這是為什麼呢？”

李啟銘說：“鄉里有些事你可能會覺得不可思議，我也是在飯桌上聽陳得海說的掌故。梅花村有兩個神奇人物：一個是團結嬸，一個是冰嬸。林雨果嫁給了陳團結，成了團結嬸。但冰嬸可就傷心了，宣佈不再嫁人。團結嬸自小聰慧，從小就跟村裡的赤腳醫生都有交往，平常的感冒發燒腰痠背痛，她用針灸之法總能夠處理妥帖；小腳女人音姑又教會她接生，這個村子裡有許多人就是經過她的手來到這個世界上的，所以她在村裡很受尊敬。冰嬸跟團結嬸不同，有人說她們之前是死對頭，但有一次冰嬸的姪女難產，沒辦法，三更半夜也得來找團結嬸。團結嬸二話沒說穿著衣服就去了，忙碌到了第二天天亮，母子平安，她便回來，全程沒有跟冰嬸説過一句話。”

“為什麼？”黃博琳問。

“據説是冰嬸將陳氏宗祠遺失香爐的事栽在陳團結身上，按照冰嬸的説法，這個丟失的香爐才是陳氏宗祠的氣脈所在，事關重大。其實誰也沒見過這個香爐，丟了換一個就行了，但經過各種真真假假的故事渲染，人們都會相信陳氏一族這些年不太順利是因為丟了香爐。陳團結作為祠堂的管理人，一夜之間頭髮都半白了。”

“一個神婆的話，為什麼大家會信？”

“冰嬸還是有點靈的。”李啟銘説，“冰嬸是陳得海的老姑，她落老爺的時候，我們還沒出生呢，但碧河地區都是她的傳説，説她‘靈過府樓猴’。很早就有人見過冰嬸的神通，當時碧河的路都是泥土路，不好走，有個大老闆回鄉開著兩輛車，排場很大，結果陷進泥裡了。冰嬸赤腳從路邊走過，只是在車頭處拍了拍，俯身低語幾句，車子就從泥裡開出來了。現場圍觀的人都傻掉了。還有從其他城市來問神的，報上了家人的生辰八字、大概區域，於是冰嬸就閉目開始巡視家門，口中低語能説出看到之物，結果屋內佈置物品陳設分毫不差，就如隔空透視一般。我聽以前梅花村的人説，冰嬸落老爺時，手裡有一把利劍，是能夠斬猛虎的，當然也就能夠斬猛鬼。村裡曾經有被猛鬼纏身的，到她那邊，三道符咒加上一頓劈砍，基本就能保命。很多人敬重她，是因為她救了人家的命，有不少於三個人對我説，如果不是冰嬸，他們現在應該在精神病院。不過你如果從科學的角度也能夠解釋，就是那時候人比較困難，對很多事物也缺乏理解，遇到困難就需要尋求神秘力量的庇護，其實等同於一種心理安慰或精神支柱的作用。”

黃博琳聽得津津有味，追問還有沒有，又說如果一個人生辰八字都被冰嬸知道了，會不會已經被她的法力控制？李啟銘笑，讓她別亂開玩笑。

李啟銘說：“好多年前陳團結去世，此後團結嬸不再行醫，冰嬸也不再落老爺了。這次團結嬸應該是將你當成未來孫媳婦，才聊這麼多。平時人家採訪她都拒絕，我聽說曼谷有個番客在她家客廳坐了一下午她都不下樓來。你一去人家就拉著你的手問東問西，別提多親切。”

“你說的那人是陳錦桐吧？”

“是的，錦桐叔過幾天就到潮州了，他說還想讓我約一下陳喬峰。哎呀，我怎麼總有一種預感，你這次就是來潮州再續前緣的⋯⋯你趕緊嫁入陳家吧。”

“你這個話轉折得太快了，但結婚是不可能結婚的。”

“喲喲喲，你跟陳喬峰好像轉折得也很快⋯⋯反正不給力，兩個人也都一把年紀了，你們真應該向現在的小年輕學習如何談戀愛，幼兒園裡面過招都比你們溜。”

這一席話說得黃博琳無言以對。眼看車子快到市區，她才說：“唉，陳喬峰也不是不好，那時候我還挺喜歡他的，但他身上有個性格我很不喜歡。怎麼說呢，其實一個男人最可怕的不是自卑，而是總以為這個世界已經寫滿了答案。如果你願意往前走一步，願意哪怕冒點風險，你就會明白哪裡有什麼答案，答案都在風中飄，只有你去嘗試，某個答案才會凝固，成為你的結果。”

李啟銘說：“其實你也可以嘗試著溝通，陳喬峰天然崇尚簡潔，不喜歡那些不確定的彎彎繞繞。”

黃博琳說：“那就是了，生命本來就不確定呀，人生就應該充滿可能性不是嗎？”

李啟銘笑著說：“對這麼高深的哲學問題，我也沒有答案。我的答案也在風中飄，還是得你們倆去磨合交流才行，有最新研究成果記得告訴我一聲哦。”

7

在陳喬峰看來，五老姑林漢蓮是一個神奇人物。陳喬峰清楚記得她三次來到碧河鎮的情景。第一次是在陳喬峰十一歲那年，她見面就說：“哎呀這麼大了，我還記得那時候來，你還光著屁股，我幫你洗的屎布。”所謂屎布就是裹著嬰兒排泄物的方巾，以前沒有嬰兒紙尿褲，只能靠輪番換洗。一句話把陳喬峰說得臉紅。

按輩分，陳喬峰應該叫她老祖姑，但她嫌不好聽，就讓他們叫她五老姑："小時候漢孝喊我阿五。"

據說她那時候已經七十多歲了，但一點都看不出有那麼大的年齡，也看不出她有她自己口中那麼勤快；相反，她在沙發上說了一會兒話之後便呼呼大睡，還打呼嚕。關鍵是吃飯的時候，桌上的大瓷碗裡裝著滿滿的紫菜湯，她會將湯匙放進嘴巴含乾淨了，然後就伸進紫菜湯裡攪拌一下，再舀上一湯匙，放在嘴唇邊吹氣，喝完又用嘴巴把湯匙吸一下，再伸進湯裡……她大口吃飯，打著飽嗝，然後說："我發現你們家不怎麼喜歡喝湯，都是我一個人在喝湯，喝撐了，又不好浪費……"

她一住就是好幾天。那幾天湯是不敢碰了，陳喬峰吃飯已經習慣飯前先喝水，菜也是趕緊夾到自己碗裡。如果不是怕母親周小英罵他，陳喬峰會端著碗走到鄰居家去吃。農村裡經常這樣，鄰居也會端著碗邊吃邊過來串門聊天。

他不喜歡這個五老姑，覺得她特別髒，渾身髒兮兮。但阿嫲似乎特別能夠容忍她，無論五老姑做什麼，阿嫲都一副好脾氣，從不說她。大哥陳無忌給陳喬峰的解釋是，五老姑林漢蓮幾乎是他們林家唯一的親戚了，林家有七條人命在抗日戰爭中沒了，唯有這個五老姑，所有認識她的人都知道她愛哭愛鬧，情緒容易失控，覺得這樣性格的人很難活得長，但她出乎意料地長壽，把許多人都熬沒了，她還在。五老姑說，就是因為其他人都死得早，她被閻羅王懲罰，讓她活得長。又說如果不是日本鬼子，她的四個哥哥和一個妹妹都會活得比她長命。

除了睡覺打呼嚕、吃飯咂巴嘴、喝湯舔湯匙、洗澡浪費水這些之外，林漢蓮還特別話癆，吧啦吧啦，她的話就從來沒有停過，喋喋不休，喋喋不休，讓人不勝其煩。而且還健忘，説過的話總是説了好幾遍，問過的問題總得再問，但她從來就沒有記住過。她大腦裡能儲存的只有遙遠的記憶。她最經常幹的事就是歷數林家人抗日的事。“七人，你們看啊，”她伸出手指開始計數，“我的父親老林，四個哥哥林漢先、林漢忠、林漢厚、林漢孝，還有一個妹妹林漢萍，還有我的嫂子，也就是雨果的媽媽林阿娥，一共七人。有人説林阿娥不算，算是被林漢孝牽連，放狗屁，林阿娥在泰國對付鬼子的時候，這些説閒話的人只會求神拜佛，人家林阿娥才是真好漢，千里迢迢把丈夫的骨灰帶回梅山，我們碧河林家，除了我是廢物，其他人都是英雄……”

這個五老姑倒是把事情看得特別明白，知道自己是廢物。陳喬峰他們都笑。她還以為他們特別喜歡她，因為她自己説非常喜歡他們。

不過她肚子裡的故事非常單一，就是抗日戰爭，抗日戰爭時期，日本鬼子來的時候，陳喬峰他們都不願意聽。就連陳純鋼也不願意聽。陳純鋼更喜歡金庸的武俠小説，那些讓他能短暫離開現實生活的東西。他覺得自己的生活已經夠沉重了，前後左右都是木頭，然後居然還要去面對沉重的歷史，這個太難了。所以他執意給兩個兒子起名，一個叫無忌，一個叫喬峰，即使林雨果認為太不嚴肅，但他就是覺得這樣的名字更好。但沒有想到林漢蓮也很喜歡這兩個名字，她其實並沒有讀過金庸的小說，那時候電視還沒有普及，但街頭巷尾的收音機裡都在播放潮州話講古，講古師繪聲繪色講過“射鵰三部曲”，她雖然也沒太聽明白，但這兩個名字還是知道的。她覺得這兩個名字好。無忌就是什麼都不怕，喬峰聽說也是一個大俠，跟林家的老舅們一樣奔赴戰場，為國為民，非常好呀。她說她自己的名字就沒有取好，蓮聽起來就可憐，潮州話發音也不好聽，總感覺會被人折磨。

“當然漢萍的名字也沒取好，如果改個別的名字，可能就不會漂泊到那麼遠的地方，還回不來。”她說。

8

陳喬峰記憶中五老姑第二次來到碧河鎮，阿嫲林雨果還在曼谷沒有回來。林漢蓮說不要緊，她先住下來，等林雨果回來。

她那時已經八十出頭，由她孫子僱了一輛麵包車把她送過來。她下車之後還非常得意，說別人坐車都會暈車，她卻覺得非常鬆動[1]。

[1] 舒服。

她看到陳喬峰站在門口愁容滿面，就問他是不是身體不舒服，說完就用手掌來探他的額頭。陳喬峰趕緊避開了。她就笑，說還挺靈活的，真是個大俠。

這一次她的一聲不要緊，整整住了一個多月，平時吃飽飯就到處溜達；如果沒有出去，便讓陳喬峰出去幫她買冰棍。她愛吃冰棍，說是年輕時候落下的毛病。以前心情不好就想吃一根冰棍，就這樣喜歡上了。陳無忌故意說："現在看不出你會哪裡心情不好。"她就哈哈笑，說："就跟你們做試卷一樣，那些難題我年輕時候已經答完了。"

她說那一年，林阿娥和林漢孝被害之後，她來到碧河鎮，除了哭，也幹不了什麼。十三歲的林雨果看起來比她還幹練，她拿出一隻金腳環去換了錢，然後指揮著幾個人幫她做事，給她母親和四叔都臨時訂了一口棺材，用的是鐵釘和木板，但已經比那些用草席捲起來的體面很多了。她說她本來還想趕過來幫忙主持大局，但發現林雨果已經是個小小的大人了，反過來安慰她，說五姑別哭。她說林雨果真厲害，人家只過一次番就不得了，她現在又去過番了。她說她那時跑得最遠是去了廣西，漢孝死了，只有六妹生死未卜，她只有這麼一個妹妹，從小可憐，於是她孤身前往。當然歷經千難萬難，結果也只是帶回六妹用過的一個醫療箱，連她的屍骨在何處都沒有找到。

五老姑在碧河鎮的那一個多月，主要就幹三件事：吃飯，誇周小英能幹，問林雨果還有多久才能回來。第一件事不用多言，反正她吃什麼都胃口特別好。第二件事是因為那時候周小英的鉤針活兒已經遠近聞名，鉤花又好又快。那時很多“三來一補”的手工訂單層層分配來到碧河鎮，當然都是條件苛刻且工期非常趕的單，但周小英就像一個超人一樣總是能熬夜將工作完成。以至於到最後，整個梅花村的所有鉤花派單自然而然集中到周小英這裡，俗稱收花和放花。放花讓村裡能鉤花的女性來完成工作，收花以後發貨過去，對方付款就能給大家發工資。五老姑說周小英用一支鉤花針支撐起整個家，到哪裡都說她的好話。我們都覺得她這一招特別狡猾，很會討好人。但慢慢發現，她就是這麼個性格，無論你喜不喜歡她就是這樣的。至於林雨果還有多久才能回來，大家都在心裡計算著日期，默默等待，只有她心無掛礙，想起就問一兩句，問完也就忘記了，其實在她內心是真不知道還有多少天阿嫲就會回來。

而林雨果總是要回來的。她高大的身影出現在巷口時，五老姑在家門口高興得一蹦一蹦，那種喜悅就像個孩子，完全不必掩飾，也無法掩飾。跟她一起跳的還有家裡那條老狗，牠也高興得不行。一人一狗就在門口迎接林雨果。所以即便林雨果回來時有諸多不高興，但她還是對著五老姑笑了一下，說她老人家看起來又變年輕了。

然後林雨果便需要應付從泰國回來之後的各種雜事，要跟各種人去說話，這時候五老姑卻是很識時務地躲開了。等林雨果忙完，來找她聊天。林雨果那次竟然把門關了，和五老姑跑到樓上的房間單獨聊了很久。這是其他人所沒有的待遇，而這也才是五老姑來到碧河的主要任務，接受林雨果的一次情緒發作，五老姑吸收，聽著，消化著，然後寬慰她，作為一個長輩去支持她。她的口頭禪是“我們林家”。在這句口頭禪的不斷轟炸之下，林雨果慢慢釋放，又像一個皮球慢慢恢復原來的形狀，而五老姑林漢蓮就是用來療癒她的。談完之後，她就讓孫子把她接回興寧。她走時就沒有來時那麼輕鬆，她跟林雨果說，她說的問題，她需要時間想一想。

五老姑第三次來到碧河鎮，那個暑假過後，陳喬峰也要離開這裡到城裡讀書了。

那時候碧河鎮的青棗因為颱風歉收，很多人生活很難。農民就是這樣，看天吃飯，天氣不好就沒得吃。陳喬峰家也是一團糟，貧窮帶來的焦慮轉化為爭吵叫罵，每次走到家裡都讓人心情沉重。周小英的鉤花手藝也因為外面的金融危機而派不上用場；陳純鋼的木工活兒就更加乏善可陳，他帶著陳無忌幫人家修補漁船，忙活了三個星期，船下水，竟然沉了下去，人家當然不會給工錢，還要求賠償撈船的錢，把周小英氣得半個月沒跟他說話。

林漢蓮知道陳家的難，私下塞了一千塊錢給陳喬峰補充生活費。這是陳喬峰第一次對這個五老姑印象改觀。他也長大了，慢慢明白五老姑那種熾熱的情感，來自林家悠遠的傳統，就是付出情感的時候從來不會考慮回報，對親人的愛，從來都是一往無前，義無反顧。

人真的是突然之間老的。她第三次出現在梅花村，變化巨大，一個是變得很瘦，一個是食量變得很小。她說她生了一場大病，恐怕時日無多，而那時候她已經八十五歲了，所以他們都信以為真，心裡很是難過。如果知道她能活過一百歲，他們也就不用說那麼多矯情的話了。阿嫲林雨果還對她說，瘦了其實對身體比較好，這樣也就更接近她年輕時候的樣子。其實林雨果也沒有見過她年輕時候是什麼樣的，她第一次見到林漢蓮時，她已經是一個大胖子。但五老姑沒有考慮這話裡的邏輯問題，她連連稱是，說現在照鏡子，一眼看過去還以為回到十五六歲，眼睛都變大了。眾人於是都去看她的眼睛，那雙眼睛也並沒有變大，只是因為臉上的肉少了，所以對比之下眼睛就突出了。後來她鑲了一口牙齒，重新將腮幫子撐大，於是又是一張大圓臉。特別是雄踞臉中央的紅色大鼻子，基本成為她的獨特標誌。

9

陳喬峰開車帶著阿嫲林雨果去興寧看五老姑，車上還有他的父親陳純鋼。

林雨果已經八十四歲了，還要出遠門，陳純鋼和周小英兩個人提出反對，雖然他們也知道反對無效，那邊有一個一百零一歲的人想見她，這有什麼辦法呢。於是又開始埋怨五老姑像個老頑童，也不想想這麼遠的路，還讓一個八十四歲的老人過去。

“咦，可不能這麼說，你們五老姑八十多歲的時候，往我們家裡跑得少？她上一次來我們家，我記得清楚，在我們家過的八十五歲生日，她那時比我現在還大一歲！”

五老姑在梅花村慶祝自己八十五歲大壽的情景陳家應該沒有人會忘記。她為了省錢只在上顎戴了一副假牙，結果喝湯的時候，整副假牙竟然掉進了魚湯裡！

全家人都呆住了。只有林雨果哈哈大笑，她說：“我一直以為是五姑喜歡喝湯，今天真兇找到了，是五姑的假牙喜歡喝湯。”說著把那一大碗魚湯端走了，並將她的假牙拿去沖洗乾淨又拿回來。五老姑第一次表現得像個做錯事的孩子，非常惶恐，而林雨果只是一個勁兒地安慰她，讓她多吃點菜，在飯後還給她買了冰淇淋。吃冰淇淋的時候五老姑又眼淚汪汪，說她第一次生日有冰淇淋吃，還是小雨果最好。

“我快七十歲了，不是小雨果了，是老雨果。”林雨果在她耳邊說。

“還是小，還是小，你應該活一百歲，我就快死了。”五老姑說。

如今，十六年過去了，這個聲稱要死了的老人，今年生日還吃了兩個冰淇淋，她一定要讓她的孫子拍照發給小雨果看。照片裡她雙手舉著兩個冰淇淋，咧開嘴笑，露出她的一口假牙。

“我吃不到今年的冬節圓。”她自己預言道。不過沒有人將她的預言當回事，這十幾年來，她一直在虛張聲勢，誇大自己正在走向死亡的事實。

不久她真的就病倒了，家人趕緊把她送到醫院去，打了針，吃了藥，又回到家裡，好像啥事都沒有。突然有一個早上，五老姑的孫子發來照片，說五老姑的腳水腫了：“看來這次是真的了。”狼來了喊了這麼多年，真看到狼來了，大家都沉默了。林雨果知道，老人的雙腿突然水腫是一個不太好的信號，不過她私下跟兒子說，希望她走得輕鬆就好，千萬別受病痛折磨，五姑這輩子已經夠苦了。

車在高速公路上勻速前進，陳純鋼基本不說話，都是林雨果在說話。阿嫲對陳喬峰說：“潮州到興寧，我們現在也就兩三個小時的車程，你猜那一年從興寧到潮州我跟你老嫲林阿娥走了多長時間？”她自問自答：“整整兩天兩夜，翻山越嶺，路上還要小心別碰到日本鬼子。那次我們在豐順的一個山腰上摸到海陽縣的老界碑，高興得合不攏嘴。當時就覺得千里征途已經到了終點，目的地就在眼前。”

停了停她又說：“有時候會想，那時候如果你老嫲沒有那麼瘋狂的想法，我現在應該還留在曼谷，過著另外一種生活。你老嫲就是那樣，別人還在說，在討論，在反覆論證，在考慮和計算，她已經開始幹了。在她那裡，什麼事做就完了，所有的考慮都是多餘的，她就靠這一招，創造了多少奇跡。我這一輩子就沒有學會，所以我的壽命即使比你老嫲長一倍，卻沒有她一半精彩。那時候的人啊，渾身上下都是精氣神。對比之下，現在的年輕人還是少了一些血性，少了一些行動力。就比如你跟小黃處朋友這個事情，也得主動。”

“哎哎，阿嫲你從抗日戰爭聊過來，怎麼又回到這個話題上了？光你這樣的發散思維，我怎麼可能學得會？小黃要是搞不定，我去相親得了，咱不是還有小李小張小王小吳，耽誤不了。”

“你就會油嘴滑舌，沒點正形，讓你學木雕，雕刀還沒拿穩，就跑去做什麼設計，又做玉石，又做室內裝修，樣樣靈無樣精。這手藝活兒就得一心一意，跟感情一樣，整天想著有小張小王，那小黃那邊怎麼搞得成？”

“搞得成，搞得成，年底咱就來擺酒席可以吧，等李啟銘把書樓裝修好，就在那邊擺，地方大，擺他個一百桌！”

“那也不用那麼大派頭，做人得低調，二三十桌就可以了。”

陳喬峰也不知道黃博琳那邊會不會打噴嚏，反正自從知道他喜歡黃博琳以後，這個阿嫲就開始頻頻施壓。跟天底下所有催婚的老人一樣，她甚至拿自己的死來說事：“阿嫲都是半截身子入土的人了，就等著你們趕緊結婚生小孩。”

陳喬峰有時候甚至會想，要是一直留在廣州的玉石公司上班，可能也就不會被催婚。他還記得他最後打包了所有行李物品從廣州回到潮州時的情景，韓江邊的風一吹，這種熟悉而溫暖的感覺很容易讓人屈服。“還是潮州好。”跟陳喬峰一樣到外地求學的年輕人都有這樣的共識，同樣一盤牛肉炒芥藍，外地就是怎麼炒都不好吃。所以他們無論畢業之後是否回到潮州，一種以潮州文化為基礎的生活方式都將相伴一生，無法改變。

10

阿嬤說了一會兒話，在後座閉目養神，也不知道有沒有睡覺。她的身體很輕，一陣風都可以把她吹走。路上停靠過一次服務區，陳純鋼問兒子，需要換他來開車嗎，陳喬峰說不用。這好像是父子倆這一路上唯一的一次交流。

陳純鋼屬豬，長得也像一頭黑豬，陳家標配的五短身材被林家的高挑對沖了一下，還好，沒那麼矮。但話少，悶葫蘆一個，就只能專注在一件事身上，這些都繼承了下來。周小英說："你父親純鋼這個名字，唯一說對了的地方就是他的溝通能力，簡直鐵板一塊，問三句答不到一句。" 這個名字是林雨果取的，她的本意是讓兒子能強硬一點，陳團結已經是蜜糖一樣柔軟，任憑村裡人怎麼擠兑也不吭一聲，她希望這個兒子能有一些林家的血性，有一些純鋼的硬度。但她好像名字取早了，懷孕三個月就取好了名字。陳團結說，按照工序，那時候純鋼剛剛熔化，熔融狀態的鋼水，跟蜜糖也沒有什麼兩樣。

是，生出來就是軟乎乎的，長大了，每次挨了批評，就是傻笑。林雨果有時候脾氣上來了，將陳團結和陳純鋼一起罵，有一次他們倆竟然在蓮霧樹下站成一排聽林雨果訓話，讓她更加火冒三丈。但也沒什麼好生氣的，陳純鋼就是孝順，對林雨果非常好，現在他也是五十多歲的人了，對母親依然是無微不至。回到房間裡就聽老婆周小英的，好在周小英是非常機敏的人，她從來不跟婆婆起衝突，婆媳關係一直維持在客氣的平衡線上。不然以陳純鋼的性子，那真不知道如何是好，估計大概率得宕機。

他們兄弟倆，陳無忌更像父親，一樣悶，話少，父子倆在一起喝茶抽煙，做木雕，可以半天不說一句話，相安無事。而陳喬峰更像是林雨果和周小英的平均數，身高像阿嫲，聲音像母親，性格也靈活一些。小時候陳喬峰還經常有古怪的想法，讓林雨果對他格外偏愛，更因為很長時間他就是全家最小的。俗話說，唔惜尾仔會遭雷劈，所以小兒子總是會受到更多的偏愛。

阿嫲醒來，問陳喬峰還有多久到，他答半個小時，很快了。開始以為是在醫院，但陳純鋼打了電話，才知道幾天前就已經接回到家裡了。林漢蓮不願意在醫院裡去世，她希望在家裡，在她熟悉的那張牀上。林漢蓮家在巷子的盡頭，車進不去，只能停車，陪林雨果慢慢走進去。林雨果這幾年膝蓋不是太好，總是痛，所以走路只能慢慢走，在家裡活動倒是無礙，只要走長一點的路，就得歇息。

進門去，在病牀邊，林漢蓮的兒子招呼大家坐下。林漢蓮狀態看起來並沒有想像中差，牀頭掛著吊瓶，她說這個東西限制了她的活動，不然她想起來給大家沖茶。她讓兒媳婦把她的被子掀開，薄薄的一牀被子，她覺得太重，壓得她喘不過氣來。她說純鋼也來了，顯然，這是她意料之外的探訪者。又說了一些路上多久時間之類的閒話，她才說："以前老是跟你們說我要死了，卻沒死得了，現在是真的要死了，又多想還能再活一活，阿峰還沒結婚呢。"

"談朋友了，快了。"林雨果故意壓低聲音對五姑說。

林漢蓮笑了，那種笑是絢爛的，把陳喬峰本來想加以否認的那句"只是普通朋友"擋了回去。陳喬峰只能配合地笑著。

林漢蓮說："真好，阿峰的眼光向來好，你要是結婚，我真想再回一趟碧河鎮，想去林厝圍看看。"

林雨果笑著說："今早剛見著了，真俊。你啊，就好好休息，過些天讓孫子開車帶你過去，我在家裡熬好魚頭湯，你最愛喝的，放胡椒粉和香菜，等你……"她突然編不下去，喉頭一緊，眼淚就出來了。

林漢蓮伸出手來，讓林雨果握住她的手。林漢蓮開始說話，說是說話，更像是語言的河流，自然流淌："我第一次見我的小雨果話說半截哭鼻子，不用哭，哭也沒用。我這幾天，常常見到你阿公，你阿公老林，就蹲在我門口。可憐你沒見過你阿公，你阿公還活著時，他愛喝酒，喝了酒就說沒見過小雨果，然後罵自己沒本事，說不應該讓漢先去過番。我大哥漢先二十二歲去過番，我跑到碧河堤上，他的小船已經到了河中央，他沒有看到我。我那時哭啊，他也沒聽見，後來見到已經成了盒子裡的骨灰了。還是你媽媽了不起，這個人了不起，你說我們一家人中秋節在吃魚生吧，她跑進來就給你阿公行大禮。五年後怕漢先娶番婆，背著包就去了暹羅。我那時真想跟著她去，但我就是全家最差的那個，沒本事，也沒膽。我也擔心老林，也擔心漢孝，也擔心漢萍，漢萍還什麼都不懂。老林每次要揍她，她跑得快，陀螺一樣快，一溜煙就不見了，然後老林就拿我出氣，打了我。我幫漢萍挨揍。後來漢忠漢厚兩個哥哥都去過番，說大哥已經是經理了，要過去那邊發展，賺大錢，以後回來蓋大房子。大房子還沒蓋，日本人就來了。我後來還去了廣西，去找漢萍，開始有人帶我走了一段路，後來就我自己走，餓得走不動我就吃土裡的沙蟲，還挨家挨戶要過飯。我想著無論怎麼著，我要把漢萍帶回來，不能就這麼沒聲沒息。但我沒本事，只把她的藥箱帶回來了，藥箱在哪裡，把我的藥箱拿來……”

她停了下來。林雨果讓她別一口氣說那麼多話，孫媳婦也過來給她餵水喝，但她不喝繼續找藥箱，於是她兒子到隔壁屋的櫃子上把一個包裹取下來，拍了拍灰塵才拿到她牀邊。她看到這個包裹笑了，繼續說：“就是這個，就是這個，這就是我六妹漢萍的藥箱，挎包式，底部有四顆鉚釘，上面有十三條劃痕，還有幾滴血跡。我懷疑是漢萍的血，後來時間久了血跡不見了。包裡面有漢萍的一把木頭梳子。我怎麼敢確定是她的藥箱就因為這把梳子，我太熟悉了，我只帶了這個來。阿峰呢，陳喬峰在哪裡，阿峰這個藥箱就交給你保管，你最小，這是漢萍最後的一件東西。跟她在一起的那個護士提起漢萍只是哭，說漢萍跑在前面被炸彈炸得蒸發掉了。我還問她蒸發掉應該還有骨頭，她說什麼都沒有了。我說我們家漢萍跑得最快的，男人都沒有她跑得快，怎麼會沒有了？她就只是哭。那是我這輩子走得最遠的路，就是去到距離戰場只有五公里的地方，到處都是屍體。我接下來那些天都沒有吃飯，吃不下，吃了也嘔掉。我就想我二兄漢忠，他就扛著槍在屍體中間去打敵人。我就想啊，全家還是我最差，他們連我大兄死了都沒告訴我。還是小雨果好啊，小雨果會來摟我脖子啊，我們林家個個英雄好漢。小雨果也是英雄，六十五歲還能去曼谷……”

林雨果說：“你們把水拿過來，我得讓我五姑喝口水。”她把水杯拿過來，硬是讓林漢蓮喝了兩小口水。

林漢蓮喝了水，呆呆看著房間門口，她說老林家那麼多人都在門口說話。但門口並沒有人。她繼續說：“小雨果啊，有件事我想了很久，我人笨，別人一個晚上想清楚的事，我一年又一年地想。後來我大概想清楚了，關於陳洪禮的事，你說他是賊，你倒是說說，你到曼谷去是親眼看的，陳洪禮這個華僑他富有嗎？”

林雨果搖搖頭。她是何等聰明的人，姑姑林漢蓮的這一句反問已瞬間讓她如夢初醒。

林漢蓮說：“小雨果你一定明白我的意思，一個香爐算什麼，小雨果你糊塗啊……”

在泰國的華僑中，陳洪禮當然算不得富有，他的兒孫也不富有，但是他從來沒有停止過給梅花村寫信，不斷給林漢先的女兒林雨果寄錢。林漢蓮罵她糊塗，因為她認為，單憑這一點，盜賊之說便不成立。在幾十年的漫長時光裡，陳洪禮的付出已經說明了一切。至於香爐的事，也僅僅是個巧合。如果不是丟了香爐，也必然有其他事情來讓人受苦遭罪。在特殊的年代裡受點苦，又算得了什麼。再說那時候誰沒有受苦，誰都經歷過有苦難言的時候。

林漢蓮談到那些年的委屈，談到小腳女人音姑如何被餓死。林漢蓮說她忘不了音姑端著鍋數著米粒的情景，米粒落鍋的聲音如此清脆，老人在流淚，卻發不出任何聲音。

“誰都苦。”林雨果說。她眼前是一片白茫茫的迷霧。林漢蓮搖搖頭說，那時候遭難的人誰都會拿過番的男人出氣，但是小腳女人自始至終沒有說過陳洪禮一句不是。

林漢蓮說：“與陳洪禮的無私情義相比，碧河陳家受一點委屈算什麼，不也是應該的嗎？”

“姑姑說得對，我糊塗，老糊塗。”林雨果握著她的手。她明白為什麼五姑要把她從碧河喊過來，其實就是為了說清楚這個事情，希望她解開對陳洪禮的心結。

話說到這裡，林漢蓮就慢了下來，也慢慢鬆開林雨果的手，她說：“小雨果你回去，讓純鋼留下來就好，你回去，你回碧河去……”

她的話也慢慢變得更含糊不清："漢先剛剛說宣統元年的那三個銅板，叮噹叮噹落下來。大兄你不用怕的，你要受的罪，我都替你受了。我也替你看著小雨果，她多好，每次看著她我就開心。心安隨處家廟，潮平四海歸來。是啊，心安隨處家廟，潮平四海歸來。心安……你們回去吧，我好好睡一覺，該說的我都說完了，安心睡一覺……"

她說著側過身，整個身體縮進被窩裡，兩眼放空。林雨果以為她就這樣過身了，但陳純鋼輕聲說："我們出去。"拉著林雨果和陳喬峰往外走。村裡的喪事陳純鋼參加得多，他明白這個時候不能打擾。

一整個下午，林漢蓮不再說話，也不再喝水，她在等待最後的時刻。五姑家的親屬經過商量，讓陳喬峰把林雨果送回梅花村，只留陳純鋼在這裡幫忙料理後事即可。林漢蓮的兒媳婦說得好，她說老人家剛才說得非常清楚，她為什麼還不肯走，可能就是想留時間讓林雨果先回碧河鎮去。

果然，陳喬峰的車剛回到碧河橋頭，陳純鋼的電話便打過來："五老姑走了。"

第四折
回爐

1

陳喬峰隱約知道，那時阿嫲不想見陳錦桐，大概跟那個多年之前丟失的青銅香爐有關。

在過去幾十年裡，這個丟失的香爐成為陳家最大的痛楚。自從神婆冰嬸說這個香爐"傳了十三代"，老人們紛紛回想關於這個香爐的記憶，於是香爐關乎宗族氣脈的說法深入人心。所有人都在追問大房的當家，為什麼陳氏宗祠的香爐會丟了，當時的陳團結沒有辦法回答，後來接任的陳純鋼也無法回答，背後的實際話事人林雨果也不明所以。

宗祠總是會壞，壞了就得修，每次破土動工就會有人提起香爐。在最近的幾次修繕中，這個問題一直存在，並且越來越嚴峻，已經有人傳出話來，說是陳團結家在貧窮年代裡將青銅香爐典當了換錢。這些說法傳得有鼻子有眼，所謂三人成虎，說得多了陳團結家也百口莫辯。陳團結在梅花村從來都老老實實，這樣一個沒有把柄的人，青銅香爐成為他唯一的把柄，在某些無法言說的年代，真是啞巴吃黃連，無法進行任何辯駁。歲月中積攢的新仇舊恨，在田埂間結下的梁子，終於在一聲“打倒賣國賊”的叫喊之後，情緒達到了頂點。陳團結終究是要被掃進歷史的垃圾堆，關於他私自賣掉青銅香爐的傳言有了越來越多的證人和證詞。陳團結此前送給朋友的畫作和書法也被搜出來，作為他品行不端的罪證。即使到了生命的最後階段，陳團結依舊對這個香爐耿耿於懷。問題是陳家活著的人誰也沒有見過那個青銅香爐，聲稱之前見過的老前輩又都記不得它長什麼樣。幾乎每次討論祠堂的具體問題，都有多事的人將丟失香爐的事旁敲側擊提一提，這非常讓人難受。有些人甚至拿出了族譜的記載，說明這個香爐如何重要。

“不是你弄丟的，就是你父陳雄振弄丟的。”

誣衊陳團結弄丟也就算了，敢詆毀他父親，陳團結登時急眼了。他說：“別忘了，這個宗祠可是我父親一手一腳重建的。”有人便說：“所以才有機會趁亂把鎮祠之寶給賣了。”這樣的話說出來不用負責任，但聽得人怒火中燒難以自抑。陳團結活著的時候，還一度希望通過底座反向推理，加上自己的理解，自掏腰包鑄造一個青銅香爐安放到宗祠裡頭。單靠那個紅木底座當然無法推斷出原來的香爐是什麼樣的，它的形狀和紋飾都無法確定。這樣的想法自然被林雨果否決了。她說：“我一個外姓人都可以告訴你，如果你這樣做了，就更反過來證明當時就是你陳團結弄丟的。”

及至林雨果在四色菊府的梅山公祠見到那個青銅香爐，她一眼就知道是它。林雨果的目光落在青銅香爐上，但耳旁卻彷彿傳來丈夫陳團結當年被批鬥毒打之後的哀嚎。那就是應該安裝在碧河陳氏宗祠底座上的香爐，如今卻為什麼會出現在這裡？而青銅香爐用旁邊的文字說明，給了她答案，上面清清楚楚寫明：庚午年陳洪禮先生捐獻。

她不動聲色把這行字看了幾遍，確認並沒有看錯。眼前的香爐讓她這樣一個有道德潔癖的人感到非常難受。但歷史已經被塵封，並沒有人能為林雨果展示真相，假如香爐的外流當真存在一個真相的話。

從曼谷回來之後她只對林漢蓮詳細講述這件事，她毫不掩飾自己的憤怒："他陳洪禮有什麼資格將香爐從宗祠帶到泰國去？他是個賊，他怎麼可以將陳氏宗祠最重要的香爐捐到海外去？"她告訴林漢蓮，她不知道如何處理，如果公開讓所有人都知道陳洪禮將陳氏宗祠的青銅香爐拿出去捐獻給泰國的梅山公祠，那麼，從某個意義上來說，他就是個賊了。但從感情上，洪禮伯這麼多年幫助她渡過難關，可以說有救命之恩，所以應該去平衡這樣一種關係。但在內心考量上她清楚，青銅香爐對於陳氏宗祠的重要性，這個屬公事；而她林雨果會不會餓死在過去的某個時刻，這屬個人私事。人生在世，自當公私分明。

所以她不能答應陳洪禮提出的魂歸故里的要求，甚至也不能見他的孫子陳錦桐，不能進行對質，她認為這樣做才能保全陳洪禮的名節。“一個賊的靈魂還能回到故鄉的宗祠？”她進而跟林漢蓮談起母親那封沒有寄出的信，以及父親自殺的種種疑竇。“洪禮兄，己卯年白露那天上午，你與漢先到底在我家二樓書房談了什麼，為何你離開不久，他就選擇自殺？這個謎團幾乎成為我的噩夢，盼兄解惑。”就連母親林阿娥這麼聰明的人，事件的親歷者，竟然也無法知道事情的真相。那麼，她認為陳洪禮在其中必定有所隱瞞。那麼陳洪禮究竟隱瞞了什麼呢？只怪她那時太小了，根本無法知道具體的細節。她只知道有人將她帶走，然後母親把她帶回來，就連其中的凶險都來不及感受。

陳洪禮有何秘密，這顯然又是另一個大問題。姑姑林漢蓮說她得好好思考這個複雜的事情，然後便回去了。

但林雨果顯然低估了陳錦桐鍥而不捨的努力。這二十年之中，陳錦桐實際上來過潮州不止一次，他這些年為了收集展覽所需要的物品，走訪了數不清的人，去過不少地方。他從自己的阿公陳洪禮開始，逐步了解羽先生和林漢先，還有林家的兄弟姐妹。他從不同的人口中聽到故事，又從不同的人那裡得到很多非常有紀念意義的物品，這些都會成為他的展品。他耐心地為這些展品撰寫說明。

在他的計劃中，他要回到潮州，回到碧河鎮，舉辦一次盛大的展覽，他要用帶有溫度的展品告訴世人，曾經有一群人是如此有血有肉地在異國他鄉生活過，他們用行動在踐行永懷家國情義的潮州人精神，乃至於獻出了寶貴的生命。在他的計劃中，他認為只要林雨果走進了展覽，她必定會放下心中的所有成見，允許陳洪禮這樣一個赤誠的靈魂回到他畢生惦念的家鄉故土。

2

為了幫黃博琳尋親，陳喬峰這次非常用心，帶著她走訪了潮州很多地方。從鳳凰山到文祠，從鐵舖、官塘到東湖邊，從龍湖古寨到江東，他們開著車，拿著地圖到處跑。陳喬峰也給黃博琳打好了預防針，說尋親這個事情更多還是運氣，不能抱太大希望。其實黃博琳也沒抱太大希望，她甚至將這樣一次尋親之旅當成潮州古城的深度遊，邊走邊錄像記錄，豔陽高照她拍攝，狂風驟雨她也拍攝。

“我聽我阿嬤說老祖陳洪禮和林漢先他們，一百年前那場大風災，也拿著相機到處拍攝，拍了很多震撼人的照片傳到海外，才有許多人捐款賑災。”

“這座城市確實值得拍攝和記錄，我走過很多地方，還是覺得潮州美。”

陳喬峰帶著黃博琳第二次來找阿嬤林雨果，黃博琳準備好了相片和信封的放大複印件。林雨果看了半天，從文字上並不能看出什麼來。但她建議到意溪那邊去看看，她說這樣的信封樣式，此前曾有一封寄到意溪周圍的僑批信封是這樣的，她在鄧九手中曾看過一眼。黃博琳將信將疑，看過一眼能記得了這麼多年？後來事實證明林雨果這一眼非常重要，給出了方向性的判斷。陳喬峰說他阿嫲兩三歲背唐詩，很多書過目不忘，很多事過耳不忘，當年有人找她接生，多年以後甚至連人家小孩的生辰八字都能記個八九不離十。

“這麼恐怖的記憶力嗎？”

“強大記憶力最後好像都變成直覺。”

陳喬峰說他就沒有繼承記憶力超群的基因，只得到了學渣基因，所以他老老實實從阿嫲處將黃博琳提供的重要信息抄過來：“老二過番時土特產封裝在花瓶裡過去，老三是軍醫，老四曾賣身給潮劇團做學徒，屋後有一棵鳳凰樹。”村裡的老樹一般不會隨便砍掉，鳳凰樹活個一百年也是非常常見，所以陳喬峰又通過朋友拿到了潮州老樹普查的數據，專門找鳳凰樹，然後一個村落一個村落慢慢問。

最後的線索來自一個赤腳醫生，問到那家人也姓黃，家裡最老的是黃奶奶，但黃奶奶搖搖頭說：“我們家並沒有華僑啊。”還是運氣好，碰到黃二伯從工廠回來，聊了一會兒，慢慢對上了，很快他們家裡便多了很多親戚，七嘴八舌慢慢確認了信息。

不久，黃博琳的家人從新加坡來到潮州，溝通有障礙的地方，黃博琳和陳喬峰當翻譯，慢慢家族的關係就理得越來越清楚了，誰是誰的細叔，誰是誰的大舅，談起那些遙遠的過往，免不了淚眼汪汪。

黃博琳帶著父母家人來拜訪林雨果，說了很多感謝的話。黃博琳的母親十分感慨地說，三十多年前來潮州，那時農民還得到河邊挑水倒到家裡的水缸作為飲用水，農村很多地方的公共廁所更是可怕。沒想到現在變化這麼大，潮州的陶瓷已經遠銷海內外，城市環境更是煥然一新，交通也便利，機場和高鐵站到處都是來旅遊的遊客。

黃家專門將當年那張報紙製作成紀念品送給林雨果，林雨果則回贈她親手醃製的烏欖，潮州人早餐桌上的一種雜鹹。臨別時他們一起合影，黃博琳將那份報紙紀念品高高舉起，說這樣林阿娥女士和黃博琳家曾祖父也就一起再次合影了。

陳喬峰帶他們去大哥陳無忌的工作室看了，黃博琳的父親對其中的蝦蟹簍讚不絕口。離開碧河鎮時，黃博琳的父親興致勃勃，打電話和朋友商量來潮州做生意："潮州木雕和美食一樣名不虛傳，你應該親自來一趟。哦，陶瓷也不錯，我們可以一起做個小項目。"

第二天，黃博琳第一次主動約陳喬峰出去走走，他們約好下午四點在韓文公祠門口，黃博琳說要帶陳喬峰去看最美的湘子橋。在路邊喝過一杯鮮榨水果汁之後，他們走到江邊，在一片夕照之中，湘子橋和湘子橋的倒影被一片金黃色的霞光重新塗抹，整座城市好像被設置了童話模式，顯得十分不真實。在最美的風景裡，黃博琳卻說出了讓陳喬峰內心翻騰的話："我想告訴你，我喜歡潮州，但不會嫁在潮州，這段時間我非常感謝你，但也為了不要再次傷害你，我得把話説在前面。”黃博琳的意思很清楚，不要給陳喬峰留有希望。為了讓陳喬峰更好理解她的決定，她說：“我不可能只在一座城市停留，我想到世界各地的主要城市都生活一段時間，比如一年或者兩年，然後就像遊牧民族一樣遷徙。”她認為陳喬峰不可能理解她的想法，她也預判陳喬峰不會離開潮州：“讓你離開潮州，你能嗎？”

陳喬峰沒有馬上回答。他們穿過湘子橋，在那隻銋牛前面停下來。“廿四樓台廿四樣，二隻銋牛一隻溜。”只剩下一隻銋牛了，陳喬峰早就知道這樣的結局，但那種熟悉的失敗感再次襲擊了他。

“我非常理解你的想法，小時候我也夢想周遊世界，我想沒有一個人不這麼想，只是更多的人需要像一棵樹一樣被種在某個地方。我也不可能離開潮州，至少現在不行，我阿嫲還在。”

最後這句話倒是讓黃博琳感到驚訝：“你離不離開潮州，還把你阿嫲的因素考慮進去？”

“當然，這有什麼奇怪的。”

他們從東門樓穿過去，到了牌坊街。黃博琳本來說想去開元寺，但已經關寺門了，進不去，於是兩人走路去胡榮泉吃春餅。一路上他們像一對情侶那樣打鬧說笑，但彼此心裡都清楚感情的邊界就在那裡了。

3

碧河書樓的修繕進展很快，這是因為李啟銘早就在書樓裡待了很長時間，胸有成竹，設計規劃和施工推進又輕車熟路，所以全程順暢。唯一的調整是開始計劃做咖啡，後來根據格調，做成茶樓，而且根據陳錦桐的建議，在書樓的一樓做了一個小舞台，平時可以做一些演出，有名家來也能做成大師講堂，沒有偏離書樓長期作為私塾的最初功能。書樓裡原有的藏書已經散失了，很多書櫃修理一下還是能用，陳錦桐反覆修改他的展陳大綱。他對李啟銘說，他願意將手裡的藏品無償捐給碧河書樓。

李啟銘來魚生店找陳得海，大致講了用書樓做展覽的事。陳得海正在切魚生，確實沒有時間和李啟銘談這個。他一邊說話一邊處理魚皮，手上沒停，眼睛也沒看李啟銘，說："啟銘兄，我跟你坦誠交個底，這個事你問我，我就得找我爸，我爸就會去找我阿公，我阿公會回家問我阿嫲，我阿嫲就會去問林雨果的意見。聽說是林雨果的意見，我阿公就會點頭同意，我阿公同意了我爸就會同意，我爸同意我就說好。關於書樓具體事務的邏輯鏈條就是這麼清楚，所以其實你不用來找我的，讓陳喬峰問問他阿嫲的意見，就可以了。你看我店裡這麼多人等著吃魚生，真的管不過來，每隔半年你把租金發我就可以，收錢的事我來管。"陳得海說完呵呵笑，李啟銘說明白了。於是讓陳喬峰去問他阿嫲，他阿嫲自從五老姑去世後就很低落，她說書樓的事你們年輕人商量著做就好，我回頭跟他們都去說說，你注意兩點別出偏差：一個是不能破壞原有的建築，搞得不倫不類；二是裡面提供的產品，包括吃的喝的看的聽的，都不能有違公序良俗。辦展覽有辦展覽的程序，依法依規去做就好。

這個意見也就很清楚了。於是李啟銘帶著陳錦桐來找陳喬峰。李啟銘說陳喬峰看起來有點憔悴，陳喬峰解釋說最近熬夜沒有休息好。他們一起在書樓裡轉一圈以後，李啟銘說要不到淡浮院那邊喝茶，那邊風景好，也安靜。於是他們一起前往淡浮院，在廣場上餵鴿子，又看了硯峰書院的書法碑林，參觀了潮商名賢祠，選堂手書的對聯"三江出海，一紙還鄉"便懸掛在大門兩側。看著對聯，又眺望遠方，韓江朦朧不可見，但能知道三江依舊奔流永不停歇。

三人喝茶。陳喬峰說："錦桐叔看起來跟照片裡完全不同了。"陳錦桐問是什麼照片，聽說是林雨果去曼谷時的合照便說："二十年了，雖然我也不覺得自己老，但這幾年走出去大家開始尊重我，公交車上還讓座，我就知道自己老了。"

"阿嫲去曼谷那年，我小學還沒有畢業，那時候覺得去泰國是天大的事，現在才知道潮州離曼谷好近，比去北方很多城市近多了。"

"滄海桑田，我阿公那個年代，多少人死在過番的船艙裡。如今看來只是手機地圖上的一點點距離，但對那時候某個人來說，就是一生一世了。”

陳錦桐說，這二十年他一直在收集資料，研究泰國潮人社會的家族往事，覺得越來越有意思，特別是在看到那些表面看來毫無關聯的人和事竟然存在聯繫的時候，會非常興奮。所有的歷史構成了一個整體，偶然和必然在其中相互嵌套。

“但是，我越來越關注個體，”陳錦桐說話時，總在普通話和潮州話之間切換，確實一部分討論必須用普通話才更為順暢，也讓他更像一個資深策展人，“在一個宏大的時代中個體命運更為引人關注，也更打動人心。”

陳錦桐說起話來有點掉書袋，但在略顯迂腐的舉止之中透露出來的是天真。他說這是他的策展思路，希望通過一個個具體的人在雲詭波譎的時代變遷中的種種選擇，來看到高貴的人性光輝，其中也包括潮人的家國情懷和兄弟情義。

“這段歷史太了不起了，”陳錦桐說到此處，臉上盡是天真的神色，“你要知道在泰國，盂蘭勝會是要拜祭好兄弟的。這個跟潮州本土不一樣，好兄弟意味著突破了血脈宗親，僅僅因為共同的語言和來路，便彼此認同，以至於生死聯結，擔心成為孤魂野鬼無人供養，所以必須納入拜祭。”

陳錦桐說：“說起來我還得感謝你阿嬤的那次閉門羹，她那次也不知道出於什麼古怪的原因拒絕見我，反倒激起了我的鬥志。我從你阿嬤家裡出來，一個人走到碧河邊，在堤岸上的涼亭裡坐了半天時間，看著碧河流水淙淙，心裡面彷彿明白了一些東西。第二天又在碧河鎮轉悠了一整天，拍照記錄走過的地方。我記得那時我拿著相機走在路上，很多人都投來詫異的目光，但這樣的一次調研讓我能更好地想像那些書信字句之中的內容。所以那次閉門羹吃得特別值得，讓我這十幾年過得特別充實，不斷在學習和消化我所看到的一切。書信往來，實地考察，時間鏈條需要一一對應，這裡面太複雜，也太多學問了。但真的，我所說的感謝並不是一種客套，而是說剛好在我最恰當的年齡，給了我一個往前的動力。”

陳錦桐開始滔滔不絕，談論他所理解的潮汕文化。他說：“從血脈傳承的角度去理解潮州文化，我從中歸納出幾種特質。第一種是面對大海的求險。海洋讓潮州人有海盜精神，有冒險精神，並由此衍生出叛逆和創新，比如當年湧現的左聯作家和紅色革命，比如潮州人更願意選擇從商做生意。出海其實也是一門生意，海洋的高風險帶來高回報，而這種風險，就會使人有一種生命的急促感和焦灼感。所以要趕緊生個小孩，要不然有可能出個海命就沒了。你會發現其實越靠海邊的對於生小孩會越執著。這是天然的、冒險的、反叛的、創新的海洋性所帶來的。這是第一條線索。第二種特質是面對物質的求實，潮州人生活在潮汕平原上，物質條件相對富足，這裡是嶺東的糧倉。祖先在戰亂中遷徙至此，重建優渥的生活，他們會拚命維持這種沒落貴族的生活方式。這種維持比如說是帶有貴族氣質的生活習慣的傳接，自然就會召喚出一種內在需求，就是必須有子嗣來繼承家業。潮州地處偏遠，歷史上相對太平，如果天天兵荒馬亂，哪有時間生小孩？第二種特質就是面對未知的求神，對祖宗和神明的敬重。宗族祭祀的時候可能就會想我以後成為祖宗怎麼辦，所以就有一個特別重的香火傳續的壓力，這是由宗族文化或者信仰所帶來的動力。這三種需求和動力就導致潮州人的整個生命烙印中將傳宗接代當成使命。我覺得這樣一種文化在中國文化中是很特殊的，求險、求實、求神這三個特質剛好融合在一起，就如三片花瓣。這三片花瓣可以推演出潮汕平原的所有文化。比如我們飲食當中的各種粿，其實是跟祭祀有關。比如工夫茶作為潮州人普遍的生活習慣就跟貴族優渥的生活條件有關。我們的下南洋的歷史，紅頭船和僑批等文化印記，捕魚前拜媽祖和祭孤魂野鬼等生活習俗，這又跟冒險和鬼神信仰有關。這三個維度可以說串聯起了潮州的所有習俗。”

陳喬峰給陳錦桐倒茶，喝茶的環節打斷了他的長篇大論。陳喬峰於是將話題又拉回到香爐上，他問：“錦桐叔，你有沒有想過我阿嬤沒有下樓見你，是因為一個香爐？”

“香爐？一個香爐？”陳錦桐一臉茫然，“我現在只能想起‘日照香爐生紫煙’……我複習了這麼多課本，卻忽略了最重要的知識點？”

陳喬峰被他逗笑了，說：“阿叔啊，這個考點確實比較偏，對你來說超綱了。”

4

在淡浮院裡，陳喬峰跟陳錦桐談起了一個丟失多年的香爐，它是如何丟失的已經隱入塵煙，但不同的環境之中，這個香爐被賦予了不同的意義，它是香火，是傳承，是罪證，是心結，也可以是一個人傷害另一個人的藉口。在神婆冰嬸口中，它又成為神聖之物。以至於到了後來，這個香爐幾乎成為陳家的禁忌，沒有人敢公開談論它。陳喬峰的阿公陳團結去世時，還交代陳純鋼要繼續追查青銅香爐的下落，還他一個清白。

“為什麼不當場說破呢？”

“你要理解老一輩潮州人就是這樣的，點到為止，喜歡敲邊鼓，跟西方的思維方式完全不同。”

“我們現在先談談解決方法，”陳錦桐看起來有點激動，“這邊祠堂的香爐丟了，換一個不行？”

“不行。”

“弄個更貴更好看的也不行？”

“不行。”

“那複製一個一模一樣的呢？”

陳喬峰想了想說：“那似乎可以，至少比沒有好。”

陳錦桐一拍手說：“既然它在梅山公祠裡，那也不叫丟失，只能說寄存，我們去溝通看能否歸還。不行的話，按照一比　的比例原樣複製一個過來，豈不是很簡單？”

確實是很簡單，而且梅山公祠的管理人員聽說了事情的經過，還專門委託商會的人悄悄過來碧河鎮核實，最後他們商議決定：讓青銅香爐原件歸潮，而另外做一個複製品放在梅山公祠裡頭。

得到這個消息，陳喬峰非常高興，但陳錦桐說：“先別告訴老太太，陳氏宗祠不是馬上修繕完畢了嗎，書樓的展覽也差不多佈置好了，書樓重新開業那天，我們給老太太和陳家一個大大的驚喜。” 兩人一拍即合，於是拉著李啟銘一起商量流程和細節，李啟銘說：“萬一老太太她不來呢？她那天就只去祠堂，對書樓不感興趣呢？”

陳喬峰說：“那我們讓人來唱潮劇。只要有潮劇，說是做人戲，老太太一定會來。”

他們下山吃牛肉火鍋。李啟銘打電話訂了包間，又打電話讓黃博琳過來吃飯。掛了電話他問陳喬峰：“你和黃博琳的婚禮啥時候辦？我還打算給你們免費當婚禮主持呢。” 陳喬峰搖搖頭。李啟銘說：“你們最近不是經常在一起打得火熱？”

“沒戲，” 陳喬峰歎了一口氣，“我們只是普通朋友，我母親大人昨天還催問我，要給我安排相親。”

陳錦桐這時候來了一句：“婚姻是婚姻，愛情是愛情，該相親也可以去相親的。”

李啟銘卻並不這麼看。他說女人都是口是心非，愛情這東西，只要沒有到最後一步，就不應該放棄。

“我當年創業做民宿的時候，你問我失敗會不會死。現在我也問你，談戀愛最多就是失戀，會不會死？如果不會死，你勇敢追就好。再說人死鳥朝天，又有什麼好怕的。”

5

於是書樓開業那天，一樓的舞台開始唱潮劇，從《柴房會》到《陳三五娘》，都是大家喜歡看的。林雨果聽到碧河書樓有潮劇，果然動了心，陳喬峰問她去不去，她說劇團都到家門口了，為什麼不去？

林雨果走進碧河書樓便發現，確實不同了，從門口的植被花卉，到書樓的牆面保護、場景佈置，甚至垃圾桶的設置，都讓人感覺特別舒服。她一進書樓的門，黃博琳就迎上來拉著她的手一起走。在黃博琳後面，陳喬峰端著錄像機在拍攝她們。林雨果看到孫子彎著腰撅著屁股在拍攝，就笑：“看來是小琳給你安排的拍攝工作。拍吧，看戲流眼淚時別拍就好，我眼窩淺，看戲就愛哭。”

剛好在演的是《王茂生進酒》，這是一出講述兄弟情誼的戲，薛仁貴投奔軍隊之後屢屢立功，戰功赫赫被封為平遼王。他衣錦還鄉，大宴賓客，卻非常念舊情，專程邀請了當年貧寒之交的王茂生夫妻。夫妻倆曾經給過薛仁貴諸多幫助，在接到請帖後自然非常高興，但家中貧寒沒有錢準備賀禮，無奈只能拿了空酒罈去河邊裝了一罈水，假扮成好酒作為賀禮，以為當日賓客眾多魚目混珠不會被發現。豈不料薛仁貴非常重視王茂生夫妻，懷念當年的情誼，打開他們帶來的酒分給賓客共飲，結果大家都喝著水，稱這是好酒，其中“酒薄人情厚”與潮州俗語“茶薄人情厚”一樣廣為流傳。

王茂生　賢弟呀！酒色清來味也清，為兄對你說分明，杏花村裡無人賣，到了寒冬就結冰，不飲也罷！

薛仁貴　杏花村也買不到，更是好酒！乾！乾！哈哈，好酒，好酒！

眾　官　真是好酒？確是好酒！

王茂生　哈哈果然是好酒？

眾　官　不錯，是好酒。

王茂生　我的義弟薛仁貴做了下爺聖公嘴，他說好酒就是好酒。

薛仁貴　兄長，仁貴轉戰沙場，難得兄弟相聚，今天定飲個痛快——酒來！

王茂生　好了，夠了，賢弟，這水……酒味薄。

薛仁貴　酒薄人情厚。

眾　官　好一個酒薄人情厚。

林雨果很快就沉浸到劇情之中，但這次並沒有如她所說那樣看哭了，而是被裡面的滑稽逗得咧嘴大笑。她對陳喬峰說：

“你拍一下台上的演出，回頭我再放一次。”

看完戲，陳喬峰說：“阿嫲，碧河書樓有個展覽，正好去看看。”林雨果被他帶著上了二樓，映入眼簾的卻是展覽的標題“歸潮”，巨大的榜書大字矗立在樓梯口，也被製作成巨大的海報懸掛在書樓懸空的位置，從三樓一直垂下來。

一行小字寫在主標題的旁邊：“歷盡千劫，只為歸潮。”

林雨果在陳喬峰頭上敲了一下說：“阿峰，從來沒聽你說過展覽用的是這個標題，敢情你們這是合起來算計我呀？”

陳喬峰笑：“這不是為了給你驚喜嗎？”

剛上了二樓，映入眼簾的便是“林漢先先生攝影展”，林雨果呆住了。這時陳錦桐從旁邊走出來，他依然一臉憨笑喊：“林姑姑，是我讓阿峰先別跟您說的，要罵就罵我。”

但林雨果沒有生氣，她當然不會生氣，她心裡想的是：二十年前我到曼谷去，你就應該給我看這些啊。她嘴上說出來的卻是：“錦桐啊，你也有這麼多白頭髮了。”

6

展覽不大，但如果慢慢看還是需要花些時間的。剛走了幾步，林雨果就對身後的人說：“能不能讓喬峰和錦桐陪著我看展，你們其他人先下樓，讓我靜靜。”於是李啟銘和黃博琳以及其他人都下樓去，李啟銘讓潮劇樂隊暫停，高聲宣佈進入試茶環節，大家三五成群圍坐安靜喝茶，也有人到門口拍照打卡。圍坐喝茶的人最感興趣是鳳凰單叢宋種。品茶師是李啟銘的好朋友，在鳳凰烏崠村有自己的茶園。見大家對鳳凰宋種這麼感興趣，問了很多問題，他滿面紅光，講解起來也更精神。

林雨果從口袋裡掏出了那副摺疊式眼鏡，打開，小心戴上。她扶著陳喬峰的肩膀，慢慢走，慢慢看，一言不發。陳喬峰第一次看到林雨果這麼嚴肅，她整整看了兩個小時，有一些信件還讓陳喬峰拍攝。陳錦桐告訴他都有電子版，其實不用拍，回頭可以給他。

“這些解說詞也是你寫的？”林雨果問。

陳錦桐點頭說：“是。”

“這些你準備了多久？”

“二十年，”陳錦桐彷彿一直在等待這個問題，“從您離開曼谷，我就開始整理資料，後來我能明白您在曼谷為什麼不開心。”

“為什麼呢？”林雨果似笑非笑。

“就像一個人拿著電視遙控器，換來換去卻找不到能看的頻道。”

“說得好呀，你越來越會說話了。”

“所以今天我是來補課的，這麼些年，我想這些資料非常重要，泰國和潮州之間雖然山海阻隔，卻一直有一條看不見的臍帶，牽繫著兩地。”

林雨果說：“你做了一件了不起的事。還有，那年你來，我沒見你，是我不好，得向你正式道歉。”

“那算不得什麼事，我那時候當然很不開心，但也正是那次的碰壁，我決心自己尋找答案，才有了展覽裡這麼多的材料。”陳錦桐說，“我慢慢也釋然了，答案其實不重要，因為最關鍵的地方在於，我阿公跟漢先老叔這段兄弟情誼，肝膽相照，不會隨時間散去。相反，今天會更讓人感動，我希望更多的年輕人能看到這樣的赤子之心。”

林雨果說：“我上個月已經交代純鋼和無忌，讓他們給洪禮伯刻好神位牌，這個事你放心，只是耽擱了這麼多年。我這些日子，每天都在向洪禮伯的在天之靈道歉。不過我也是很快就會入土的人了，在那邊見了面，我再跪求他的原諒吧。”

林雨果臉上籠罩著深深的自責，情感的天平早已失衡。在這個展覽中，陳洪禮渴求回家而不得的心跡隨處可見。

陳錦桐說：“隔著這麼多年的時間，要還原歷史的真相幾乎是不可能的。其實我阿公早就將您當成女兒去對待，他是在履行對漢先老叔的承諾。我這兒有一封信，是從我阿公日記本的封皮夾層裡找到的，按我的理解，我阿公是不希望公之於眾，故此沒放到展覽上。我想，這封信應該交給您來保管比較合適。”說著從他的挎包裡掏出一封信，怕有污損還用一個塑料封套保護著。

信封上寫著：洪禮親啟。是她父親林漢先的字跡。

林雨果用顫抖的手將信輕輕展開。

洪禮吾兄：

剛與兄會談多時，恐我此刻離去，阿娥遷怒於你，故此令下人送此書信以證兄之清白也。再次與兄訣別，此生有兄一知己足矣，來世還做兄弟。用人失察，遭人暗算，更為救小女背棄大義，此去黃泉路上愧對羽先生，已是不忠；日寇未平親人殺敵而我不能相隨，是為不義；棄妻女兄弟於異鄉而自尋解脫，是為不仁。不忠不義不仁之徒，非死不足以自證。希望我的死能引發輿論，羽先生之熱血不能白流。魂夢難安者唯小女雨果，幼年失怙，生活恐難以為繼，望兄多扶持，待之如己出，勿使之陷於困苦，則弟可含笑於九泉也。

漢先絕筆

林雨果讀了兩遍，掩面痛哭，又讀一遍，更是淚如雨下。她用顫抖的手將信交還給陳錦桐，擦乾眼淚，不再言語。待她定了定神，又把那封信拿回來，一個字一個字讀了一遍，讀畢，再次遞還給陳錦桐，然後低聲告訴陳喬峰扶她回家。

陳錦桐目送林雨果下樓，看著她沿著池塘邊的小路，一直走到了小巷的盡頭。她的身影變得越來越矮小，歲月無聲，而迴響不絕。這封七十六年前的信，彷彿是另一個時空的秘密，此刻卻如一顆子彈，擊中命運的眉心。陳洪禮從來不肯將這封信拿出來，即使林漢先寫這封信的目的就是讓他自證清白，但他寧可默默承擔一切，讓真相塵封，成全兄弟的名節；他寧可背負罵名，也不肯讓這個在自責中死去的兄弟的形象和人格受到污損。

7

當天下午在陳氏宗祠舉行的拜祭儀式，主要是慶祝祠堂修繕完成。最令人欣喜的情景是，陳錦桐帶著泰國梅山公祠的代表，托著用紅綢布裹著的那個青銅香爐，在台階上舉辦了香爐移交儀式。陳純鋼作為陳氏宗祠的管理人接收香爐，雙方拍了合影，然後將香爐放在紅木底座之上，果然嚴絲合縫。一時掌聲雷動，鑼鼓喧天，麒麟舞和英歌舞也出來了，在宗祠外面的廣場上表演。麒麟舞自是技藝精湛，但英歌舞顯然更為朝氣蓬勃：舞蛇的時遷，左邊頭槌黑臉黑鬚的李逵，右邊頭槌紅臉紅髯的關勝，鼓點一響，整個舞隊威風凜凜自信滿滿，神秘、肅穆而又帶著自然而然的歡騰。舞隊繞著梅花池走了一圈，路邊圍觀的人都高舉手機拍攝。

祠堂裡，地上鋪著紅毯，供桌上擺滿祭品，有魚、雞、鵝、糖、粿等，天井的兩邊擺放著用架了支起的全豬和全羊，豬和羊口中各銜著一個大橘，寓意大吉大利、年年有餘、六畜興旺、平安大賺。其餘茶酒錢紙不一而足。梅花村的陳姓男丁在天井中排隊敬立，按長幼前後排列。陳純鋼作為司儀，開始口誦祭文，又讀了祖訓，其他子孫才分批進行拜祭。

焚祭文、化錢紙時，陳錦桐將寫有阿公陳洪禮生辰八字和死亡日期的紅紙在祖宗靈堂前面火化。大家知道他專門為這件事已經奔波了很多年，故此讓開一條道來，讓他跪拜完畢，其他人才順次祭拜。在香火繚繞之中，陳錦桐望著祖宗神牌上面陳洪禮的名字呆呆出神，只願阿公此刻已經在香煙嫋嫋之中回到這裡，回到他魂牽夢縈的故土。想到這裡，他把挎包裡早上給林雨果看的那封絕筆信，也一併放進火爐中焚化。這是林漢先寫給陳洪禮的信，陳洪禮一直非常小心地藏在日記本的封皮夾層裡，又將日記本收到一個皮包裡，堆放在雜貨架的頂層。陳錦桐理解阿公這是不忍燒掉，又不想別人看到。想到早上林雨果看這封信時的痛苦表情，如今所有的親歷者都已經知道了大概的真相，也就沒有必要再留著這封信了。而從陳洪禮的日記中看來，他希望林漢先留給世人的形象是一個抗擊者，而不是一個羞愧者。從另一個角度去看，林漢先當年的決絕之中，當然有愧疚，但也不能說其中沒有對僑領慘死的抗議。他們的故事從走向大海開始，那麼就在這封信於火中焚化結束吧。陳錦桐彷彿看見他們當年乘船出海的情景，陳洪禮揹著行囊，林漢先挎著相機，二人風華正茂，正商量著何時回到家鄉修建大房屋。

祠堂的拜祭結束後，大家將羊肉和豬肉切成很多份，平均分到每家每戶。陳錦桐看著大家拿著祭品紛紛離開，他在內心對阿公陳洪禮說："希望您此刻也能在天空中看著這一切。"一場盛宴的消散，說不上哀傷，但多少有一種落寞之感。這時有人拍了拍他的肩膀，他回頭一看是李啟銘。李啟銘邀請他去市區，他說今晚在他牌坊街的民宿茶館門口也有一場女子英歌舞的表演，這些年越來越多的女孩也參與到英歌舞表演中來，很好看。梅山公祠那幾個華僑顯然被他說動，看過《水滸傳》故事，穆桂英掛帥的女子英歌舞還真沒看過。"不過得提前進城去，不然今晚必定會塞車。"陳錦桐想了想，好像也沒有別的事，於是便上了李啟銘的車，前往潮州城區。一個晚上下來，李啟銘已經和這幾個來自四色菊府的華僑混得很熟，他在電話裡告訴陳喬峰，後面將會開展更多的合作。

"你真是一個'社牛'。"

"潮州人的生意，都是這樣聊著聊著就有新的想法，所以樹葉沖開水還是很重要。"

8

之後人們互相談論起來，才發現林雨果缺席了陳氏宗祠的典禮。雖然按照規矩都是村裡的男人在主持儀式，但以往林雨果會在祠堂的角落裡幫忙清點錢紙，實則幫兒子盯著整個典禮的流程。但這一次她缺席了，陳純鋼等到典禮結束才知道母親沒有來，趕到老房子裡才聽說母親早上去參觀了展覽，下午回來便身體不適，睡著了。陳喬峰匆匆祭拜完就跑回來了，和黃博琳一直在旁邊照顧。他們一直在聊天，陳純鋼站了一會兒覺得自己在那裡實屬多餘，於是嘴裡假裝罵著陳錦桐，說他裝神弄鬼搞什麼歷史展覽，也不管老人家身體能否受得了就邀請去看展。他邊罵邊往外走，只留陳喬峰和黃博琳在屋裡低聲說話。

黃博琳說："剛剛真怕你阿嫲倒下去，你們策劃這個展覽的時候，就沒考慮到老人的承受能力嗎？"陳喬峰也有點後悔，當時想的是給阿嫲一個驚喜，她平時思維敏捷，看起來比很多年輕人都健康，確實忘記她已經是八十多歲的人了。

陳純鋼從屋子裡出來，卻不知往哪裡去，不知不覺便走到祠堂門口。熱鬧過後，祠堂變得特別安靜。他在祠堂裡對著那個香爐坐了很久，直到陳無忌帶著安裝監控裝置的工人推門而入，打破了寧靜，他才發現旁邊的石凳上有一黑一白兩隻貓正在看著自己。他在心裡將貓的凝視當作父親陳團結來自天上的目光，一種說不出的滋味在內心深處湧動。

隨後的日子，梅花村來了許多遊客，有遠道而來，也有周邊汕頭和揭陽來潮州古城過週末順便來看看的。李啟銘對陳喬峰說，其實這座村莊的生活方式本身就是一件非常棒的作品，應該從這個角度去理解美麗鄉村，而不是附加在上面的種種修繕和改造。庭院裡的獨輪車，百年的大樹，殘破牆壁上的標語，多年前荒廢不用的菜市場⋯⋯這一切背後淡定從容的生活態度，才是最美的。

李啟銘甚至勸退打算外出創業的陳得海，讓他守住這把殺魚生的刀。陳得海看到了這些年潮州牛肉火鍋在全國各地火爆的新聞，便找李啟銘商量，希望將他的魚生店進行品牌提升，講故事引入投資，採用連鎖店的模式讓魚生店遍地開花。李啟銘耐心地給他講解資本帶來的雙刃劍，很多美好的東西會在資本的絞殺之下拔苗助長，最終灰飛煙滅。"我看你這樣的刀工技術，以後必定能引起媒體持續關注，魚生這樣的地方美食，寧可做成百年老店，也不要曇花一現。"李啟銘語重心長，陳得海點頭表示聽懂了，但是他的弟弟陳得江年少氣盛，沒聽進去，和幾個朋友合夥到廣州做連鎖餐飲。一年多以後，當陳得海在電視台表演如何將魚片切得薄如蟬翼時，他弟弟陳得江拖著行李箱回到梅花村，他一無所有，只帶回了債。陳得海幫他償還了一半的欠款，然後告訴他，剩下另一半的錢，他需要自己打工賺錢慢慢還。

陳喬峰在牛雜粿條店吃早餐，碰到了陳得江。這個親戚口中的失敗者卻隨手幫陳喬峰付了十元粿條湯錢，並主動和陳喬峰攀談起來。他像個見過大風大浪的老人，用非常豪邁的口氣說起失敗的餐飲店，像隔著遙遠的時間談論別人的事，彷彿跟自己並沒有關係。然後他開始鼓勵陳喬峰要走向海外："峰哥，你這樣的木雕手藝，就得出海，驚呆那些沒有什麼見識的外國人。”在陳得江的描述裡，潮州金漆木雕的宏偉未來已經來到眼前，只需要陳喬峰邁出一小步，這個世界就會為他讓路。

正當陳得江講得起勁時，陳喬峰吃完粿條湯，站起身告辭。陳得江問他要去哪，他說母親大人正在幫他挑選窗簾，他現在要過去看看。

“裝修？婚房？聽說是要跟一個女導演結婚了？”

“沒有的事，”陳喬峰趕忙矢口否認，語氣裡竟然有一些慌張，“就是裝修一下，普通的房子。”

陳得江還說有沒有照片參考一下，他最近也在準備婚房……他還繼續喋喋不休，陳喬峰藉故抽身離開。陳喬峰這個新房子確實是作為婚房準備的。那時候他以為黃博琳會為了他們的愛情留在潮州，她一直在說她有多麼喜歡潮州，並開玩笑說要在這裡找個男人嫁了。他將這樣的玩笑話當成某種暗示。陳喬峰用心設計了房子，準備在某個時刻帶給黃博琳驚喜，但湘子橋上那次對話完全澆滅了他的希望。最近母親周小英一直安排他去相親，這讓他內心惱怒不已。

“我又不是湘子橋的船，說拆開隨時就能拆開。”

9

林雨果這一次生病，整整病了一個星期，醒來之後，她的大腦好像被清零，她居然選擇性地忘記去看過那個展覽，也忘記見過陳錦桐，更沒有人敢提及那封信。

健忘症就如同腦裡裝上了橡皮擦，先是擦除了她最近的記憶，但遙遠的記憶卻非常清楚。比如她還經常會告訴陳喬峰，自己的母親林阿娥正在門口給她削鉛筆。

“你們削鉛筆是用鉛筆刀，但我母給我削鉛筆，是用家裡的菜刀。那時候哪裡來的鉛筆刀，都是用刀削。”

在阿嫲的描述中，林阿娥在門口削鉛筆，用菜刀，專心致志，只有菜刀在鉛筆上摩擦，發出嘶嘶聲。但只有她聽得到，陳喬峰什麼都沒有聽到，所以他覺得有點恐怖，但又不敢多說。

接連颳了三天奇怪的風，門口院子裡的蓮霧也被風吹得東搖西擺。所有人都斷定林雨果時日無多了，因為對她來說，她的人生已經足夠圓滿了。鄰居羨慕地說：“團結嬸活一輩子，有些人幾輩子都做不到。”旁邊有人便提醒說：“老人家還在，你說什麼一輩子呢。”

林雨果似乎換了一個人，蒼老似乎在一夜之間就被完成。她的動作變慢，就連說話也開始變得更加緩慢。她主動邀請黃博琳來給她錄製視頻，她坐在花壇旁邊，整整講述了一個星期。她的語調很平緩，有時候會卡頓，想不起來，但是內容基本是前後連貫，不太需要後期再怎麼加工。除了有幾處經常重複的情景，其他的大致上按照事件發生的時間順序談起，從她童年的曼谷生活，父母的八方樓，到後面的長途跋涉，戰爭年代，貧窮年代，經濟騰飛年代，潮州的日子開始變好，她展開了連綿的生活畫卷。她談到她小時候曼谷家的後院裡也有一棵蓮霧，還談到很多人，最為精彩的還是那個會唱戲的林漢孝，說到他為了自衛殺死土匪時更是眉飛色舞；她也有一些不想提及的往事，比如小腳女人音姑的去世。問過她，音姑最後是怎麼去世的？她沉默，不想回答。她當然不會忘記饑荒年代裡小腳女人是如何被活活餓死的，不會忘記她的小腳因為水腫而變得又白又胖。但她說："這個我們先跳過去，回頭再補充。我再跟你講講在蒙山我遇到少年梁羽生的事。"講到最後，她問黃博琳："你的膠卷還有嗎？"

"這個不用膠卷的，阿嫲。"

"好，好孩子，你終於叫我阿嫲。"

陳喬峰在旁邊聽到了，他終於知道阿嫲在等待的是什麼。

陳錦桐那個"歸潮"的展覽，通過黃博琳以視頻的形式傳播，已經在海內外引起不小的震動。不斷有人給書樓寄來各種各樣的展品，陳錦桐和李啟銘商量，物品不管大小，盡量在書樓進行陳列，因為他明白在潮州這個僑鄉，每個老物件都帶有故事。

陳喬峰也將五老姑交給他的那個藥箱轉交給陳錦桐。他附上一張詳細的說明，包括了林漢萍諸多信息，她的成長經歷，她的家庭，她就讀的護士學校以及曾經參與的戰役。陳錦桐讓他放心，每件物品他都會造冊登記，好好保存。但他說他也要回曼谷了，他不敢再去打擾林雨果，擔心重新喚醒她的記憶，又讓老人家變得難過。他對陳喬峰表達了他的後悔，他說就像所有時間中的渾濁都沉澱在水底，而他是一條不懂事的魚，這麼一攪動，一池清水又變得渾濁。

陳喬峰也安慰他說並不要緊，所有沉在水底的東西終究還會在水底，而人活在空氣中，那裡有陽光和花朵。陳喬峰說很多年以前，他的阿公陳團結曾經教他木雕，給他做練習的是祠堂屋樑上的一個構件，裡面是一些《水滸傳》的人物故事，十分精彩。但是他用了一個月的時間，就是無法雕刻出屋樑構件中人物的那種感覺。阿公陳團結笑著告訴他一個道理，每一個木雕之中都包含了視覺，比如放在屋樑上的木雕，必須考慮欣賞它的時候是一個仰視的視角，所以雕刻的時候人物的比例關係就不能跟平視一樣，不然就會變形。相反，雕刻羅漢牀四個腳上的麒麟或獅子，就必須考慮俯視的視角，不然也會刻不好。陳喬峰說："我覺得我們看到一段歷史，大概也應該如此，取決於我們究竟是仰視還是俯視，抑或平視。"

陳錦桐給他豎起了拇指，說："你這段話真是深刻，我得好好消化一下。"又說："你阿公陳團結真是個有智慧的人。"陳喬峰說："他最大的智慧就是娶到了我阿嫲。"

展覽總有結束的時候，但陳錦桐說服李啟銘，讓這個展覽成為書樓的常設展。陳錦桐終於還是要離開梅花村，他嘴上說他會經常回來，但他也明白，事情已經告一段落。他去拜別林雨果，在陳團結以前經常坐著的那張沙發上，不太熟練地擺弄著工夫茶具，林雨果在旁邊教他燙杯，兩個人聊得非常開心。下午的陽光從西邊的窗戶透進來，屋子裡的物件都帶著暖意。黃博琳在邊上悄悄把相機的錄像功能打開，她跟陳喬峰說這是多好的素材。林雨果問她在做什麼，她說在幫他們拍合影。

尾聲

1

黃博琳跟陳喬峰説，她的影片素材已經收集得差不多了，在這裡她吃過很多美食，也看過很多景色，就只剩下潮州過年沒有體驗過，她準備在潮州過完元宵節便離開。前一陣見過黃博琳父母的時候，周小英以為他們談了這麼多年，馬上可以修成正果，於是旁敲側擊跟陳喬峰説，有沒有可能元旦前下聘，然後春節後擇日完婚。周小英沒有説出口的話是，怕阿嫲等不了那麼久。但自從陳純鋼和周小英知道兒子跟黃博琳的事沒有結果之後，就不再在兒子面前提起黃博琳，而是開始給陳喬峰安排各種裝作很自然的見面。陳喬峰找了各種藉口溜掉了，所以這段時間，他以年底事多為由躲到了他那套沒有新娘的婚房裡。

婚房的位置在韓江大橋以東。從這裡出發，穿過韓江大橋就是古城區，回梅花村也道路通暢。另外這裡離泰佛殿非常近。在潮州所有的景點裡，黃博琳卻非常喜歡這個十分不起眼的泰佛殿。

陳喬峰邀請黃博琳來家裡喝茶。黃博琳來了。他帶她參觀新房子，看到每個房間的設計風格，她很快明白陳喬峰此前裝修這套房子的心思。他們回到客廳喝茶，茶几上擺了鮮花，客廳角落的音箱傳出鋼琴曲，顯然經過精心佈置。黃博琳說自己並不打算結婚，即使結婚也不準備要小孩，所以她並不需要一個丈夫，最多只是一個旅行伴侶："這幾天我把'海上絲綢之路'的主要城市列出來了，以後我要一個城市一個城市去拍攝，在每個城市都生活一段時間。人生短暫，在生與死之間，其實只剩下體驗。"陳喬峰明白黃博琳的心思，她是一個注重生命有效性的人，只會像候鳥一樣南來北往，不可能像家禽一樣駐守在碧河邊。

"錦桐叔最近給我發了郵件，說泰國有一家華文學校打算開一門木雕課程，這方面的教師不太好找，他想讓我過去那邊工作。"他確實有考慮出去，當然，他也是在試探黃博琳的態度。他想說如果她願意，他可以是個好旅伴，但這句話終究沒有說出口。

他帶她去看書房。房子裝修過程中，這個書房陳喬峰最為用心，他原本打算在書房裡跟黃博琳求婚。

黃博琳走進書房的時候，被一整面牆上的木雕震撼到了，驚訝得瞪大了眼睛。她說這是什麼樣的手才能雕刻出這樣層層疊疊的作品。陳喬峰解釋道，這是他阿公陳團結的作品，是他的遺作，整個畫面就是他阿公阿嫲在水井邊初次見面的情景。

"阿嫲送給我們……送給我的禮物。"陳喬峰內心升騰起一股悲涼之感，也許一切就是個錯誤。

黃博琳問："這得用多少時間，太精美了，特別是這棵龍眼樹。"

陳喬峰説："根據我阿爸的回憶和估算，這個木雕我阿公大概用了五年零三個月的時間，他悄悄進行，事先沒讓我阿嫲知道。"

黃博琳説："你阿公還挺懂浪漫。"她伸出手指在木雕的井沿上輕輕摸了一下，説："這樣的藝術品應該拿到國外去參加展覽。"

她説她並不是説説而已，最近新加坡正在策劃一個華人非遺的展覽，如果陳喬峰願意，真的應該寄過去展覽："你阿公這樣的作品，凝聚畢生功力，忘記誰説過，最好的藝術品應該是屬全人類的。"

一下子昇華到全人類，陳喬峰當然必須答應。黃博琳確實也非常有執行力，並非隨口説説。只過了兩天，她讓人細心將作品做好組裝的標記並打包，還十分嚴謹地讓陳喬峰簽署了展品合同。接下來的時間，她反覆修改陳團結的創作履歷，給陳團結印製了一份精美的圖冊，中英文雙語介紹。在這個過程中，陳團結的其他作品也被陸續整理出來。展覽引起了很多人關注，黃博琳細心收集所有的照片，也做成了圖冊，印刷出來交給陳喬峰，讓他轉交給林雨果。

黃博琳做事十分認真，她也在用她的熱情來回應陳喬峰。她鼓勵陳喬峰也應該多走出去："潮州文化從來都不是男耕女織，而是星辰大海。”黃博琳說他們家族在泰中羅勇工業園也有一些投資，最近她父親正在跟潮州的陶瓷企業談合作，所以他如果選擇去泰國教學生做木雕，應該會擁有一段非常精彩的人生經歷。

他終於注意到黃博琳在表達這樣的職業選擇時，用的並非“男怕入錯行”那樣永生永世的方向判斷，而是將之視為一段經歷。

2

黃博琳在回新加坡之前，在潮州度過了一個歡樂的春節。

陳喬峰帶她去拍攝鐵枝木偶戲。鄉下各地逢年過節敬神祭神的廟宇前面，都會有鐵枝木偶戲，也叫紙影戲，有點類似於皮影戲，搭個台子，裡面有人在操縱木偶人唱戲，“捆草為身，紮紙為手，削木為足，塑泥為頭”。這種唱給神仙看的戲，並不會太嚴肅，更多是要熱鬧，喜歡用丑角。潮州話的鏗鏘應該到潮劇裡去尋找。潮劇唱法用真聲，顯得甜，很多題材都由本土傳說演化而來。現在年輕人不太聽潮劇，但潮州人將神仙叫作“老爺”，所以潮劇大概也是逗“老爺”開心的一種方式吧。哪家如果有什麼大事，需要求神仙幫忙，許願的時候就會許下一天或三天的紙影戲，表示如果“老爺”保佑，則會回報以戲。“老爺”開心了，大家才會有好運氣。

陳喬峰帶她去看“營老爺”。潮汕地區過年每個村都有自己“鬧熱”的日子，多數在正月初一到元宵節之間挑一天。在這一天要拜神，有條件的村落要“營老爺”，也就是將廟裡的“老爺”用轎子抬出來遊街。這時候人山人海，經常因為“搶頭香”，年輕人大打出手，弄得頭破血流。各村的民俗又有不同，比如有“拖神”，有“搶神”，有“跳火堆”，有的比較優雅，有的比較野性，但大家內心都是虔誠希望好運平安順利賺大錢。過年如果沒有“營老爺”，那就顯得非常安靜和寡淡，簡直就是白過了。“營老爺”時，正常也會有“營鑼鼓”，潮州大鑼鼓充滿了生機和活力，在隊伍的中間，有童男童女挑著花籃和果籃，有少女扛著錦繡鏢旗，熱鬧非凡。這些年英歌舞被媒體報道為“中華戰舞”，流行了起來，所以很多地方還會在“營老爺”時增加英歌舞表演。潮州文化中保留了某種古典的儀式感，有時候近乎古老腐朽，卻也為生命和生活提供了眾多的節點，形成彼此連接起來的空間。

陳喬峰帶黃博琳去參加過年期間各種不同的“拜老爺”。“拜老爺”本來是日常的功課，更是各家媳婦的必修課。但過年的時候，拜神的次數會被集中起來。拜祭祖宗的錢紙和拜神的有所不同，這裡面非常有講究，都是學問。在潮州，民間的神仙數不勝數，各路神仙都不能得罪。每家每戶都有灶神，也被奉為“家神”，是一家之神，小孩都得來拜，以求學業有成。王母娘娘和天公有各自不同的喜好，各種神仙也有不同的葷素忌諱，由此衍生了各種糕點粿品，各種錢紙樣式。比如鬼節需要普度，就會用紙縫製“孤衣”燒給孤魂野鬼，地點一般都會選擇在溪水邊。黃博琳最感興趣的還有求籤和聖杯，每次抽到上上籤，她便很開心。

陳喬峰帶黃博琳去看滷獅頭鵝和做粿。一般過年時候每家每戶都會殺鵝。梅花村裡獅頭鵝的叫聲會在過年之後變得稀少。滷鵝在潮州是過年的標配，如果哪家過年殺鴨或者殺雞而不殺鵝，基本會被街坊鄰居認為過去一年日子過得不太好。所以年節前幾天，就有人到路邊起了爐火，擺一隻大鍋，專門幫人家殺鵝。也有人走街串巷開始收購鵝毛，吆喝聲總是格外嘹亮。至於滷鵝的配料，各地配方總是略有區別，這裡就涉及哪裡的口味更為正宗的問題。除了滷鵝肉，過年必備的粿品還有紅粿桃和鼠殼粿。有人説是潮州人喜歡吃，都是吃貨，才發明出那麼多拜神的節日，因為潮州人的祭品講究，也非常好吃，節日越多，好吃的粿品也就越多，小孩最高興了。據老人講，很多拜神的程序不斷被簡化，但是各式糕點，會因為龐大的吃貨團夥而傳承下來。

陳喬峰給黃博琳耐心講解過年走親戚的風俗。有了滷鵝肉和祭品糕粿，過年走親戚互相拜訪的時候，這些也就成了常規的禮物。過年禮品往來和拜神一樣都是大學問。到別人家裡去喝茶，不帶點禮物，兩手空空總是不太妥當。老一輩更是講究，過年時候要隨身帶上一對潮州柑，以備不時之需。橘子是大吉大利的象徵，因為潮州話裡“大橘”便是“大吉”，路上遇到親友會交換橘子以傳遞吉利。走親戚串門拜年則更要帶上大橘，告辭的時候主人家就會交換橘子，收下你的橘子，另外拿一對橘子讓你帶上。過年走親戚，這簡直就是一門平衡術，舅舅家送來什麼，姑姑家送來什麼，嬸嬸家送來什麼，都需要逐一分別回送。互相贈送的禮品，多是些過節的食物，其實也不值錢，然而七大姑八大姨，各種遠房親戚，在這個互相贈送的禮品和儀式的過程中達到了情感交流的高潮。在這個過程中，禮品的來往，給小孩的紅包，都是親疏關係的見證，一點都馬虎不得。特別在農村，一斤豬肉或者幾個鼠殼粿，有時便可能結下恩怨。整個關係網絡微妙而敏感，但是該到需要互相幫忙的時候，該出錢出力的時候，親疏的評判又毫不含糊，所有人的眼光都看著你呢。説著八調的古語，吃著精緻的糕粿，喝著講究的熱茶，聽著優雅的潮劇，拜著多得數不過來的神明，維繫著錯綜複雜而又安全互助的宗親網絡，潮州人會在這個文化環境中將自己調適到最舒服的位置。時間流逝，年輕人開始不太講究這一套，或者説受不了這一套了，很少人過年串門還帶上橘子了，古老的儀式感正在面臨新的挑戰。在微信替代了電話成為拜年常規方式的今天，那種通訊不發達的時代帶著各式禮品走親戚的情景只能停留在記憶裡。

整個春節跑下來，陳喬峰感覺比加班還累，除了親戚間迎來送往，其他時間便帶著黃博琳東奔西跑，走街串巷。古城區每當到了過年便被遊客佔領，根本就擠不進去。所以陳喬峰帶著她到各個鄉鎮去吃各種小食，去鳳凰山看天池品茶，到鹽灶看拖神，最遠跑到陸豐的玄武山求籤。李啟銘對他們倆的點評就是："苦命鴛鴦。"不過過年期間李啟銘是完全沒有工夫理他們，他的民宿客棧每天都滿房，他又不肯讓價格上浮太厲害，擔心影響遊客體驗。他甚至跟陳喬峰建議："你的婚房反正用不上，還不如臨時給我拿來當民宿，有朋友來潮州過年，還沒有辦法訂到房。"

陳喬峰拒絕："不行，黃博琳這幾天住這邊。"

李啟銘嘖嘖稱讚，說："還是你小子有辦法。"

"別陰陽怪氣，我們現在是室友，過了元宵她就回去了。"

"人家老夫老妻才是室友，你們提前進入室友狀態，可喜可賀。"李啟銘嘴上可從來沒有輸過。

不過如果從第一次見面算起，他們確實認識了很久；但陳喬峰要過了很多年才明白，黃博琳從來不是一成不變的，她像一條蜿蜒的河流，歡騰雀躍，會在年月裡悄然修改約束自己的堤岸。陳喬峰在電話裡對李啟銘長歎一聲。他那天聽到黃博琳說，什麼都體驗過了，就差在潮州體驗一下婚禮，當一次新娘。當然他現在明白了，她只是隨口這麼一說，並不能當真，故此也就沒有接話。當天晚上他夢見黃博琳帶著一個英國男友彼得過來潮州結婚。在夢裡，英國帥哥彼得長得特別像李啟銘。他跟黃博琳提到這個夢，黃博琳哈哈大笑，說："英國帥哥可沒有生辰八字，要看日子可能比較麻煩……還別說，我真有一個朋友叫彼得，不過彼得不是帥哥。當然，我也不是美人。”又問陳喬峰：“這附近是不是還有一個美人城？我們去看看？”陳喬峰說：“以前有的，現在沒有了。”

時間過得特別快，元宵節轉眼也過去了。陳喬峰送黃博琳去機場。黃博琳說不用送，或許過些天她又回來了，或許他們可以在曼谷見面。但陳喬峰明白這一次不一樣，因為黃博琳把她所有的拍攝設備都運走了。告別的時候陳喬峰給了她一個擁抱，黃博琳卻毫不吝嗇地回應了他一個吻。僅此而已。人生所有的離別彷彿都寫在劇本裡，劇中人能做的只是記取某個瞬間的溫暖。

3

黃博琳好像就這樣在陳喬峰的生活中消失了。有時候陳喬峰會覺得生活充滿了虛妄之感，他甚至假設黃博琳從來沒有來過。如果不是朋友圈偶爾有她的消息，知道她最近在馬爾代夫浮潛，這個叫黃博琳的人也許早已經成為一個虛數。

雪上加霜的是，陳得海的弟弟陳得江也要結婚了。用李啟銘的說法是，陳得江這小子一身債還沒有還完，但不妨礙他死皮賴臉鍥而不捨，最終還是抱得美人歸。第二天周小英便打聽清楚回來告訴兒子，陳得江那個結婚對象，就是之前她讓陳喬峰去見面的那個女孩。“人家姑娘生雅[1]，半步村人，叫劉平安。”周小英說，“當年劉平安出生時臍帶繞頸，碧河鎮醫院的婦產科都沒有辦法，九十年代鎮上剖宮產技術又不行，淩晨三點半專門把你阿嫲請到醫院去，才救活過來。這次陳得江父母上門求親，老劉家有個條件，婚禮必須請你阿嫲去。”

陳喬峰只是淡淡哦了一聲。

過了一個星期，陳得江果然帶著劉平安來找林雨果。陳得江前一天晚上就給陳喬峰打了電話，要他一定陪著一起：“峰哥，你這次無論如何要幫我，見你阿嫲，我還是有點害怕。”陳喬峰說我阿嫲又不會吃人，但他還是答應了。第二天，陳喬峰在門口幫林雨果澆花，陳得江如約而至，帶著劉平安從巷子那頭走過來。巷子裡光線柔和，門口鮮花綻放。劉平安果然長得好看，臉蛋雅致，身材也凹凸有致。陳得江離他還有十米遠，就開始伸手在身上摸，摸出香煙來，陳喬峰卻說不抽。陳喬峰帶他們進門，陳得江見了林雨果，果然變得特別乖，話也少。他只說婚期是三月十四日，日子是根據兩個人的生辰八字挑的，不是週末。林雨果說，好日子。陳得江說，良辰吉日是由天后娘娘定的。

林雨果伸手把劉平安拉過來，坐在自己身邊。然後看了陳得江一眼，說：“他們都說小江做生意虧錢，我看他才是最懂賺錢的，娶個好老婆能旺三代人。”阿嫲這個動作讓陳喬峰感

---

[1] 長得漂亮。

到熟悉，那天她也是這樣把黃博琳拉過來坐在她的身邊。陳得江小聲補充介紹了他和劉平安第一次見面的情況，他說他們是在英歌隊訓練的時候認識的，一見鍾情，很快就結婚了。

劉平安說話聲音好聽，落落大方，她先感謝林雨果的救命之恩："我媽說，平安這個名，就是您幫忙取的。"然後她看著陳得江說自己才是最虧的，別人結婚之前都有求婚儀式，有單膝跪地，有戒指鮮花，只有她稀裡糊塗就進了陳得江的圈套，迷迷糊糊就開始要嫁人了。

林雨果看著孫子陳喬峰說："能帶雅姿娘仔來看阿嬤，都是好孫子，接下來啊，我就等著阿峰帶奴仔[1]來叫老嬤。"陳喬峰只能尬笑。林雨果又對劉平安說："那時候，六十年前，看完潮劇之後，陳團結也是跟我說了一句'結婚吧'，就這樣把我娶了，也沒有什麼求婚之類的儀式，但是……"

"阿嬤，但是什麼啊？"劉平安十分聰明地改口叫阿嬤。

"但是我給他提了三個條件，我說得滿足我三個條件我才能嫁給他。"

劉平安一聽就來了精神，坐直了身體："教我，教我，三個什麼條件？"

"我說我還沒有想好，想好了再告訴他，"林雨果很得意，她呵呵地笑，"結果到他死，我還是說我沒有想好，我就一直吊著他的胃口，讓他慢慢猜，猜一輩子。"

---

[1] 孩子。

“啊？沒想好？”劉平安有點驚訝，她眨了眨眼睛，似乎在努力理解那代人的浪漫。

陳得江給林雨果看他們的婚紗照，又說了他們接下來準備去東南亞度蜜月。劉平安又拿出婚宴的菜單，說她媽媽交代她，務必要問阿嫲的意見，看看有什麼需要注意的沒有。陳得江補充說，跟他哥陳得海一樣，結婚擺酒就在碧河書樓，已經跟李啟銘打過招呼，李啟銘願意免費提供拍攝服務。

林雨果說：“菜單我就不看了，吃得又不多，只是心裡高興，就想聽潮劇。”

“想聽什麼？”

“《陳三五娘》。”

於是結婚之前三天，碧河書樓唱了三天潮劇。林雨果每場必到。只是有時候她會打瞌睡，醒來繼續聽，並不知道剛才打了瞌睡。這半年，林雨果的記憶力越來越差，可以說是斷崖式下降，但是潮劇的經典唱段，她在台下總能跟著哼唱起來。陳喬峰能感受到她的喜悅，就如春草一樣悄然在陽光下生長。林雨果問李啟銘，韓江邊的木棉花開了沒有？李啟銘回答還沒有。“韓江邊木棉花開的時候最好看，喬峰，你以後要多陪博琳到江邊走走。”李啟銘看了陳喬峰一眼，看來林雨果已經忘記黃博琳早就離開了潮州。陳喬峰對李啟銘說：“我阿嫲現在擁有的時間，跟我們已經不是同一個速度。”

在林雨果的想像裡，陳喬峰和黃博琳也是在這個春天結婚的，她將陳得江的婚禮視同為陳喬峰的婚禮，甚至會把劉平安喊成“博琳”。劉平安知道情況，也不惱。陳喬峰不敢告訴阿嬤，黃博琳此刻已經在馬爾代夫。他們最近一次聯繫，是因為黃博琳在浮潛時被離岸流沖了出去卻渾然不覺，教練找不到她時才發現她被海浪推到很遠的地方，費了九牛二虎之力才救了回來。黃博琳打電話給陳喬峰，她告訴他，在最絕望的時候，她看見了海溝，深不見底，連魚群都看不到，那時候一種終極的恐懼湧上心頭。

“不知道為什麼，被海溝驚嚇到的那一個瞬間，我突然想，我應該留在潮州跟你結婚，安安穩穩過日子。”

陳喬峰哦了一聲，然後說：“也許在另一個平行宇宙，我們已經結婚了。”他在電話裡給黃博琳描述他們結婚的情景：婚禮臨近，黃家父母提前一個星期來到潮州，他們從新加坡樟宜機場經停廣州，八個小時就到達揭陽潮汕機場。陳喬峰為他們挑選了一間靠近意溪鎮的酒店，從窗口還能眺望韓江，能看到被夕陽籠罩的湘子橋。他們的好朋友李啟銘當然成為他們的婚禮顧問，黃家父母對潮州的婚俗非常好奇卻又什麼都不懂，於是可憐的李啟銘經常被黃博琳的父母叫過去問東問西，諮詢各種婚禮的風俗。李啟銘只能帶他們到西馬路逛置辦婚禮用品的商舖，還專門給他們看什麼紅花仙草。

“你大概願意披上最傳統的紅蓋頭，我在深夜裡撐著紅色雨傘悄悄將你接回到我們的婚房裡。”陳喬峰說著說著，竟然有淚滴滑落，只是電話那頭的黃博琳並不知道。

黃博琳接著陳喬峰的話說：“我也來接著想像一下，我們的蜜月，應該去曼谷吧，每天游泳，騎大象，浮潛。泰國的海灘也很乾淨，還有一些海島浮潛也不錯。然後我們度蜜月回來，你告訴阿嫲，這次認識了許多以前從來不知道的熱帶水果，可惜沒法兒過海關。於是回到潮州我們就馬上網購紅毛丹，説是買給阿嫲吃，其實阿嫲可能只吃了兩三個，剩下的都被我們這對新夫妻吃個精光。我們會給阿嫲談起在曼谷發生的趣事，至於什麼趣事現在我還想像不來。曼谷的變化當然天翻地覆，然而阿嫲還能記得好些街道的位置，只是不少地名已經跟她説的不一樣了。是不是這樣？不過你大概已經開始想像我們推著嬰兒車在韓江邊散步了……”

女導演黃博琳展開滔滔不絕的講述，她以令人驚歎的故事編織能力，把一場想像之中的婚禮描述得有板有眼迴環曲折，説著説著，她自己笑起來，然後又説：“很想念你阿嫲，她是我見過最優雅的老人。”

“就沒有想念我？”

“也想念，從前覺得你太過傳統，從來不敢往前再走一步，現在慢慢明白你可能更看重責任，阿嫲在，不遠行。我不應該用自己的速度來要求你。或許是我太年輕了。”

“你就是説我太老氣橫秋唄。”陳喬峰揶揄她。

4

陳喬峰試探地問阿嫲，有一個朋友在華文學校當教師，很希望陳喬峰能去那邊當老師，學校說像木雕這種非遺手工藝，學生會非常感興趣。

“阿嫲，這次阿公的木雕在新加坡展覽非常成功，我這段時間也參與一些具體的工作，真的非常棒。新加坡那邊也在修宗祠，已經邀請我參與他們的項目，我接下來可能會去新加坡一段時間，然後去泰國。有人說海內一個潮州，海外一個潮州。果然是這樣。”陳喬峰臉上洋溢著對未來穿越世界旅程的憧憬，他詢問林雨果對他到海外去的想法。

林雨果說：“你應該問博琳，不應該問我。”

陳喬峰不知道該說什麼好，他只能沒話找話說：“博琳說，潮州文化向著星辰大海，所以，是不是潮州人應該往外走才對？”

林雨果沒有回答，她一直微笑著，她很認真聽他說話，又好像沒有聽到。關於孫子的很多問題，她其實已經用一生做了回答。她的眼睛看向窗外，彷彿能在空中看到其他人看不見的字幕，她喃喃唸道：“心安隨處家廟，潮平四海歸來。”

林雨果拉了拉身上的被子，告訴陳喬峰：“最近總是做夢，夢見你阿公陳團結在龍眼樹下的水井邊打水，問他說水涼不涼，他又不說話。”

立秋那天，林雨果就給陳純鋼打電話，讓他過來一趟，然後說："你們可以準備一下了。"陳純鋼一臉茫然，然後他突然明白母親說的是什麼意思，趕忙說了一些安慰的話。林雨果微微一笑，說："最遲不過白露。門口沒有聲音了，我母林阿娥的鉛筆快削好了。"果然，處暑剛過兩天，她在天井的躺椅上打了兩個噴嚏，就這樣過去了。

每個來參加葬禮的人都說老人家有福氣，無病無痛就這樣走了，也不拖累子女，所有的事還安排得妥妥帖帖，連壽衣都擺在房間的牀頭櫃裡。按照老人的意思，葬禮一切從簡。當然循例應該完成的喪葬風俗環節還是不能省略，報喪，收棺，守靈，送葬，回靈，按部就班的程序減弱了人們的悲傷。

陳得海兄弟將魚生店停業過來幫忙，李啟銘也到了。黃博琳給陳喬峰打電話，他接了。她說了幾句安慰的話，然後哭得沒法說話。她掛掉電話，情緒平復之後才又打過來。如此反覆，電話掛掉了四次之後，總算是把她要說的話說完了。

"要不我趕回去？"當然她也明白趕不及。

"不用。"陳喬峰反過來安慰了她幾句。

白色的蠟燭照亮了大客廳，人們圍坐在一起，談起了林雨果，說起林家滿門忠烈，說起從前林家曾經出錢修繕書樓和捐建梅花村小學。向來少言寡語的冰嬸，在旁邊坐著，冷不防說了一句："如果我沒數錯，在場有一半以上的人是團結嬸接生的。"原本喧嘩的聲音突然安靜了下來，也就是在這時，幾隻白色的鴿子突然在天井裡停落下來，有的跳到水缸邊緣，有的咕咕叫著撲騰飛到走廊的橫樑上，幾分鐘後，所有的鴿子又齊刷刷飛走了。大家紛紛說是吉兆，又問冰嬸，她卻說是故人來。

火化之後，林雨果葬到梅山的公墓裡。陳純鋼去年就悄悄挑了一塊墓地，離林漢先墓比較近，他認為這樣好讓他們在那邊彼此有個照應，清明掃墓也方便一些。林雨果下葬之後，她去世的消息才慢慢傳出碧河鎮，那些在漫長歲月之中受過她恩惠的人，竟然不遠千里來到墓前弔唁。

白露那天午後來了颱風，風很大，整整颳了一天一夜，門前院子裡的那棵蓮霧樹被吹倒了。這麼老的樹，重新種下去也活不了，陳喬峰只能讓人將蓮霧樹鋸斷運走，重新種上了一棵龍眼樹。